RAM ADHAR MALL
PHILOSOPHIE IM VERGLEICH DER KULTUREN

RAM ADHAR MALL

PHILOSOPHIE IM VERGLEICH DER KULTUREN

Interkulturelle Philosophie – eine neue Orientierung

WISSENSCHAFTLICHE BUCHGESELLSCHAFT
DARMSTADT

Einbandgestaltung: Neil McBeath, Stuttgart.

Die Deutsche Bibliothek – CIP-Einheitsaufnahme

Mall, Ram Adhar:
Philosophie im Vergleich der Kulturen:
interkulturelle Philosophie – eine neue
Orientierung / Ram Adhar Mall. – Darmstadt:
Wiss. Buchges., 1995
ISBN 3-534-12684-X

Bestellnummer 12684-X

© 1995 by Wissenschaftliche Buchgesellschaft, Darmstadt
Gedruckt auf säurefreiem und alterungsbeständigem Werkdruckpapier
Gesamtherstellung: Wissenschaftliche Buchgesellschaft, Darmstadt
Printed in Germany
Schrift: Times, 9.5/11

ISBN 3-534-12684-X

INHALTSVERZEICHNIS

VORWORT

Seit vielen Jahren sind die Themen im Bereich der interkulturellen Philosophie ein Hauptgegenstand meiner Lehr- und Forschungstätigkeit. Ein Ergebnis dieser Beschäftigung ist, Philosophie im Vergleich der Kulturen sehen zu lernen, weil das Philosophieren keine exklusive Eigenschaft nur einer bestimmten Kultur ist. Dabei sind nicht nur philosophische Belange motivierend gewesen, sondern auch die Tatsache der Interkulturalität, die ich hautnah erlebe, und die Notwendigkeit der Übersetzung und Interpretation in inter- und intrakulturellen Bereichen. Dies führte mich zu der Einsicht, daß man, ohne einem extremen Relativismus zu verfallen, den Relativismus ernst nehmen und den Gedanken von der einen reinen Kultur, Philosophie, Religion, Rationalität u. dgl. zurückweisen muß. Interkulturalität der Philosophie und Philosophie der Interkulturalität bedingen sich gegenseitig, was ein Studium der Philosophie im Vergleich der Kulturen notwendig erscheinen läßt.

Verschiedene Vorträge und Aufsätze der letzten Jahre sind zum Teil in einige Kapitel dieses Buches eingegangen. So ist z. B. das Kapitel 2 eine überarbeitete und erweiterte Fassung eines Vortrags, der an der Klagenfurter Universität am 14. 6. 91 gehalten wurde und in der Reihe ›Klagenfurter Hefte‹, Nr. 49 erschienen ist. Kapitel 3 ist zum größten Teil eine neue Fassung eines Aufsatzes ›Zur multikulturellen Gesellschaft jenseits von Einheit und Differenz‹ in der Zeitschrift ›Widerspruch‹. Kapitel 4 ist eine leicht veränderte und erweiterte Fassung meiner Antrittsvorlesung an der Bergischen Universität und Gesamthochschule Wuppertal, gehalten am 29. 11. 1989 und erschienen in ›Conceptus‹. Alle anderen Kapitel sind neu für diese Schrift geschrieben worden.

Diese Schrift gliedert sich in zwei Teile. Im ersten Teil geht es um eine begriffliche, systematische, methodologische und inhaltliche Standortbestimmung der Interkulturalität. M. a. W. geht es um eine theoretische Grundlegung der interkulturellen Philosophie. Der zweite Teil stellt dann eine Art Anwendung der Ansichten und Einsichten dar, die im ersten Teil gewonnen wurden. Es geht dabei um die

Philosophie im Vergleich der Kulturen, d. h. um die Praxis der interkulturellen Philosophie. In diesem Sinne werden einige wesentliche Aspekte der chinesischen, indischen, europäischen, afrikanischen und lateinamerikanischen Philosophie kurz dargestellt. Im Anhang wird die Idee der philosophia perennis aus interkultureller Sicht kritisch thematisiert und an Beispielen aus der indischen Philosophie diskutiert.

Interkulturelle Philosophie, so verstanden, etabliert sich als eine selbständige philosophische Disziplin und darf nicht marginalisiert werden. Sie ist jedoch nicht nur eine philosophische Disziplin neben den anderen, sondern besitzt eine umfassendere Dimension, die darin zum Ausdruck kommt, daß die verschiedenen philosophischen Disziplinen wie z. B. Epistemologie, Metaphysik, Ethik und Ästhetik aus der neuen Sicht der Interkulturalität bearbeitet werden können und sollen. Auch wenn es wahr ist, daß Philosophie immer mehr oder minder interkulturell gewesen ist, so stellt gerade heute das Anerkennen dieser Erkenntnis eine schicksalhafte globale Notwendigkeit in der spannungsgeladenen Vernetzung der Weltkulturen dar. Wahrheitsansprüche, wenn sie unbedingt und allgemeingültig sein sollen, produzieren Konflikte. Zur Theorie und Praxis der interkulturellen Philosophie gehört wesentlich nicht die Destruktion der Wahrheit, sondern vielmehr die der exklusiven Ansprüche auf sie.

Die Gastprofessur im WS 1991/92 an der Universität Bremen, mit Vorlesungen und Seminaren zum Thema „Philosophie im Vergleich der Kulturen" unter besonderer Berücksichtigung der indischen Philosophie und Kultur, bot mir den willkommenen Anlaß, dieses Thema zu vertiefen. Dafür bin ich Herrn Professor Dr. H. J. Sandkühler und dem Rektor der Universität Bremen, Herrn Professor Dr. J. Timm, zu besonderem Dank verpflichtet. Die Gespräche mit den Kollegen und die lebhaften Diskussionen mit den Studenten waren sehr anregend, wofür ich an dieser Stelle meinen Dank aussprechen möchte. Der Studiengang Philosophie der Bremer Universität war großzügig und stellte einen Teil des Manuskripts durch finanzielle Unterstützung den Studenten als Diskussionsunterlage zur Verfügung.

Den Teilnehmern meines Privatissime-Seminars möchte ich für die Anregungen, die mir stets Anlaß gaben, mich immer tiefer mit Theorie und Praxis der interkulturellen Philosophie zu beschäftigen, herzlich danken.

R. A. M.

Teil I

1. BEGRIFF UND INHALT DER INTERKULTURELLEN PHILOSOPHIE

1.1 Ein Wort zuvor

Eine reine *eigene Kultur* gibt es ebensowenig, wie es eine reine *andere Kultur* gibt. Nicht anders verhält es sich mit der Philosophie. Die Frage nach der Reinheit einer Kultur oder Philosophie ist daher nicht nur bloß akademisch, sondern auch fiktiv. Stellen wir die Frage: Wann sind zwei Dinge (zwei Kulturen) radikal verschieden und wann nur unterschiedlich, so lautet die Antwort: Zwei Kulturen sind verschieden als zwei unterschiedliche Kulturen, das heißt: sie sind verschiedene Beispiele des einen Gattungsbegriffs Kultur. Sie wären jedoch radikal verschieden, wenn sie selbst als Kulturen verschieden wären. Auch wenn eine solche radikale Unterscheidung denkbar wäre, artikulierbar ist sie nicht. Denn in diesem Falle verliert der Gattungsbegriff Kultur jeden Sinn. Analoges gilt für die Philosophie.

Es kann sich also nur um einen analogischen Begriff „Kultur" handeln. Weder die indische Hindu-Kultur noch die chinesische, noch die europäische, noch die afrikanische, noch die lateinamerikanische ist eine reine Kultur. Jeder philosophische und methodologische Versuch, eine Kultur und auch eine Philosophie als ein bloß geschlossenes Bild im Sinne einer Monade zu untersuchen, schlägt fehl. Dies um so mehr, wenn wir die Frage nach dem Ursprung der Kulturen und Philosophien stellen. Kulturen und Philosophien lassen sich wie ein mehr oder minder kontinuierlicher Faden immer weiter und tiefer in die Vergangenheit verfolgen. Oft wird von den drei Geburtsorten der Philosophie gesprochen: China, Indien, Europa. Würde man dazu auch noch die spärlich schriftliche und lebendige mündliche Tradition Afrikas und Lateinamerikas rechnen, so könnte man mit Recht von afrikanischer und lateinamerikanischer Philosophie und Kultur sprechen.

Die hier vorgestellte interkulturelle Philosophie mit ihrer Hermeneutik ist eine Antwort auf die seit den ersten Kulturkontakten immer wieder gestellte Frage, ob und wie die Kulturvielfalt zugleich mit einem universalen Wahrheitsbegriff in Einklang gebracht werden kann. Die tödliche Logik eines Entweder/Oder muß hier zurückgewiesen werden, und die Lösung muß jenseits der bloßen Einheit und Vielheit in den Überlappungen gesucht und gefunden werden.

Interkulturalität ist ein wahrlich vielschichtiges Phänomen und besitzt eine äußere und eine innere Schale. Auf der Ebene einer wissenschaftstheoretischen und metasprachlichen Diskussion stellt sie eher ein Konstrukt dar. Sie verwaltet hier den Internationalismus der wissenschaftlichen technischen Begriffe und Apparate. Die Physiker aus Asien, Afrika, Europa und Lateinamerika verstehen sich auf dieser Ebene mühelos. Ferner läßt sich die Interkulturalität auf der Ebene des Welthandels verstehen. Dort wird sie von den Marktgesetzen und anderen sozio-ökonomischen Faktoren gelenkt und geleitet.

Philosophie im Vergleich der Kulturen zielt jedoch auf eine Interkulturalität, die, negativ ausgedrückt, weder die Kulturalität einer bestimmten konkreten Kultur noch ein bloßer Eklektizismus der Kulturen ist. Sie ist aber auch nicht eine reine Abstraktion, eine bloße Idee.

Interkulturalität, positiv ausgedrückt, ist der Name einer philosophischen und kulturellen Haltung, Einstellung und Einsicht. Diese Einsicht begleitet alle Kulturen und Philosophien wie ein Schatten und verhindert, daß diese sich in den absoluten Stand setzen. Weder ist die eine philosophia perennis jemandes Besitz alleine, noch ist einer bestimmten Kultur „eine Entelechie eingeboren" (Husserl).

Interkulturalität so verstanden, verfährt methodisch folgendermaßen: sie privilegiert von vorherin kein Begriffssystem, ebensowenig traktiert sie Kulturen und Philosophien stufentheoretisch. Sie singularisiert nicht und nimmt das Kompositum „Philosophien und Kulturen" ernst. Das Studium der Philosophie aus interkultureller Sicht ist angesiedelt jenseits aller Zentrismen, ob asiatisch, europäisch, afrikanisch oder lateinamerikanisch. Auf dem Wege einer interkulturellen Verständigung wird Philosophie im Vergleich der Kulturen sowohl als ein Denk- als auch ein Lebensweg verstanden. Das Motto einer Philosophie im Vergleich der Kulturen lautet: Verstehenwollen und Verstandenwerdenwollen gehören untrennbar zusammen und stellen zwei Seiten der interkulturell orientierten hermeneutischen Münze dar. Für ein solches hermeneutisches Modell ist das zu Verstehende nicht bloß ein Spiegel, von dem aus das jeweilige eigene Selbstverständnis uns entgegenleuchtet. Das Fremde ist nicht bloß ein Echo meines Selbst. In dem Verstehen des Fremden ist zwar der „hermeneutische Zirkel" nicht ganz vermeidbar; er darf jedoch auch nicht dogmatisiert werden und bei jedem Fremdverstehen eine auch noch so komplizierte Verdoppelung des Selbstverstehens vornehmen.

Philosophie im Vergleich der Kulturen lehnt daher die identitätsphilosophisch orientierte Fiktion einer totalen Kommensurabilität der Philosophien, Kulturen und Religionen ebenso ab wie die übertriebene These von der völligen Inkommensurabilität unter ihnen. Sie spricht weniger von dem Fremden in mir als vielmehr von dem Fremden außer mir. Das Fremde außer mir wird von mir mit Ähnlichkeiten und Differenzen wahrgenommen. Ich merke seine Existenz durch den Widerstand, den es meinen Einverleibungsversuchen leistet, seien sie begrifflich, politisch, ökonomisch o.a. Das Fremde tut sich auch kund durch das ästhetische Gefühl in mir.

Die hier vorgeschlagene interkulturelle Hermeneutik ist eine nichtreduktive, offene und schöpferische. Sie bejaht, sucht, findet und vergrößert die Überlappungen, die aus vielerlei Gründen zwischen den Kulturen und Philosophien da sind. Es sind diese Überlappungen, die erst Kommunikation auf jedweder Ebene ermöglichen. Die moderne-postmoderne Debatte verliert hier so ihren Stachel. Interkulturalität so verstanden, wird legitimerweise zur Voraussetzung für die reale Möglichkeit einer multikulturellen Gesellschaft, einer Gesellschaft, die nicht nur aus sozio-ökonomischen, praktisch-pragmatischen und macht-politischen Erwägungen multikulturell ist und sein will, sondern die vielmehr aus Einsicht, beruhend auf dem Geist der Interkulturalität, ein Miteinander und Nebeneinander der Kulturen und Philosophien nicht als Bedrohung und Entfremdung empfindet, sondern darin ihr erhabenes Ziel sieht.

1.2   Ein heuristisches Beispiel

Als Musterbeispiel eines interkulturell angelegten philosophischen Gesprächs möchte ich die in der Weltliteratur bekannt gewordene philosophische Diskussion zwischen dem philosophisch interessierten und in der Kunst der Disputation ausgebildeten griechisch-baktrischen Königs Menandros und dem indischen buddhistischen Mönch und Philosophen Nâgasena (um ca. 120 v. Chr.) kurz erwähnen, um den Geist der interkulturellen Philosophie zu verdeutlichen.

In der Schrift ›Die Fragen des Milinda‹ (Milindapañha) heißt es:

Der König sprach: „Ehrwürdiger Nâgasena, wirst du noch weiter mit mir diskutieren?"

„Wenn du, großer König, in der Sprache eines Gelehrten diskutieren wirst, dann werde ich mit dir diskutieren. Wenn du aber in der Sprache des Königs diskutieren wirst, dann werde ich nicht mit dir diskutieren."

„Wie, ehrwürdiger Nâgasena, diskutieren denn die Weisen?"

„Bei einer Diskussion unter Weisen, großer König, findet ein Aufwinden und ein Abwinden statt, ein Überzeugen und ein Zugestehen; eine Unterscheidung und eine Gegenunterscheidung wird gemacht. Und doch geraten die Weisen nicht darüber in Zorn. So, großer König, diskutieren die Weisen miteinander."

„Wie aber, Ehrwürdiger, diskutieren die Könige?"

„Wenn Könige während einer Diskussion eine Behauptung aufstellen und irgendeiner diese Behauptung widerlegt, dann geben sie den Befehl, diesen Menschen mit Strafe zu belegen. Auf diese Weise, großer König, diskutieren Könige."[1]

In seiner unverwechselbaren, aber doch vergleichbaren Weise beschreibt Nâgasena hier die notwendigen Bedingungen für die Möglichkeit einer „herrschaftsfreien Diskussion" (Habermas), auch wenn er nicht verschweigt, daß herrschaftsfreie Diskussion ein Ideal benennt und sehr rar ist. Er begreift darüber hinaus das philosophische Gespräch auch als eine geistige Übung, die darin besteht, daß die Gesprächspartner Selbstbeherrschung lernen und gute moralische Gewohnheiten entwickeln. Das philosophische Gespräch soll also nicht nur eine intellektuelle Tätigkeit sein, sondern es soll auch zu einem Lebensweg werden.

1.3 Kultur und Philosophie

Kultur in komplementärer Polarität zur Natur stellt die verschiedenen Hervorbringungen des menschlichen Geistes dar, angefangen von den einfachen Geräten über die Kochkunst, Tanzkunst, Staatskunst bis zu den Wissenschaften, Religionen und Philosophien. Der Ausdruck Kultur ist vieldeutig und erhält jeweils eine andere Schattie-

---

[1] Mehlig, J.(Hrsg.): Weisheit des alten Indien, Bd. 2, Leipzig 1987, S. 347 f. In ›Menon‹ 75 c–d erläutert Sokrates Menon die Merkmale einer Diskussion unter Freunden, d. h. unter freundlichen Gesprächspartnern, die redlich sind und nicht auf Sieg aus sind. Der indische Philosoph Caraka spricht von einem ähnlichen Gespräch von miteinander befreundeten Gelehrten (sandhâya sambhâsa). Vgl. ›Caraka – Saṁhitâ‹, ed. by Yadava Sharma, Bombay 1933, S. 303 ff.

rung der Bedeutung je nach dem Kontext, in dem er gesehen wird. Kontexte können philosophisch, literarisch, historisch, soziologisch, biologisch, anthropologisch usw. sein. Kroeber und Kluckhohn haben mehr als hundertfünfzig Definitionen der Kultur erarbeitet.[2] Nicht viel anders verhält es sich mit dem Ausdruck Philosophie.

Philosophie lebt in und mit der Spannung, sowohl über das Zeitliche als auch das Zeitlose, das Partikulare als auch das Universale, das Historische als auch das Nichthistorische sprechen zu müssen. Sie ist und bleibt ortlos, aber doch orthaft – oder orthaft, aber doch ortlos. Die verschiedenen Adjektive wie z. B. europäisch, indisch, chinesisch, afrikanisch zu dem Substantiv Philosophie belegen dies. Der Komplementaritätsgedanke bedeutet nicht, das totale Fehlen eines bestimmten Musters in einer anderen Philosophie feststellen zu wollen; vielmehr geht es um den unterschiedlichen Stellenwert, der den verschiedenen Eigenschaften in unterschiedlichen Kulturen und Philosophien zukommt.[3]

Die Kulturgebundenheit der Philosophie ist selbst eine philosophische; denn es ist das Gattungsmäßige der Philosophie, das sich jenseits eines extremen, radikalen Relativismus und eines exklusiven Essentialismus zeigt und Vergleiche ermöglicht. Das Phänomen des Interkulturellen hat sich auf fast allen Gebieten eingestellt, und es gibt im wesentlichen zwei Reaktionsmuster. Entweder hält man sich an das Eigene um so fester, je konkreter und näher das Fremde sich bemerkbar macht, oder aber man versucht, das Fremde das sein zu lassen, was es ist, und praktiziert die Kunst des Lebens und Lebenlassens, des Interpretierens und Interpretierenlassens.

Der Prozeß der Annäherung und Verständigung wird erschwert durch die fundamentalistische Tendenz, die in vielerlei Masken auftreten kann. Dem Gedeihen einer interkulturellen Philosophie kommt daher nicht der Wahrheitsfanatismus, sondern nur die Wahrheitsbescheidenheit entgegen. Das Verstehen der Philosophie anderer Kulturen führt dazu, das Philosophische an und in ihnen zu erkennen und anzuerkennen, ohne daß dadurch ihre Besonderheiten zu kurz kämen. Wer interkulturelle Philosophie ernst nimmt, muß auch bereit sein, sich selbst und seine Kultur, Philosophie und Religion von außen sehen zu lernen. Der Perspektivenwechsel ist keineswegs ein

[2] Vgl. Kroeber, A. and Kluckhohn, C.: Culture: A Critical Review of Concepts and Definitions, New York 1952.
[3] Vgl. Holenstein, E.: Menschliches Selbstverständnis, Frankfurt a. M. 1985, S. 137 f.

Ortswechsel; er ist in erster Linie dazu da, sich in Bescheidenheit zu üben.

Interkulturelle Philosophie ist nicht der Name einer bestimmten philosophischen Konvention; sie ist auch nicht die Philosophie bloß einer bestimmten Kultur. Trotz ihrer Zentren befindet sie sich jenseits aller Zentrismen.

Sie ist aber auch nicht ein Eklektizismus der verschiedenen philosophischen Traditionen, deren Darstellung im Sinne einer Buchbinderkunst nebeneinander in einigen Büchern über Philosophiegeschichte zu lesen ist. Ferner ist die interkulturelle Philosophie auch nicht eine bloße Abstraktion, formal-axiomatisch und per definitionem dingfest gemacht.

Sie ist aber auch nicht eine bloße Reaktion oder Hilfskonstruktion angesichts der de facto pluralistischen Situation der philosophischen Positionen in dem heutigen Weltkontext der Philosophien und Kulturen.

Es geht nicht um eine Ästhetisierung, nicht um eine Kulturromantik, auch nicht um einen Weltanschauungstourismus. Daher darf sie mit dem romantischen, exotischen und dilettantisch anmutenden Interesse für das Asiatische, Afrikanische oder Lateinamerikanische nicht verwechselt werden.[4] M. a. W. geht es nicht um eine vulgär-philosophische Modeerscheinung. Dazu ist die Angelegenheit zu ernst hinsichtlich ihrer schicksalhaften Konsequenzen. Das folgende Beispiel aus einer Wiener Zeitschrift macht deutlich, wie notwendig es ist, jede einseitige und oberflächliche Interkulturalität zu vermeiden. Es wurde berichtet, daß im Sommer 1984 eine Gruppe von Kenianern mit dem Prinzip des interkulturellen Tourismus ernst machen wollte. Versehen mit Kameras und Trinkgeld seien die Kenianer auf eine Gruppe von eingereisten deutschen Touristen zugegangen. Die Kenianer wollten die Deutschen zu einem Erinnerungsphoto bewegen, gaben ihnen Trinkgeld für einen Schnappschuß, nestelten an ihren Kleidern, wollten dieses oder jenes aus ihrem Gepäck erwerben u. dgl. Die deutschen Touristen sollen dies weder angebracht noch lustig, noch exotisch gefunden haben. Sie riefen nach Ordnung, nach der Polizei, nach der Reiseleitung.[5] Die

---

[4] Vgl. Schlegel, F. v.: Über die Sprache und Weisheit der Indier, Heidelberg 1808; Herder, J. G.: Ideen zur Philosophie der Geschichte der Menschheit, hrsg. von B. Suphan, Berlin 1877–1913.

[5] Vgl. Baiculescu, M.: Freiheit mit Reiseleiter, in: Der Falter, Wien 8/1985, S. 13.

Idee einer gegenseitigen Exotik und eines interkulturellen Tourismus fand so ein vorschnelles und einseitiges Ende. Das Beispiel mag zum Teil hinken, aber es macht deutlich: Wenn zwei Leute dasselbe tun, dann ist es noch lange nicht dasselbe. Daß die indische, chinesische, afrikanische oder lateinamerikanische Philosophie keinen Eingang – von wenigen Ausnahmen abgesehen – in die europäische Philosophiegeschichtsschreibung fand, hat eine lange Geschichte.

1.4 Versuch einer Begriffsbestimmung

Interkulturelle Philosophie ist eher der Name einer philosophischen Haltung, einer philosophischen Einstellung, einer philosophischen Überzeugung. Diese besteht darin, daß die eine philosophia perennis als keiner philosophischen Tradition exklusiv zugehörig gedacht wird. Hierbei werden nicht die Begriffe Philosophie und Kultur dekonstruiert, sondern der extrem relativistische und verabsolutierende Gebrauch, der von ihnen gemacht worden ist und immer noch gemacht wird.

Die eine wahre, ewige, immerwährende Philosophie (sofern es sie gibt) kennt keine Vorurteile, privilegiert keinen Ort, keine Tradition und hat keine Sprache als ihre Muttersprache. So ist das Adjektiv „interkulturell" nicht nur kein bloßes Anhängsel, sondern sogar wichtiger als das Substantiv Philosophie.

Die interkulturelle Philosophie indiziert demnach einen Konflikt, verbunden mit einem Anspruch; Konflikt, weil die lange vernachlässigten, aus Ignoranz und Arroganz mißverstandenen und unterdrückten philosophischen Kulturen im heutigen philosophischen Weltkontext ihre Gleichberechtigung einklagen; Anspruch, weil die nicht-europäischen Philosophien und Kulturen mit ihren je eigenen Sprachen und in ihren je eigenen Stimmen Fragen und Lösungen anbieten möchten.

Ferner stellt die interkulturelle Philosophie auch einen emanzipatorischen Prozeß dar, wobei festzuhalten bleibt, daß es hierbei nicht um eine Emanzipation von Absolutismus, Dogmatismus, Religion usw. geht, wie es bei der europäischen Emanzipation und Aufklärung der Fall war, sondern um eine Emanzipation des nicht-europäischen Denkens von seinen Jahrhunderte alten in Europa entstandenen einseitigen und unzutreffenden Bildern. M. a. W. geht es um eine interkulturell orientierte Philosophiehistorie; denn Philosophie- und Kulturgeschichte werden immer noch mit der Geschichte der europäischen Philosophie und Kultur gleichgesetzt.[6]

Das Präfix „inter" in dem Terminus interkulturell suggeriert sowohl Ähnlichkeit als auch Differenz zwischen den Kulturen, Philosophien, Religionen.[7] Daher gilt es, einen jeden Versuch einer spekulativen, restriktiven Definition der Philosophie, Kultur oder Religion abzuwehren.

Bei der interkulturellen Philosophie geht es um die Zukunft einer Philosophie, die das eine Omnipräsente in vielen Rassen, Kulturen, Philosophien und Sprachen hörbar macht. Sie hat ebenso das Ziel, in dem Zeitalter der globalen technologischen Formation die darin enthaltene mächtige Tendenz abzuwehren, das identitätsbildende Potential der eigenen Kultur zu globalisieren. Die Einförmigkeit der Hardware darf nicht die gesunde Vielfalt der Software der Kulturen, Philosophien oder Religionen einverleiben.

Die Transkulturalität der formalen, technologischen und naturwissenschaftlichen Begriffsapparate darf nicht verwechselt werden mit der Interkulturalität auf den Gebieten der Gesellschaftswissenschaften; denn die letztere im Gegensatz zur ersteren setzt die innere philosophische Kultur der Interkulturalität voraus, die keinen Standpunkt in den absoluten Stand setzt.

Hierin mag u. a. der Grund dafür zu suchen sein, daß, während Physiker, Mathematiker und Technologen aus verschiedenen Kulturkreisen ohne große Mißverständnisse und mit einer Leichtigkeit Fachgespräche führen, dies für die Philosophen, Theologen und Politiker sehr viel schwieriger ist.

Interkulturelle Philosophie hat so eine erkenntnistheoretische Bescheidenheit zur Folge, und sie verfährt methodisch so, daß sie kein Begriffssystem, keinen konzeptuellen Rahmen von vornherein privilegiert. In der Abwesenheit eines allseitig akzeptablen archimedischen Punktes studiert, untersucht und vergleicht die interkulturelle Philosophie die verschiedenen Philosophien als zwar unterschiedliche, aber nicht radikal unterschiedliche Wegweiser zur wahren Philosophie. Der Pluralismus der Ansichten, sei er methodologisch oder epistemologisch, ethisch, ästhetisch oder metaphysisch, resultiert aus vielen Faktoren, die unterschiedlich geartet sind, wie z.B. Kultur,

---

[6] Vgl. Wimmer, F.: Interkulturelle Philosophie, Bd. 1, Wien 1990, S. 15 u.19.

[7] „Interkulturelle Variationen sind intrakulturellen Variationen vergleichbar und nicht selten nicht größer als diese." Holenstein, E.: Menschliches Selbstverständnis, Frankfurt a. M. 1985, S. 149.

Zeitgeist oder die eigene Erfahrung. Interkulturelle Philosophie erkennt daher den kognitiven Pluralismus, der nicht nur erkenntnistheoretisch, sondern auch affektiv und handlungstheoretisch relevant ist.[8] Interkulturalität kennt eine dreifache Perspektive: eine philosophische, eine theologische und eine politische. Das Phänomen der interkulturellen Philosophie unter philosophischer Optik bedeutet, daß die eine philosophia perennis niemandes Besitz allein ist. Philosophie kennt mehrere Geburtsorte. Unter theologischer Optik heißt die Interkulturalität Interreligiosität; dies bedeutet, daß auch die religio perennis niemandes Besitz allein ist. Unter der politischen Optik ist die Interkulturalität ein anderer Name für eine pluralistische, demokratische Einstellung, die auch die politische Wahrheit niemandem alleine zubilligt. Erkenntnistheoretische Bescheidenheit im Geiste der interkulturellen Philosophie, religiöse Toleranz auf dem Gebiet der Theologie und pluralistisch-demokratische Gesinnung im Felde der Politik sind die Normen, die unser harmonisches Zusammenleben sowohl voraussetzt als auch zu realisieren versucht. So kann hier von einer dreifachen Kultur die Rede sein: von einer geistig-philosophischen, von einer geistlich-theologischen und von einer politischen.

Zum Begriff der interkulturellen Philosophie gehört wesentlich, daß er mehrere Philosophien wie z. B. die chinesische, indische oder europäische als unterschiedliche Philosophien begreift, diese jedoch nicht selbst als Philosophie voneinander radikal unterscheidet. Dies gilt sowohl interkulturell als auch intrakulturell. Radikale Unterschiede lassen sich erst gar nicht artikulieren; denn wie soll man zwischen zwei Menschen A und B unterscheiden, wenn sie selbst als Menschen voneinander radikal unterschiedlich sind.

Wären die Philosophien selbst als Philosophien radikal voneinander unterschieden dergestalt, daß man im Falle der indischen, chinesischen, afrikanischen und lateinamerikanischen Philosophien nicht mehr sagen könnte und dürfte, sie seien unterschiedliche Philosophien, sondern sagen müßte, sie seien keine Philosophien, dann wäre es ein Krieg nur um Worte oder um willkürliche Entscheidungen, die aber dann ein indischer, ein chinesischer oder ein europäischer Philosoph ebenso und mit gleichem Recht treffen könnte. Dies kommt einer bloß als theoretisch und formal zu bezeichnenden Haltung gleich, denn diese bedeutet, daß ein Begriff aus einem System seine Bedeutung völlig verändert, wenn er in einem anderen System ge-

---

[8] Vgl. Kekes, J.: The Morality of Pluralism, Princeton 1993. Rescher, N.: Pluralism. Against the Demand for Consensus, Oxford 1993.

braucht wird. Hier wird die Bedeutung eines Begriffs, die selbst ein Ergebnis interpretativer Akte ist, ontologisch hypostasiert. Dies möchte ich den extremen Relativismus nennen. Demgegenüber ist der moderate Relativismus eher vertretbar, denn dieser behauptet nicht eine radikale Differenz, sondern nur einen Unterschied, der wegen der feststellbaren Ähnlichkeiten dem einen Gattungsbegriff angehört, unabhängig davon, ob es um Kochkunst oder Philosophie, Literatur, Kunst oder Musik geht.

Fast geistesverwandt, jedoch anders argumentierend, behaupten die Essentialisten, die eine, allgemeingültige Essenz der Philosophie, Kultur, Religion usw. entdeckt zu haben, und schreiben dieser Essenz einen Status zu, der jenseits aller geographischen und kulturellen Variationen liegt. Diese Behauptung, so verständlich sie sein mag, ist nicht annehmbar. Völlig abzuweisen ist die versteckte oder teilweise auch explizite Behauptung, diese Essenz sei bloß griechischen, chinesischen oder indischen Ursprungs. Es ist das Elend des Totalwissens, das sich hier bemerkbar macht. Der moderate Relativist ist wie auch der gemäßigte Skeptiker nicht einer, der prinzipiell alles relativiert, sondern einer, der den verabsolutierenden Tendenzen entgegenwirkt.

Für das eigentliche Anliegen der interkulturellen Philosophie ist unsere eigene fast nominalistische Entscheidung kaum von Belang, denn nichts hängt von solchen Entscheidungen ab. Es wäre so, als wollte ein Konfuzianer oder Taoist in Peking, ein indischer Pandit in Benares oder ein Japaner in Tokio von seiner Entscheidung her den Philosophien eines Aristoteles, eines Thomas von Aquin, Hegel, Heidegger, Husserl oder Hume das Prädikat Philosophie absprechen. Die Entscheidung (die Festlegung, ja sogar der Anspruch): Kochkunst sei nur chinesisch oder französisch, ist ebenso naiv, wie sie wahr und leer ist. Analoges gilt auch für die Philosophie, Kultur, Religion und Politik.

Zum Inhalt der interkulturellen Philosophie gehört wesentlich, daß das Universelle, das Gattungsmäßige der philosophischen Reflexion als das begriffen wird, was in und durch die lokalen Differenzen der philosophischen Konventionen Gestalt gewinnt, diese jedoch auch transzendiert. Wir sagten schon: Philosophie ist orthaft ortlos. Die orthafte Ortlosigkeit der interkulturellen Philosophie ist ferner gekennzeichnet von einer reflexiv-kritischen und, soweit möglich, vorurteilsfreien Distanz sowohl der eigenen als auch der fremden Philosophie und Kultur gegenüber.

Interkulturelle Philosophen sind weder bloß Exporteure noch nur Importeure; denn die Ware, mit der sie handeln, ist niemandes Besitz allein.[9] Interkulturalität der Philosophie und die Philosophie der Interkulturalität bedingen sich gegenseitig und gehen von interkulturellen Invarianten ebenso aus wie von interkulturellen Varianten. Dem Gattungswesen Mensch ist eine Struktur eigen, die überlappende Invarianten ebenso gestattet wie individuelle Unterschiede. Daher gibt es eine gegenseitige Durchdringung von Anthropologie und Hermeneutik. Bücher über die Philosophie dieser oder jener Kultur gibt es viele. Das Thema „interkulturelle Philosophie", das heißt auch „Philosophie im Vergleich der Kulturen", steckt noch in den Kinderschuhen. Die interkulturelle Philosophie, so wie sie hier konzipiert wird, soll einen Beitrag leisten zur Überwindung aller lokalen Zentrismen im Denken, Sprechen und Handeln. Und eine solche Überwindung ist ja gerade die Voraussetzung für die Möglichkeit einer vergleichenden Philosophie, die selber keinen absoluten Ort hat, sondern eine philosophische Kultur darstellt. Eine interkulturelle Philosophie kennt und anerkennt die diversen kulturellen Paradigmata, erhebt aber keines von ihnen in den absoluten Stand.[10]

1.5 Interkulturelle Philosophie und der philosophische Diskurs

Auch wenn der philosophische Diskurs in einer bestimmten Sprache und in der Diktion einer bestimmten Terminologie (hier die deutsche Sprache und die europäische Terminologie) durchgeführt wird, so heißt das nicht, die Dominanz dieser Sprache und dieser Terminologie anzunehmen. Inter- und intrakulturelle Übertragungen hat es immer gegeben.

Von ihrer begrifflichen, methodologischen und inhaltlichen Bestim-

---

[9] In einem Fachgespräch sagte mir einmal ein sonst offener Kollege in der Pose eines wohlwollenden Wegweisers, warum denn auch die Inder oder die Chinesen Philosophie haben müßten. Dies sei ja nicht unbedingt erstrebenswert. Sie könnten ja Lebensweisheit haben. Auf meine Gegenfrage, aus welchen Gründen man einem Chinesen oder Inder absprechen könne, daß auch er Kochkunst kenne, meinte der Kollege, er wolle es nicht so radikal verstanden wissen. Der Kollege tat nichts anderes als Heidegger, wenn er des öfteren seine japanischen Hörer und Gesprächspartner fragte, warum sie den „europäischen Begriffssystemen nachjagen". Heidegger, M.: Aus einem Gespräch von der Sprache – Zwischen einem Japaner und einem Fragenden, in: Unterwegs zur Sprache, Pfullingen 1959, S. 87.

[10] Vgl. Wimmer, F.: Interkulturelle Philosophie, Bd. 1, S. 17 ff.

mung her weiß die interkulturelle Philosophie, daß es eigentlich um die Philosopheme geht, die der Sprache und der Terminologie zwar bedürfen, in ihnen jedoch nicht restlos aufgehen. Das heutige Zusammenwirken der Kontinente fordert über den Internationalismus der Naturwissenschaften, der Technik und des Kommerzes hinaus einen geistigen Ausgleich der Philosophien, Religionen und Werte.[11]

Zur Aufgabe einer interkulturellen Philosophie gehört daher, den konkreten Relativismus ernst zu nehmen und die Verabsolutierungstendenz einer bestimmten Metaphysik, Religion, Kultur, Logik, Ethik u. dgl. zurückzuweisen. Die europäische Philosophie – selbst eine idealisierte Gestalt – meint, in einem gleichberechtigten Gespräch verschiedener philosophischer Traditionen, ihre lang gehegte Identität zu verlieren. Diese Angst ist jedoch hausgemacht und entspringt einem Anspruch, der gerechterweise hätte überhaupt nie erhoben werden dürfen.[12] Gerade ein solcher Anspruch wird von Heidegger geltend gemacht, wenn er schreibt: „Der Satz: die Philosophie ist in ihrem Wesen griechisch, sagt nichts anderes als: das Abendland und Europa, und nur sie, sind in ihrem innersten Geschichtsgang ursprünglich philosophisch ... Die oft gehörte Redeweise von der ‚abendländischen Philosophie' ist in Wahrheit eine Tautologie."[13]

Für den Philosophiebegriff der interkulturellen Philosophie gilt generell, was die lateinamerikanische Philosophin Christina Boidi hinsichtlich des universellen Anspruchs der europäischen Philosophie sagt. Es geht darum, „die europäische Philosophie als das zu verstehen, was sie ist – nämlich die Philosophie einer Kultur, die sich selbst als einzige, universelle, allumfassende darstellte".[14]

---

[11] Max Scheler spricht in seinem programmatischen, aber von der philosophischen Diskussion immer noch nicht in seiner Tragweite gewürdigten Aufsatz ›Der Mensch im Weltalter des Ausgleichs‹ von einer „kosmopolitischen Philosophie" und sagt, „daß die nationalen Volksgeister berufen seien, sich in allen rein kulturellen Dingen ... zu ergänzen, und zwar unvertretbar zu ergänzen". Scheler, M.: Gesammelte Werke, Bd. 5, Bern 1954, S. 386. Vgl. auch Mall, R. A.: Schelers Konzept der kosmopolitschen Philosophie. Grenzen der Vergleichbarkeit verschiedener Weltanschauungen, in: Trierer Beiträge aus Forschung und Lehre, XI, 1982, S. 1–10.

[12] Vgl. Mall, R. A., u. Hülsmann, H.: Die drei Geburtsorte der Philosophie. China, Indien, Europa, Bonn 1989, Kap. 3.1 und 3.2.

[13] Heidegger, M.: Was ist das – die Philosophie?, Pfullingen 1963, S. 13.

[14] Boidi, C.: Ist ein freies, unabhängiges, eigenständiges Denken in Lateinamerika möglich? In: Conceptus, Jg. XXII, Nr. 56, 1988, S. 116. Der lateinamerikanische Philosoph Rafael Angel Herra spricht nicht zu Unrecht von

Die Konzeption der Philosophie, die der interkulturellen Philosophie zugrunde liegt, liefert daher beinahe ein Skandalon für einen viel zu engen, einseitigen und eindeutigen Philosophiebegriff. Denn es geht hier nicht um ein Wiederfinden eines durch die Defintionsgewalt oder durch eine bestimmte philosophische Konvention dingfest gemachten Philosophiebegriffs, sondern um das eigentlich Philosophische, das trotz seiner Sprach- und Traditionsgebundenheit seine Unverfügbarkeit behält. „Jeder Mensch besitzt Philosophie", schreibt Jaspers, „nur in seiner geschichtlichen Gestalt, und diese ist doch, sofern sie wahr ist, ein Ausdruck der philosophia perennis, die als solche niemand besitzt."[15] Ein solches Verständnis der philosophia perennis, welche orthaft und doch ortlos ist, ermöglicht erst eine interkulturelle und vergleichende philosophische Kommunikation. Und einer solchen Kommunikation bedürfen wir, um den Topos auszuräumen, der immer wieder und immer noch in Lehre und Forschung vertreten wird: der einzige Ursprungsort der Philosophie sei Europa.

Ich habe mich immer wieder in Vorlesungen, Seminaren, Vorträgen und Gesprächen gefragt, in wessen Namen und mit welcher Legitimation ein solcher Topos wohl vertreten wird. Die unparteiische philosophische Wahrheit kann sicher nicht die Auftraggeberin gewesen sein. Das chinesische Gleichnis von dem Brunnenfrosch, der seinen begrenzten Ausschnitt für den ganzen Himmel hielt, drängt sich auf.

Der Begriff der interkulturellen Philosophie macht deutlich, daß es den absoluten Anspruch des Einen nicht geben kann ohne die Aus-

---

„dem aristotelischen Syndrom", das im Namen des Okzidents den weltphilosophischen Diskurs monopolisiert. Vgl. Herra; R. A.: Kritik der Globalphilosophie, in: Vier Fragen zur Philosophie in Afrika, Asien und Lateinamerika, hrsg. von F. Wimmer, Wien 1988, S. 14.

[15] Jaspers, K.: Weltgeschichte der Philosophie. Aus dem Nachlaß, hrsg. von H. Saner, München 1982, S. 20 f. Man vergleiche diese dem Geist der interkulturellen Philosophie entgegenkommende Aussage Jaspers' mit der oben zitierten Aussage Heideggers, um die Spannung und die Tragik innerhalb der sogenannten einheitlichen europäischen Philosophie zu erfahren. In seiner Schrift: Briefe zur Beförderung der Humanität, Bd. 1, Berlin 1971, S. 218, heißt es bei Herder: „Kein Volk sei ein von Gott einzig auserwähltes Volk der Erde; die Wahrheit müsse von allen gesucht, der Garten des gemeinen Bestens von allen gebaut werden. Am großen Schleier der Minerva sollen alle Völker, jedes auf seiner Stelle, ohne Beeinträchtigung, ohne stolze Zwietracht wirken." Vgl. auch Moritz, R., Rüstau, H., Hoffmann, G.-R. (Hrsg.): Wie und warum entstand Philosophie in verschiedenen Regionen der Erde? Berlin 1988.

zeichnung eines Ortes, einer Zeit, einer Sprache, einer Philosophie, einer Kultur u. dgl. Und gerade eine solche Auszeichnung verrät die ideologische Maske.

Ferner gibt die interkulturelle Philosophie uns einen offenen, schöpferischen Blick über die Geschichte der Philosophie frei, indem sie uns begreifen lehrt, daß die Philosophiegeschichte selber eine bestimmte Hermeneutik ist. Ein solcher Blick befreit uns von dem, was Wimmer mit Recht die „Orthopraxis" der westlichen Philosophiegeschichtsschreibung nennt und sie als eine „in der professionell philosophischen Diskussion" stillschweigende Voraussetzung sieht. Diese Orthopraxis besteht in einer Art von „Borniertheit, Beschränkung auf die eigene Kultur" und in der Leugnung, daß es etwas „Wissenswürdiges oder Bedenkenswertes" in der „Geschichte außereuropäischer Philosophie" gibt.[16]

Philosophiehistorie selbst als hermeneutisch zu begreifen, bedeutet, daß es keine Bestimmung apriori des Philosophischen geben kann. „Eine Hermeneutik", schreibt Eliade, „die auf das Verstehen der Kulturschöpfungen abzielt, zögert vor der Versuchung, alle Arten von Dyaden und Polaritäten auf einen einzigen fundamentalen Typ zu reduzieren ... Letztlich verändert die schöpferische Hermeneutik den Menschen, sie ist mehr als eine Lehre, sie ist auch eine geistige Technik, die imstande ist, die Qualität der Existenz selbst zu verändern."[17] Mit Recht möchte daher Plessner die Hermeneutik als philosophische Anthropologie konstituiert wissen.[18]

Der Geist der interkulturellen Philosophie ist gegen eine „reduktive Hermeneutik"[19], die im Namen des Verstehens das zu Verstehende entweder erst verändert und dann versteht oder es stufentheoretisch einverleibt.[20] Das Gegensatzpaar von Eigenem und Fremdem

---

[16] Wimmer, F.: Zur Aufgabe des Kulturvergleiches in der Philosophiehistorie, in: Vier Fragen zur Philosophie in Afrika, Asien und Lateinamerika, S. 145–161.

[17] Eliade, M.: Die Sehnsucht nach dem Ursprung, Wien 1973, S. 208 u. 84 f.

[18] Vgl. Plessner, H.: Die Stufen des Organischen und der Mensch, Berlin 1975, S. 20 f.

[19] Vgl. Mall/Hülsmann: Die drei Geburtsorte der Philosophie. China, Indien, Europa, Kap. 3.1, S. 76–98.

[20] Hegels kulturphilosophische Ansätze sind ein Paradebeispiel für eine stufentheoretische reduktive Hermeneutik. Sehr deutlich heißt es bei ihm: „Die Welt ist umschifft und für die Europäer ein Rundes. Was noch nicht von ihnen beherrscht wird, ist entweder nicht der Mühe wert oder aber noch be-

ist so zu denken, „daß Eigenes und Fremdes sich zwar nicht vermischen, wohl aber ineinandergreifen und aufeinander übergreifen, fern aller Selbstauflösung, fern aber erst recht aller Aneignung des Fremden und aller Assimilation an das Eigene."[21]
Der in Rotterdam lehrende Philosoph Heinz Kimmerle hat dem Geist der interkulturellen Philosophie einen großartigen Dienst erwiesen durch seine Schrift ›Philosophie in Afrika. Annäherungen an einen interkulturellen Philosophiebegriff‹[22]. Diese Schrift ist eine Pionierleistung und erarbeitet einen interkulturellen Philosophiebegriff, der die historischen Ursprungsorte der Philosophie weder vernachlässigt noch privilegiert. Gewiß erweckt diese Schrift den Eindruck, als ob Hegels Philosophie den Kulminationspunkt der westlichen Philosophiegeschichte darstelle. Mutig jedoch, und dies ist sehr zu loben, durchbricht Kimmerle die geschlossene Traktatform und die Abgeschlossenheit der philosophischen Systeme und zeigt das eigentlich Afrikanische an der philosophischen Tätigkeit durch Problembeschreibungen, Fragestellungen und Lösungsansätze. Das Dialogische einer interkulturellen Philosophie macht Kimmerle mit Recht nicht an der Enge der philologischen, apriorischen, formalen, bloß analytischen und diskursiven Bestimmungen der Philosophie fest, sondern rechnet auch die „außerdiskursiven Bereiche" zur Philosophie. Hierzu braucht er nicht nur auf die Geschichte der afrikanischen Philosophie hinzuweisen. Denn wie mager sähe die europäische Philosophie aus, wenn man das Nichtdiskursive aus den Philosophien eines Parmenides, Heraklit, Platon, ja sogar Hegel, Kant, Fichte, Leibniz, Berkeley, Heidegger, Bergson u. a. außen vorließe. Auch die europäische Philosophie enthält säkularisierte Versionen theologischer Ideen, welche auf ihren onto-theologischen Zug hinweisen. Kimmerle stellt die Aufgabe einer interkulturell-philosophischen Verständigung und Kommunikation auf der fachphilosophischen Ebene in

---

stimmt, beherrscht zu werden." Hegel, G. W. F.: Vorlesungen über die Philosophie der Weltgeschichte, Philos. Bibl. 171 d., Hamburg 1955, S. 763.
    [21] Waldenfels, B.: Der Stachel des Fremden, Frankfurt a. M. 1990, S. 8 f., vgl. auch S. 60–71. Xenologie darf nicht zur Xenophobie führen. Die Ethnologie, sonst eine nützliche Wissenschaft, vorausgesetzt, sie dient dem Ziel eines gleichberechtigten, befreienden Diskurses, hat oft den Kolonisatoren einen guten und den Kolonisierten einen Bärendienst erwiesen. Vgl. Duala-M'bedy, M.: Xenologie. Die Wissenschaft vom Fremden und die Verdrängung der Humanität in der Anthropologie, Freiburg i. Br. 1977.
    [22] Frankfurt a. M. 1991.

den Vordergrund – und dies geschieht im Geiste der hier vertretenen
interkulturellen Philosophie. Er unterscheidet sich damit wohltuend
von dem senegalesischen Autor Cheik Anta Diop, der die Rückbesin-
nung auf das afrikanische Erbe der europäischen Philosophie ins Zentrum stellt und Afrika den Platz zurückgeben möchte, den Griechenland für sich beansprucht.[23]

1.6 Zur Aufgabe der interkulturellen Philosophie

Interkulturelle Philosophie ist das Erarbeiten und das Verbreiten
der philosophischen Ansicht und Einsicht, daß, wenn es eine universelle philosophische Wahrheit gibt, sie dann erstens einen gattungsmäßigen, analogischen Charakter trägt, zweitens keine bestimmte
Tradition, Sprache, Kultur, Philosophie privilegiert und drittens
bei ihrer orthaften Ortlosigkeit in unterschiedliche philosophische
Gewänder gehüllt ist. In der interkulturellen Philosophie geht es
nicht um Polarisierungen, sondern um das Herstellen des philosophischen und kulturellen Friedens unter den unterschiedlichen Denk-
traditionen. Interkulturelle Philosophie durchschaut die zu starke
Generalisierungstendenz in den klischeehaften Etikettierungen der
Philosophien der Welt, wie z. B., die indische Philosophie sei nur spirituell und religiös, die chinesische bloß praktisch und pragmatisch,
die europäische nur analytisch und rational, die afrikanische bloß
ethnologisch u. dgl.
Wer in mehr als einer Sprache lebt und sich in mehr als einer Kultur
und Philosophie orientieren muß, der erlebt hautnah, daß es eine
Wahrheit gibt, die trotz der Metonymie, d. h. der Namensvertau-
schung, sich hin- und herüberträgt und ermöglicht, daß wir das, was
wir in einer Sprache sagen, auch in einer anderen sagen können. Nicht
in dem Was, sondern eher in dem Wie des Sagens findet die Überset-
zungskunst ihre Grenzen.
Zur Aufgabe der interkulturellen Philosophie gehört wesentlich die
Emanzipation des eigentlich Philosophischen von dem bloß Philologischen.[24] Sprachverstand ist zwar eine unerläßliche und in diesem
Sinne eine notwendige Bedingung für den Sachverstand, aber nicht

---

[23] Vgl. Harding u. Reinwald (Hrsg.): Afrika – Mutter und Modell der europäischen Zivilisation. Die Rehabilitierung des schwarzen Kontinents durch
Cheik Anta Diop, Berlin 1990.
[24] Vgl. Wimmer, F.: Interkulturelle Philosophie, Bd. 1, S. 119–126.

die hinreichende, denn der Sachverstand geht in dem Sprachverstand nicht ganz auf. Daß Übertragungen immer schwierig und problematisch sind, gilt allgemein, ob wir den griechischen Logos mit der lateinischen Ratio, der deutschen Vernunft oder mit anderen Ausdrücken anderer Nationalsprachen übersetzen. Freilich wird eine ähnliche Übertragung auf dem interkulturellen Gebiet noch schwieriger wegen der größeren Unterschiede der Sprach- und Kulturräume. Aber die Unterschiede zwischen den drei Kulturzentren des europäischen Geistes, nämlich dem griechischen, römischen und christlichen, waren ja auch nicht minder groß. Im asiatischen Denkraum hat der Sanskrit-Terminus dhyâna eine ähnliche Reise hinter sich – im Chinesischen chan, im Japanischen zen. Daher kann das Benannte in dem Namen nicht aufgehen. In seinem Gespräch mit einem Japaner, schreibt Heidegger, „der Name und das, was er nennt, stammen aus dem europäischen Denken, aus der Philosophie."[25] Hier leistet Heidegger dem Eindruck Vorschub, daß nicht nur der Name Philosophie, sondern auch die Sache der Philosophie griechisch und europäisch sei. Heidegger, der Lao Tzu immer wieder gelesen haben soll, müßte jedoch gemerkt haben, daß das Tao in dem Namen Tao nicht ganz aufgeht. In derselben Schrift vermutet jedoch Heidegger zu Recht, „daß europäisch-abendländisches und ostasiatisches Sagen auf eine Weise ins Gespräch kämen, in der Solches singt, das einer einzigen Quelle entströmt."[26] Diese einzige Quelle jedoch müßte allen Sprachwelten offenstehen.

In seinem bahnbrechenden Buch ›Interkulturelle Philosophie‹, das sich auf weiter Flur allein befindet, macht der Wiener Philosoph Franz Wimmer einige sowohl theoretische als auch praktische Vorschläge hinsichtlich des Weges, den eine interkulturelle Philosophie zu gehen hat. Er schreibt: „Die Antwort auf die Frage nach dem Zweck der Philosophiehistorie kann daher heute nur im Blick auf Möglichkeiten eines interkulturellen Dialogs formuliert werden: es handelt sich darum, in einer humanistischen Zielsetzung das geistige Erbe der Menschheitsgeschichte aufzuarbeiten und für gegenwärtige Probleme und Fragen fruchtbar zu machen. In diesem Sinne sind möglichst klare und gleichzeitig umfassende Kategorien und Begriffe zu erarbeiten, was jedoch solange nicht gelingen kann, als die in der Geschichte der Disziplin weitgehend praktizierte Beschränkung auf das Erbe nur einer Tradition oder Kultur nicht überwunden wird. Dies wiederum

---

[25] Heidegger, M.: Unterwegs zur Sprache, Pfullingen, S. 86.
[26] Ebd. S. 94.

setzt die lebendige Zusammenarbeit von Philosophen und Wissen-
schaftlern aller Kontinente und Regionen voraus."[27]

Meine Überlegungen zum Begriff und Inhalt der interkulturellen
Philosophie möchten in diesem Sinne einen bescheidenen Beitrag leisten auf dem Wege einer Annäherung der Philosophien, Kulturen und
Religionen erstens durch eine theoretisch-philosophische und methodologische Reflexion und zweitens durch die praktischen Schritte, die
von einem Gespräch in kleinem Kreis bis zu den Vorlesungen, Seminaren, Symposien, Kongressen und öffentlichen Institutionen reichen.

Leider ist die philosophische und kulturelle Enge immer noch ein
mächtiger Faktor und steht einer offenen Diskussion im Wege. Es ist
nahezu unerträglich – und dies sage ich in aller Bescheidenheit und
mit Bedacht –, wenn man Menschen über Dinge reden hört, von
denen sie fast nichts verstehen, und dazu noch diese Dinge von methodischen Prämissen apriori her beurteilen und dabei meinen, sie
stünden jenseits aller empirischen Evidenzen, welche ihre Urteile wi-
derlegen könnten. Gegen solche apriorischen, selbstherrlichen und
per definitionem festgelegten Argumente ist man machtlos. Dies gilt
jedoch allgemein. Ich glaube, daß es genug Ähnlichkeiten gibt zwischen dem, was die Inder darśana und die Europäer Philosophie
nennen, um eine Übertragung rechtfertigen zu können.[28] Ebenso gibt
es genug Unterschiede, um von den beiden Adjektiven indisch und europäisch sinnvoll reden zu können. Um Überlappungen unter den
Kulturschöpfungen der Menschheit, jenseits der totalen Identität und
der völligen Differenz, entdecken zu können, muß man offenen
Sinnes bereit sein, die einfache, aber wesentliche Frage zu stellen: Was
tut man, wenn man philosophiert? Und in diesem Tun werden wir das

---

[27] Wimmer, F.: Interkulturelle Philosophie, Bd. 1, S. 238.

[28] Es hilft wenig, wenn einige japanische Philosophen seit der Meji-Epoche
einen Terminus (Tetsugaku) kreiert haben, um damit ausschließlich die europäische Philosophie zu bezeichnen und diese von dem japanischen philosophischen Denken zu unterscheiden. Diese eigentlich oberflächlich saubere Trennung greift zu kurz, denn sie vernachlässigt, daß die philosophischen Fragestellungen, Reflexionen und Lösungsansätze eines Lao Tzu, Chuang Tzu,
Konfuzius, Nishida, Saṁkara, Nâgârjuna u. a., trotz nicht zu leugnender Unterschiede, ebenso als philosophisch zu bezeichnen sind wie die eines Parmenides, Heraklit, Thomas von Aquin, Hume, Kant, Husserl, Heidegger u. a. Erfreulicherweise wird dies heute von den Autoren wie Maruyama, Nakayama,
Nakamura u. a. gesehen. Vgl. Nakamura, H.: Parallel Development. A Comparative History of Ideas, Tokio 1975.

Philosophische entdecken, ob es um Sokrates, Platon, Lao Tzu, Nâgârjuna, Hegel oder Heidegger geht. So ist die Aufgabe einer interkulturellen Philosophie nicht die Einrichtung einer Philosophie ab ovo von einer universellen Position der Autonomie, Abgeschlossenheit und Letztendlichkeit her, sondern das Kultivieren der Einsicht in die erkenntnistheoretische, methodologische, metaphysische, ethisch-moralische und religionsphilosophische, ja sogar anthropologische Bescheidenheit des je eigenen Zugangs zum Einen mit vielen Namen. Wer das Eine allein für sich, für seine Kultur, Tradition, Philosophie und Religion beansprucht, verfehlt die notwendige innere philosophische Kultur der Interkulturalität. Und in der Abwesenheit einer solchen Kultur ist ein interkulturelles Gespräch – sei es philosophisch, theologisch oder politisch orientiert – ein Muster ohne Wert.

Die interkulturelle Philosophie, um die hier gerungen und gebeten wird, ist nicht nur eine philosophische Theorie, sondern auch eine Praxis, ein Pfad, dessen Begehen zugleich konstitutives Element und erhabenes Ziel ist. Wer Philosophie im Vergleich der Kulturen betreibt, muß sich die innere geistige Kultur der interkulturellen Philosophie zu eigen machen.

2. ZUR VERGLEICHENDEN KULTUR UND PHILOSOPHIE

2.1 Zum Topos und Utopos der einen Philosophie und Kultur

Mit dem Fixativ „Topos" ist es so eine Sache. Wer es beansprucht, meint prinzipiell angekommen zu sein, sei es in der Philosophie, Religion oder Kultur. Wir haben wohl weniger das Phänomen und die Aktualität der Interkulturalität gesucht, als daß sie uns widerfahren sind. Das zentrale Thema unserer Überlegungen kreist um die Fragestellung, ob der Topos des Standortes doch nicht ein Utopos ist. Ist die Philosophie multikulturell (und sie ist es), dann besagt dies zugleich, daß Kulturphilosophie mehrere Orte kennt. Keine Konzeption einer vergleichenden Kulturphilosophie kann daher ihrem eigentlichen Anliegen gerecht werden, wenn sie die Multikulturalität der Philosophie außer acht läßt.

Das Problem der Interkulturalität ist eng verwandt mit dem Problem des Alter ego, nur daß dieses eine soziale, jenes eine kulturelle Dimension ist. Wenn das andere weder bloß das andere meiner selbst noch die Differenz zu mir selbst ist, sondern als das andere, das ich nicht bin und anscheinend nie sein werde, so gilt es, mit der Wahrheit des Relativismus sorgfältig umzugehen. Wer dies nicht ernst nimmt, verrät essentialistische Tendenzen.

So wie die Philosophieentwürfe verraten auch die diversen Kulturen ihre Bodenständigkeit und ihren Sedimentationscharakter. De facto befinden wir uns heute in einem Weltalter, um mit Scheler zu sprechen, das durch eine neu entstandene hermeneutische Situation gekennzeichnet ist. Diese ist die Situation eines erneuten Angesprochenseins Asiens und Afrikas durch Europa und Europas durch Asien und Afrika. Das Neue daran ist, daß die nicht-europäischen Kontinente heute mit ihren eigenen Stimmen am Gespräch beteiligt sind. Jedem Versuch einer Erklärung und Begründung, ob spekulativ-idealistisch (Hegel), fundamentalontologisch (Heidegger), kommunikationstheoretisch (Habermas), transzendental-phänomenologisch (Husserl), absolut kontextualistisch (Rorty), geht das Anerkennen der eben beschriebenen hermeneutischen Situation voraus.

Eine Kultur und eine Philosophie, die einander koinzident wissen, leben von einem selbstverschuldeten Vorurteil und versuchen eine Letztbegründung des Kulturphänomens aus dieser Liaison. Die Krise der einen Kultur ist die ihrer eigenen Selbstermächtigung, das Paradigma für alle anderen Kulturen zu sein.

Die Standorthaftigkeit vergleichender Kulturphilosophie ohne die offene Standortlosigkeit ist blind; und Standortlosigkeit ohne die feste Standorthaftigkeit ist leer. So wie in der Parabel der Lahme und der Blinde auf gegenseitige Hilfe angewiesen sind, sind diese beiden Dimensionen vergleichender Kulturphilosophie komplementär zueinander. Verglichen wird immer. Es bleibt die Frage nach Maß und Mitte. Zum Vergleich gehört wesentlich, daß die verglichenen Gegenstände weder bloß identisch noch nur verschieden sind. Ver-gleichen bedeutet also, einen Bezug zwischen den nicht-gleichen Dingen herzustellen.

Die Begriffe Kultur und Philosophie haben heute eine nie gekannte Horizonterweiterung erfahren. Wir gehen vom Faktum der Pluralität der Kulturen aus, welches weder im Sinne einer absolutistisch orientierten Identitätsphilosophie reduziert, einverleibt und abgegrenzt noch als bloße Pluralität ohne jede minimale Verbindlichkeit mißverstanden werden darf. Es gibt de facto nicht die *eine* Kultur in der Vielfalt ihrer Stimmen.

Ein jedes interkulturelles Gespräch hat davon auszugehen, daß die Andersheit ein Faktum ist. Rhetorisch und auch suggestiv fragt Gadamer: „Gibt es überhaupt Anderes, das nicht das Andere unseres Selbst ist? Jedenfalls keinen, der ein anderer, der auch ein Mensch ist."[1] Das Adjektiv „unser", soll es für alle gelten, macht sich dadurch leer; soll es dagegen für eine bestimmte Tradition gelten, macht es sich der Parteilichkeit schuldig. Wer es im Verstehen des anderen auf ein deckungsgleiches Selbstverstehen ankommen läßt, verkürzt (reduziert) die Problematik in unzulässiger Weise. Aus der Wahrnehmung des anderen und aus dem Respekt für das andere kann ein Ethos entstehen, das heute noch ausreicht, eine Ethik zu beschreiben, die dem Phänomen der Interkulturalität zugrunde liegt.

Wem die Existenz der anderen Kulturen als Bedrohung der eigenen erscheint, der möge originär und intuitiv sehen üben und von der ihm lieb gewordenen Gewohnheit, die eigene Kultur zum Paradigma (zum

---

[1] Gadamer, H.-G.: Das Erbe Europas, Frankfurt a. M. 1989, S. 29.

Standort) zu erheben oder als *den* Standort zu betrachten, Abschied nehmen; denn das Phänomen der Interkulturalität zeigt keine Vorliebe für eine bestimmte Kultur.

Das Neue an der Standortlosigkeit unserer standorthaften (vergleichenden) Kulturphilosophie ist nicht die Forderung nach Geringschätzung oder gar Abschaffung der eigenen Kultur, sondern die Absage, den eigenen Kulturstandort in den absoluten Stand zu setzen. Der Anspruch auf den archimedischen Punkt besteht nicht zu Recht, dies genausowenig, wenn mehrere Standorte diesen Anspruch erheben und anstelle vieler Perspektiven eine einzige, d. h. die je eigene, übrig lassen und so den Geist des hermeneutischen Zirkels über Gebühr traktieren. Ist das Fremde ein Echo meiner selbst, wie es der hermeneutische Zirkel nahelegt, dann bietet uns die Einsicht in die standorthafte Standortlosigkeit einen geeigneten Ausweg. „Verstehenwollen" und „Verstandenwerdenwollen" gehören untrennbar zusammen, und unser Ansatz dynamisiert die Statik des Standorts.

Besteht das hermeneutische Dilemma einer interkulturellen Philosophie darin, daß man ohne die Standortgebundenheit nicht verstehen kann, aber nur mit Standortgebundenheit das zu Verstehende in seiner Substanz verändert und demzufolge es doch nicht versteht, so bietet sich der Ausweg, auf einer höherstufigen, nicht mundanen Reflexion den begrenzten Charakter der Standorthaftigkeit zu überwinden, als stünde man außerhalb aller Standorte. Daß es gewisse Überlappungen unter Kulturen und Philosophien gibt, ist unbestritten; ebenso unbestritten ist aber auch die Feststellung, daß diese Überlappungen, so klein und unscheinbar sie auch sein mögen, die eigentliche Basis für ein interkulturelles Verstehen bilden. Es ist ein Verdienst Europas, daß es heute einen Universalismus moderner Prägung gibt, auch wenn er wider alle Hoffnung und Erwartung nicht ausschließlich das europäische Gesicht trägt.

Wo alles dem Ziel, von dem anderen verstanden zu werden, untergeordnet wird, geschieht eigentlich eine Verdoppelung des Selbstverstehens. In diesem Geist erlernten die Missionare mit viel Mühe die fremden Sprachen wie Sanskrit und Chinesisch, um die eigene, die eigentliche Religion den anderen verständlich zu machen. Daß die christliche Religion zu guter Letzt die einzig wahre ist, daß die abendländische Philosophie griechisch und damit europäisch denkt, daß die Kultur im eigentlichen Sinne nur Europa kennt – alle diese Ansprüche und Parolen verraten heute ein Denkmodell, dessen Deutungsmuster viel zu eingeengt sind; denn sie alle machen die Achse der Weltkultur an einem Ort fest. „Europa kultiviert", heißt es bei Derrida," seine eigene Identität in der Figur des Kaps, im Für-sich-Sein seiner eigenen Differenz mit sich ... Von Hegel zu Valéry, von Husserl zu Heidegger ist dieser traditionelle Diskurs – trotz der Unterschiede – ein moderner Diskurs."[2]

Mircea Eliade hat die interessante Frage aufgeworfen, warum es dem asiatischen Geist nicht gelang, in Europa so Fuß zu fassen, wie es in der ersten Renaissance der gräko-lateinischen Kultur gelungen ist. Für Schopenhauer war die Endeckung des Sanskrit, der Upaniṣaden und des Buddhismus im 19. Jh. ein Ereignis, vergleichbar mit der ersten Renaissance. Eliade gibt ihm den Namen „zweite Renaissance" und vertritt die Ansicht, daß die erste in Europa geglückt war, weil sie von Philologen, Philosophen, Theologen, Literaten, Künstlern usw. ernst genommen wurde. Für den Bankrott der zweiten Renaissance kann man jedoch nicht ausschließlich die Orientalisten und Indologen verantwortlich machen, auch wenn es wahr ist, daß sie den Sprachverstand fast ausschließlich betonen und sich nicht um den Sachverstand kümmern.

„Die ‚zweite Renaissance' trat aus dem einfachen Grund nicht ein, weil es dem Studienfach Sanskrit und anderen orientalischen Sprachen nicht gelang, über den Kreis der Philologen und Historiker hinauszudrängen ..."[3] Es kam zu keinem ernsthaften Gespräch mit den Fachphilosophen, Theologen und Literaten. Sollten wir heute in dem erneuten Zusammentreffen mit den Kulturen Asiens an der Schwelle einer *dritten Renaissance* stehen, so ist dies nicht so sehr das Verdienst der Orientalisten als vielmehr ein Ergebnis der weltweiten technologischen Formation und der aktuellen Präsenz Asiens in der historischen Situation. Sollte dieser dritten Renaissance ein interkultureller Erfolg beschieden sein, so sind wir alle berufen, den Beitrag unseres je eigenen Standorts zu leisten. Keine Kultur, ob asiatisch oder europäisch, afrikanisch oder lateinamerikanisch, kann sich heute nur in ihrer eigenen Tradition bewegen, ohne provinziell zu werden.

„Wenn aber die Völker des Westens nicht länger die einzigen sind, die Geschichte ‚machen', dann werden auch ihre geistigen und kulturellen Werte nicht länger privilegiert bleiben, gar nicht zu sprechen von der unbezweifelten Autorität, derer sie sich noch vor einigen Generationen erfreuten."[4] Eliade spricht von einer „schöpferischen Her-

---

[2] Derrida, J.: Kurs auf das andere Kap – Europas Identität, in: Liber, Nr. 3, Okt. 1990, S. 11.

[3] Eliade, M.: Die Sehnsucht nach dem Ursprung, Wien 1973, S. 76.

[4] Ebd. S. 16.

meneutik", die in der Lage ist, die Menschen selbst zu verändern. „Sie ist mehr als eine Lehre, sie ist auch eine geistige Technik, die imstande ist, die Qualität der Existenz selbst zu verändern."[5]

Unter den klassischen Schulen der indischen Philosophie bietet die Jaina-Lehre vom Vorhandensein verschiedener Perspektiven (anekânta-vâda) einen vielversprechenden Ansatz für eine vergleichende Philosophie. Als Absage an einen jedweden Absolutismus geht sie von dem komplexen Charakter der Realität aus und erläutert diese Ansicht mit Hilfe der Parabel von den Blinden und dem Elefanten.

Diese Lehre leugnet nicht die Vielfalt der Gesichtspunkte, wohl aber die Verabsolutierung irgendeines Gesichtspunkts. Im Geiste der Theorie von der Mannigfaltigkeit der Perspektiven erarbeitet die Jaina-Philosophie eine multidimensionale Logik von der siebenfachen Prädikation (saptbhangi-naya) der Kann-sein-Lehre (syâd-vâda). Es geht dabei um die Vierheit von Stoff, Ort, Zeit und Form, die mit ihren Permutationen und Kombinationen den Charakter des Urteils bestimmen. Unser heutiges Desiderat Multikulturalität wird von dieser Logik der Jainas theoretisch untermauert. Seitens anderer Systeme der indischen Philosophie wurde der Vorwurf des Relativismus erhoben. Die Jaina-Logiker ihrerseits warfen den Kritikern nicht ihre Standpunktgebundenheit vor, sondern deren Verabsolutierung.

Man macht sich einer petitio principii schuldig, wenn man versucht, die Wahrheit durch die Tradition und die Tradition durch die Wahrheit zu definieren. Darüber hinaus verwechselt eine solche Philosophie die Wahrheit *der* Tradition mit der Wahrheit *in* der Tradition. Wir sehen auch hier, wie wichtig es ist, Standorthaftigkeit das sein zu lassen, was sie ist. Nicht die Standorthaftigkeit wird von uns hier bestritten. Man darf jedoch die hermeneutisch philosophisch sehr wichtige Ansicht: Alle Standorte sind als solche zu behandeln, selbst jedoch nicht mit einem neuen konkret einzunehmenden Standort verwechseln. Dies ist eine Einstellung, die auf einer höheren Ebene der Reflexion aus dem Bewußtsein des Vorhandenseins verschiedener Standorte gewonnen wird. Sie bezeugt ihre Unparteilichkeit dadurch, daß sie die verschiedenen Standorte einschließlich des eigenen in ihre Schranken weist und uns hilft, deren Verabsolutierungstendenzen im Keime zu ersticken. „Das seinsgeschichtliche Denken", heißt es bei Löwith, der den Anspruch Heideggers, einen besonderen Zugang zum Sein zu besitzen, im Visier hat, „beschränkt sich auf die frühe Geschichte des

---

[5] Ebd. S. 83.

Abendlandes, als habe das universale Sein für den Okzident eine Vorliebe."[6]

2.2 Hermeneutik im interkulturellen Kontext

Hermeneutik als Auslegungskunst, als ars interpretandi, trägt verschiedene Gesichter. Auch wenn sie ihre theologischen und philologischen Wurzeln nicht leugnen kann, ist sie doch tief verankert in der Jurisprudenz, Philosophie, Ethnologie, Kulturanthropologie usw. Heute befindet sich die Hermeneutik im Kreuzungspunkt einer multikulturellen Gesellschaft, die dank der oder leider wegen der technologischen Formation der modernen Welt nicht übersehen werden kann und darf. Die Zeiten sind vorbei, in denen von Europa her mit Asien, Afrika, Lateinamerika in einer Richtung nur gehandelt wurde. Die UNO ist im Felde der Politik ein Paradebeispiel. Verschiedene Formen der Ökumene zeigen sich hier und da. Weltkongresse der Philosophie belegen dies ebenso. Will man den Ausdruck „Verstehen" nicht unnötig einengen, indem man per definitionem das Verstehen einer Kultur nur deren Angehörigen zugesteht, so ist von der Voraussetzung auszugehen, daß wir auch eine fremde Kultur verstehen können.[7] Wer den Ausdruck „interkulturelle Philosophie" für ungenau hält, weil er exakte Kriterien vermißt, vergißt, daß bei der Identifizierung der Kulturen ein gewisses Maß an Traditionsgebundenheit und persönlicher Entscheidung nicht zu leugnen ist.

Die neue de facto existierende weltweite hermeneutische Situation verpflichtet uns, eine hermeneutische Besinnung einzuleiten, die mit den alten und heute überholten Ansprüchen Schluß macht. Es waren die Ansprüche, sie sind es mancherorts vielleicht immer noch, im Besitze der eigentlichen Philosophie, der wahren Religion, der echten Kultur, der eigentlichen Wissenschaft und der Geschichte zu sein. Die multikulturellen Verhältnisse, in denen viele bereits leben und in die wir morgen vielleicht alle eingebettet sein werden, lassen die oben dargelegte Enge der Auffassungen und Perspektive in krassem Licht erscheinen.[8]

---

[6] Löwith, K.: Geschichtliche Abhandlungen, Stuttgart 1960, S. 175.

[7] Vgl. Copleston, F. C.: Philosophies and Cultures, Oxford 1980, S. 4f.

[8] Vgl. Holenstein, E.: Europa und die Menschheit. Zu Husserls Kulturphilosophischen Meditationen, in: Phänomenologie im Widerstreit, hrsg. von C. Jamme u. O. Pöggeler, Frankfurt a. M. 1989, S. 40–60. Im brisanten und ge-

Wenn im Anschluß an Husserl – und nicht nur Husserl – von „Europäisierung der Menschheit" die Rede ist, so ist nicht nur der Terminus „die eine Menschheit" eine abstrakte, projektive Größe, die es höchstens im Sinn des „Als-Ob" oder als „regulative Idee" geben kann, sondern hier wird Europa selbst von Europa abstrahiert. Macht man die sokratisch-platonische und aristotelische Tradition zu *der* Tradition Europas, so betreibt man eine Reduktion und vernachlässigt die sophistische, stoische und kynische Tradition, um nur einige zu nennen. Nichts gegen diese Auswahl, wohl aber gegen die Identifikation „pars pro toto"! Auch der Terminus Kultur bleibt viel zu vage. Versteht man unter europäischer Kultur die unleugbare technologisch-zivilisatorisch-wissenschaftliche Kultur, so gesteht man indirekt ein, daß die modernen Wissenschaften und die universale Technik die Erfüllung der Sehnsucht der europäischen Vernunft seien.

Versteht man dagegen unter „Kultur" Philosophie, Religion, die Formen der Gesellschaft, die Geschichte und die Denkweise, so kann man nicht ohne weiteres von einer Europäisierung der Menschheit sprechen. Dies wird deutlich, wenn man die Bemühungen der missionierenden Kirchen seit Jahrhunderten betrachtet und dabei feststellt, daß die Menschheit nicht nur christlich denkt, sondern auch buddhistisch, hinduistisch, taoistisch, konfuzianisch. Husserl und einige seiner Epigonen überfrachten die griechische Urstiftung, als ob diese nicht nur einmalig sei, was nicht zu beanstanden wäre, sondern auch absolut und universal, was nicht zu Recht bestünde. Zu meinen, die „ingenieurhafte" Pervertierung der griechischen Urstiftung, also ihre eigene „Deformation"[9], sei in dieser schon angelegt, läßt die Urstiftung nicht nur vage sein, sondern rettet diese, indem sie jenseits aller Falsifikation gestellt wird. Wenn Nicht-Vernunft auch zur Vernunft gezählt wird – auf welche Weise auch immer –, dann ist der Immunisierungsschritt vollkommen. Die beiden Gesichter der Kultur könnte man, um zwei moderne Begriffe anzuwenden, mit der Hardware und Software vergleichen. Die Europäisierung der Menschheit im Sinne der Hardware ist nicht zu bezweifeln. Die Software der Europäisierung ist jedoch nicht Allgemeingut der Menschheit. Und das ist auch gut so. Japanische, chinesische und indische Kulturen übernehmen die Hardware der europäischen Kultur, und in diesem Sinne europäisieren sie sich. In ihrer Software bleiben sie jedoch unverwechselbar

lehrten Kontrast dazu vgl. Held, K.: Husserls These von der Europäisierung der Menschheit, ebd. S. 13–39.

[9] Ebd. S. 34.

japanisch, chinesisch oder indisch. Es ist voreilig, kurzatmig und entspricht der self-fulfilling-prophecy, wenn man die Gemeinsamkeiten zivilisatorischer Technik mit der Europäisierung der Menschheit verwechselt.

Gewiß ist es nicht weit hergeholt, zu sagen, daß die Rede von der Europäisierung eine europäische ist. Und es mag sein, daß das universalistische und einheitliche Denken im Sinne der Einheitlichkeit bzw. der Einförmigkeit auch zu dieser Projektion beigetragen hat.

Ein rechtes Verständnis der Hermeneutik schließt das Selbstverstehen ebenso ein wie das Fremdverstehen. Der Terminus „Selbstverstehen" bezieht sich auf das Selbst, die eigene Tradition, Kultur, Religion usw. Entsprechend zielt das „Fremdverstehen" auf die Deutung der fremden Personen, Traditionen, Kulturen, Religionen und dgl. Es ist naiv, anzunehmen, das Selbstverstehen berge keine Probleme; denn auch auf dem Wege des Selbstverstehens begegnet man hermeneutischen Spannungen. So ist die Hermeneutik zugleich die der „heimatlichen Welt" und die der „Fremdwelt". Sehr zu Recht fordert uns Merleau-Ponty auf, die Ethnologen der eigenen Kultur zu werden. „Auch wir werden zu Ethnologen der eigenen Gesellschaft, wenn wir ihr gegenüber auf Distanz gehen ... Es geht darum zu lernen, daß man das, was uns fremd war, als unsriges betrachtet."[10] Freilich darf dieses Auf-Distanz-Gehen der eigenen Kultur gegenüber die Beschäftigung mit den anderen Kulturen nicht bloß als Mittel zum Zweck ansehen.

Dilthey hatte das Verstehen als eine geisteswissenschaftliche Übung auf zwei Prinzipien gegründet: Die Texte (Kulturen), die verstanden werden sollen, sind Ausdrücke des „Inneren" eines Subjekts. Die materiellen Aspekte bleiben ausgeblendet. Die Erfassung des Inneren ist ein hermeneutisches Ziel; es darf jedoch weder duallogisch noch monokulturell, noch durch Idealisierung dingfest gemacht werden. Man muß sich von der Einsicht leiten lassen, daß das Innere selbst auch seinen Kulturkontext hat; denn wie sonst könnte man erklären, daß sich Menschen verschiedener Kulturen über Praktiken fremder Kulturen wundern, wobei sie analoge Praktiken in der eigenen Kultur besitzen.

Die Angst vor interkultureller Verständigung nimmt proportional zu der Bereitschaft ab, sich mit der Problematik des Selbstverstehens zu beschäftigen. Bevor unsere Kulturen, Gesellschaftsformen, Religionen und andere sozial-politische Gebilde wegen ihrer Unterschied-

---

[10] Zit. in: Métraux, A., u. Waldenfels, B. (Hrsg.): Leibhaftige Vernunft, München 1986, S. 20.

lichkeit das Verstehen erschweren, gilt es einzusehen, daß alle Menschen als Naturwesen, mit bestimmten grundsätzlichen Bedürfnissen und Erwartungen ausgestattet, den Menschen als Kulturwesen vorausgehen. Eine auf das interkulturelle Verstehen zielende hermeneutische Philosophie muß die Forderung nach einer Theorie erfüllen, nach der weder die Welt, mit der wir uns auseinandersetzen, noch die Begriffe, Methoden und Systeme, die wir dabei entwickeln, apriorische, historisch unveränderliche Größen darstellen.

Hier ist ferner an den Sedimentationscharakter aller Kulturschöpfungen zu erinnern. Wir zeigen unsere Vernunft nicht dadurch, daß wir unsere Begriffe und Vorstellungen in sauberen Strukturen ordnen und die Rationalität gar zu einer Eigenschaft bestimmter Begriffssysteme machen, sondern nur dadurch, daß wir offenen Sinnes die überfällige Frage nach der Historizität, ja sogar Ethnozentrizität unserer konkreten Verstehensentwürfe stellen, um so die Grenzen und Schwächen unserer hermeneutischen Philosopheme zu erkennen und möglichst zu überwinden.[11] Es zeugte von einem kryptohermeneutischen Unternehmen, wollte man den Anspruch erheben, das universale hermeneutische Subjekt mit transethischer und transkultureller Geltung ein für allemal entdeckt zu haben.[12]

Reduktive Verstehensmethoden sind gewalttätig; denn sie lassen das Fremde nicht als etwas Selbständiges zu Wort kommen; sie zeugen von einem malum hermeneuticum. Eine reduktive Hermeneutik ist dadurch gekennzeichnet, daß sie erstens eine bestimmte Geschichtsphilosophie, eine bestimmte Teleologie, ein bestimmtes Denkmuster an den Anfang stellt, zweitens diese verabsolutiert, drittens sie hypostasiert und viertens demzufolge den Vorgang des hermeneutischen Verstehens mit dem Übertragen der eigenen sedimentierten Verstehensstrukturen auf das Fremde verwechselt.[13]

Als europäischer Philosoph par excellence vertritt Hegel ein eurozentrisches Geschichts- und Kulturbild, allerdings mit einem unerbittlichen universalistischen Anspruch. Er überträgt auf alle Kulturen ein

[11] Vgl. Mall, R. A.: Schelers Konzept der kosmopolitischen Philosophie. Grenzen der Vergleichbarkeit verschiedener Weltanschauungen, in: Trierer Beiträge aus Forschung und Lehre, XI, 1982, S. 1–10.

[12] Vgl. Henningsen, M.: Vom Anspruch und Elend des europäischen Universalismus, in: Merkur 8, Jg. 37, 1983, S. 894–902.

[13] Vgl. Gadamer, H.-G.: Hermeneutik, in: Historisches Wörterbuch der Philosophie, hrsg. von J. Ritter u. a., Bd. 3, Stuttgart 1974, S. 1062–1072; Das Erbe Europas, Frankfurt a. M. 1989; Gadamer (Hrsg.): Grundriß der allgemeinen Geschichte der Philosophie von W. Dilthey, Frankfurt a. M. 1949.

bestimmtes, in einem bestimmten Kulturkreis entstandenes Kulturbild. Gerade er ist für uns heute das Antibeispiel. Dies wird deutlich,
wenn wir seine wohl in der Euphorie des erfolgreichen Expansionismus des 18. und 19. Jh. über Europa niedergelegten Worte lesen:
„Mit dem Eintritt des christlichen Prinzips ist die Erde für den Geist
geworden. Die Welt ist umschifft und für die Europäer ein Rundes.
Was noch nicht von ihnen beherrscht wird, ist entweder nicht der
Mühe wert oder aber noch bestimmt, beherrscht zu werden."[14]

Die beiden Philosophen, Heidegger und Jaspers, zeigen hinsichtlich der Haltung zur Philosophie einander widersprechende Ansichten. Für Heidegger ist der Ausdruck „europäische Philosophie"
eine Tautologie. Ist sie von der gleichen Art wie „die unverheirateten
Junggesellen" oder „ein weißer Schimmel"? Eine solche bloß definito-
rische, analytische Tautologie darf man Heidegger nicht unterstellen.
Es müßte also um ein Wesensmerkmal des griechischen, des europäischen Geistes gehen. Sollte dies der Fall sein, und vieles spricht dafür,
dann muß man bei allem Respekt Heidegger eine unzulässige Privile-
gierung des Ortes und ein Nicht-informiert-sein hinsichtlich der anderen Orte, an denen ebenso ursprünglich philosophiert wurde, vor-
werfen. Nicht zu Unrecht ist bei Cho von einem dilettantisch anmutenden Interesse Heideggers an dem östlichen Denken die Rede.[15]

Jaspers vertritt eine ganz andere Ansicht. Für ihn ist die philosophia
perennis niemandes Besitz. Es ist eine metaphysische Naivität, zu
glauben, die eine Philosophie sei selber in irgendeinem Denken konkret geworden. Jede Hypostasierung der philosophia perennis verhindert die Kommunikation, unabhängig davon, wo dies geschieht, ob in
Europa oder Asien. Im Geiste seiner Definition der Wahrheit als das,
was uns verbindet, sah Jaspers in der regulativen Gestalt der einen
Philosophie gerade das, was Gemeinsamkeiten zwischen Asien und
Europa schafft.[16] Daß der von ihm eingeschlagene Weg der Rede von
einer vergleichenden Philosophie Sinn verleiht, braucht hier nicht besonders hervorgehoben zu werden.

Es ist unbestritten, daß Übertragungen immer problematisch sind.
Dies gild jedoch generell. Wenn ein Transfer von dem griechischen

---

[14] Hegel, G. W. F.: Vorlesungen über Philosophie der Weltgeschichte,
Philos. Bibl. 171 d, Hamburg 1955, S. 763.
[15] Vgl. Cho, Kah K.: Bewußtsein und Natursein. Phänomenologischer
West-Ost-Diwan, Freiburg i. Br. 1987, S. 15.
[16] Vgl. Jaspers, K.: Weltgeschichte der Philosophie, Aus dem Nachlaß,
hrsg. von H. Saner, München 1982, S. 55 f.

Logos zur lateinischen Ratio, zur deutschen Vernunft und zu den anderen Übersetzungen in den europäischen Nationalsprachen möglich war und ist, so müßte eine ähnliche, sicherlich noch schwierigere Übertragung der Begriffe Logos, On, Wahrheit, Sehn, Sat, Cit, Atman, Tao, Li möglich sein. Anfänglich waren ja die griechischen mit den römischen und christlichen Begriffen auch nicht sehr geistesverwandt. Jede Übersetzung ist zugleich eine hermeneutische Tätigkeit, welche die Intention erspürt, die den Termini zugrunde liegt. Durch ehrliches Bemühen kann die für die vergleichende Philosophie so notwendige transkulturelle Begrifflichkeit erreicht werden. Verstehen ist mehr als bloß übersetzen. Es ist eine intentionale Leistung, deren Gelingen und Mißlingen uns originär gegeben ist. Daher wird das Mißverstehen auch echt verstanden.

2.3 Hermeneutik und die Identitätsthese

„Identität", so heißt es bei Adorno, „ist die Urform der Ideologie."[17] Und der rationalistische und idealistische Strang der abendländischen Philosophie, der sowohl ideengeschichtlich als auch philosophiegeschichtlich maßgebend gewesen ist, hängt dieser Ideologie an und ist für die Einheit parteiisch. Die Suche nach dem archimedischen Punkt zwecks Letztbegründung wurde trotz oder gerade wegen der vielfältigen Ansprüche verschiedener Philosophen, ihn noch zu finden oder ihn gefunden zu haben, nicht aufgegeben. Philosophen, die von der Universalität einer Vernunft, einer Philosophie oder einer Kultur überzeugt sind, spüren die „Cartesianische Sorge" (the Cartesian Anxiety), um einen Ausdruck Bernsteins zu gebrauchen.[18] Auch die Sehnsucht nach einem Topos aller Kulturen kann zu einer Sucht werden.

Es gibt zwei Grundformen des kulturphilosophischen Ethos: Zum einen sind wir verpflichtet, die Vielfalt der Kulturen ernst zu nehmen, und zum anderen darauf zu achten, daß sich keine dieser Formen in den absoluten Stand setzt.

Wenn es nur Identität, Einheit gäbe, so existierte das hermeneutische Problem des Verstehens bzw. Mißverstehens überhaupt nicht. Wie wir aber oben andeuteten, gibt es jedoch Identität in diesem

[17] Adorno, Th.: Negative Dialektik, Frankfurt a. M. 1973, S. 151.
[18] Vgl. Bernstein, R. J.: Beyond Objectivism and Relativism, Oxford 1983, S. 16f.

Sinne auch auf der Ebene der Selbsthermeneutik nicht; denn wir rätseln über uns oft so sehr, daß wir zu dem Schluß neigen, daß wir uns selbst nicht verstehen. Wie man auch dieses Phänomen angehen mag – indem man von zwei Seelen in des Menschen Brust spricht oder indem man psychoanalytisch oder metaphysisch-theologisch deutet –, fest steht, daß Nur-Identität das Phänomen des Verstehens zur Farce werden läßt. Wenn jeder die gleiche Brille trägt und demselben Sehfehler beikommen will, dann stimmt man selbstverständlich auch in den Ergebnissen überein.

Es ist ein Identitätsvorurteil, zu meinen, das Fremde könne nur dann recht verstanden werden, wenn dieses sich in den Denkkategorien und Denkgewohnheiten desjenigen entsprechend ändere, der es zu verstehen unternehme. Sollte dieser Grundsatz gelten, so wäre dies nichts anderes als der Versuch, im Namen des hermeneutischen Verstehens das zu Verstehende zu verändern mit dem Ziel, so „die Fremdheit aufzuheben und Aneignung zu ermöglichen"[19]. Wenn auf dem hermeneutischen Parkett die verschiedenen Parteien sich an dieselbe Richtschnur halten, deren Gebrauch jedoch im Falle ihres Gegenübers ablehnen, dann gerät das Verstehen zum nur Verstandenwerdenwollen.

Augenfällig wird dieses Problem in dem Begriff des Exoten. In der Regel gibt es den Exoten nur für den Europäer. Die Selbstverständlichkeit, mit der dieser Begriff von den Europäern verwendet wird, muß hinterfragt werden. Daß auch der Europäer ein Exot sein könnte, scheint eine Arabeske zu sein. Immer wenn man die anderen Kulturen als fremd empfindet und sich wundert, daß man in diesen Kulturen als fremd empfunden wird, dann wurzelt dieses Sich-Wundern in der Überzeugung, daß man ja selbst das Normale darstelle. Eine echte hermeneutische Philosophie muß das Verstehenwollen und das Verstandenwerdenwollen als zwei Seiten derselben hermeneutischen Münze betrachten.[20]

Die Ansicht, daß es etwas gibt, was sich in einer Mannigfaltigkeit von Erscheinungen als Identisches ausweist, ist nicht ein *nur* europäischer Gedanke. Im Ṛg-Veda der Inder, der philosophisch der interessanteste Text ist, heißt es, daß die Wahrheit das Eine ist, das von den

[19] Gadamer, H.-G.: Wahrheit und Methode, 4. Auflage, Tübingen 1975, S. 508.

[20] Vgl. Mall, R. A.: Die orthafte Ortlosigkeit der Hermeneutik. Zur Kritik der reduktiven Hermeneutik, in: Widerspruch, Nr. 15, Jg. 8, 1988, S. 38–49.

Weisen verschieden benannt wird.[21] Im Geiste der Lehre vom Tao
liest man den Ausspruch aus dem vierten vorchristlichen Jahrhundert:
„Vom Identischen her gesehen sind alle die überaus vielen [zehntau-
send] Dinge eins."[22] Es war wohl eine Neuauflage dieser Idee, als man
von der einen philosophia perennis sprach und meinte, diese in einer
vollkommenen Gestalt in der Philosophie des Katholizismus, in der
Hegelschen oder gar in der Gestalt der Husserlschen Phänomenologie
zu besitzen. Auch die Habermassche Rede von der „Einheit der Vernunft in der Vielheit ihrer Stimmen" erweckt den Verdacht eines absoluten Denkmusters.

Diese Denkfigur als Muster eines idealisierten Einen ist selbst so
falsch nicht und nicht an sich einer interkulturellen bzw. multikulturellen Hermeneutik abträglich, sondern nur die Anmaßung, dieses
Muster allein, unwiederholbar und in vollkommener Gestalt in einer
bestimmten Kultur, Philosophie und Religion zu besitzen. Man
möchte von einem blinden Fleck in einer solchen Optik reden, einer
Optik, die Zeitlichkeit, Geschichtlichkeit und Tradition mit Recht auf
ihr Banner schreibt, aber dennoch nicht von der Verabsolutierung
einer bestimmten Tradition, Philosophie und Religion absieht. Eine
wechselseitige Toleranz, die das Herzstück einer jeden interkulturellen Verständigung bildet, ist dazu verpflichtet, von einem solchen
Anspruch abzusehen, welcher, absolut gesetzt, mit Machtpotentialen
ausgestattet ist und totalitär werden kann.[23]

Nur als eine regulative Idee mit leitender und lenkender Funktion
läßt sich das Verstehenwollen und das Verstandenwerdenwollen zusammen denken. Dies zeigt sich in allen Kulturen, geht aber in keiner
restlos auf, was uns auf dem Gebiete einer transkulturellen Hermeneutik stets zur Bescheidenheit mahnt.

Der indische Dichter-Philosoph Tagore, den man als den Goethe
des Orients bezeichnet, sieht die kulturelle Vielfalt als gottgewollt an
und weist selbst die Idee der Aneignung einer fremden Kultur zurück.
Sehr einprägsam formuliert er: „Wenn je eine solche Katastrophe über
die Menschheit hereinbrechen sollte, daß eine einzige Religion [oder
Philosophie oder Kultur] alles überschwemmte, dann müßte Gott für

---

[21] Vgl. Radhakrishnan, S., and Moore, C. A. (eds.): A Source Book of
Indian Philosophy, New Jersey 1957, S. 21.

[22] Zit. in: Holenstein, E.: Europa und die Menschheit. Zu Husserls kulturphilosophischen Meditationen, S. 41. Vgl. auch: Henrich, D. (Hrsg.): All-Einheit, Stuttgart 1985.

[23] Vgl. Soyinka, W.: Diese Vergangenheit muß sich ihrer Gegenwart
stellen, Zürich 1988.

eine zweite Arche Noah sorgen, um seine Geschöpfe vor seelischer Vernichtung zu retten."[24]

Wer den einen Geist mit seinen vielen Buchstaben kennt, ihn richtig auslegt, kann nicht umhin, in jeder Fremdreferenz nur Selbstreferenz zu sehen. Von einem „Vereinigungsdelirium", von einem „Einheitsdelirium der Hermeneutik des Geistes" spricht Hörisch in seiner Kritik der Hermeneutik; denn eine solche Hermeneutik reduziert die Vielheiten auf Einheit. Der Siegeszug der europäischen Monokultur ab 1800 ist eine offensichtliche Dokumentation eines solchen imperialen Wahns. Auf vielen Kontinenten haben sich die Europäer niedergelassen. Die Kulturbegegnungen kamen einem totalen Kahlschlag gleich. „Wird doch aus den vielen Sinnen der eine Sinn, aus den vielen Geschichten die eine (Welt-)Geschichte, aus den vielen Wahrheiten die eine Wahrheit, aus den vielen Geistern (und Buchstaben) der eine Geist. Der Monotheismus siegt im europäischen 19. Jahrhundert auch auf nichtreligiösem Terrain."[25]

Eine Identität, eine Einheit, ein Universalismus, inkarniert in einer bestimmten Philosophie, Religion, Kultur oder Sprache, gefährdet schon im Ansatz die Möglichkeit einer interkulturellen Hermeneutik; denn sie verweigert sich einer anderen Sehweise und sieht in der Vielstimmigkeit der hermeneutischen Szene eher Dissonanzen, die das Verstehen nach einem bestimmten Muster stören. Die Weisen des Einen können sich ja in verschiedenen Kulturen, Philosophien und Religionen ergänzend zum Ausdruck bringen, und in diesem Falle ist es der interkulturellen Verständigung dienlich, wenn man das Verstehenwollen ebenso ernst nimmt wie das Verstandenwerdenwollen.

In einem Essay von Merleau-Ponty über den Ethnologen Lévi-Strauss: ›Von Mauss zu Lévi-Strauss‹ heißt es: „Es genügt, daß er überhaupt einmal und lange genug gelernt hat, sich von einer anderen Kultur belehren zu lassen; denn von da ab verfügt er über ein neues Erkenntnisorgan, er hat von neuem Besitz ergriffen von der wilden Region seiner selbst, die nicht in seiner eigenen Kultur eingeschlossen ist und über die er mit den anderen Kulturen in Verbindung steht."[26] Deutet man Merleau-Pontys Ansicht richtig, so will er sagen, daß nur

---

[24] Tagore, R.: Vom Flüstern der Seele, zit. nach Mensching: Toleranz und Wahrheit in der Religion, München 1955, S. 73.

[25] Hörisch, J.: Die Wut des Verstehens. Zur Kritik der Hermeneutik, Frankfurt a. M. 1988, S. 67.

[26] Zit. in: Waldenfels, B.: Lebenswelt zwischen Alltäglichem und Unauffälligem, in: Phänomenologie im Widerstreit, S. 117.

derjenige, der meint, sich selbst und seine eigene Tradition ganz verstanden zu haben, den Fehler begehen kann, das Fremde nicht zu verstehen oder nicht verstehen zu können. Hier mag angemerkt werden, daß der moderne Tourist anscheinend der Illusion unterliegt, sich und seine Tradition so gut zu verstehen, daß er die fremde Tradition mit Kopfschütteln registrieren und verständnislos kommentieren kann. Keine Reise kann horizonterweiternd wirken, wenn der Reisende das Paradigma des Verstehens schon in seinem Gepäck hat. Kulturzentrismus kann als eine Form des Ethnozentrismus aufgefaßt werden. Denn solche Thesen werden in vielen Kulturen vertreten, von der chinesischen Kultur über die afrikanische bis zu europäischen Kulturen.[27]

Eine Identität, die sich mit dem Universalismus koinzident weiß, verlängert sich selbst und erschwert das gegenseitige Verstehen. Man könnte jedoch den Terminus „Universalismus" im Geiste einer gegenseitigen Toleranz als eine generelle Ansicht neu definieren, welche jedem seinen Weg garantiert. Ein solcher Universalismus ist mit der regulativen Idee vergleichbar und hat nichts mit einem exklusiven, inhaltlich fixierten Universalismus zu tun. Die Konzeption einer multikulturellen Gesellschaft ist nicht von einem solchen Universalismus zu trennen, weil dieser die Angst beseitigt, in einer multikulturellen Gesellschaft die eigenen Werte zu verlieren. Nur derjenige, der davon überzeugt ist und die geistige Kultur besitzt, daß Menschen in unterschiedlicher Weise leben, kann helfen, eine interkulturelle Hermeneutik zu erarbeiten.

Eine Dynamisierung des starren Standorts bietet die Möglichkeit, die Identität so zu differenzieren, daß die beiden Aspekte des Verstehenwollens und des Verstandenwerdenwollens lebendig werden und interagieren. Husserl hat selten die asiatische Philosophie und Kultur thematisiert. Er ging fast ausschließlich vom griechischen Ursprung der Philosophie, der Rationalität und der Kultur aus. In diesem Zusammenhang spricht er wiederholt von einer Urstiftung und erblickt in der Gestalt der Phänomenologie die Kulmination und die Erfüllung der Sehnsucht der abendländischen Philosophie. Dennoch erwähnt er die schicksalhafte Notwendigkeit, die asiatische Philosophie, Kultur und Religion „verstehend nachzuerleben und aus diesem Verstehen heraus ihre lebendige Wirkung zu erfahren".[28] Hier erinnert man sich

---

[27] Vgl. Wimmer, F.: Interkulturelle Philosophie. Geschichte und Theorie, Bd. 1, Wien 1990, S. 73–79.

[28] Husserl, E.: Über die Reden Gotamo Buddhos, in: Zeitschrift für Kunst und Literatur, 2. Jg., 1. Heft, München 1923, S. 18f.

der hermeneutischen Denkfiguren Gadamers wie „Horizontverschmelzung, Wirkungsgeschichte, Vertrautheit, Fremdheit" und der-
gleichen.
Die Methode der Phänomenologie, die dem Ideal der Voraussetzungslosigkeit, Vorurteilslosigkeit und Unparteilichkeit verpflichtet
ist, hat, sagt Husserl, keine Vorliebe für diese oder jene philosophische und kulturelle Tradition. Seine diesem Geist der Methode nicht
entsprechende Überzeugung vom Vorrang der griechisch-europäischen Vernunft, Philosophie und Kultur bleibt dennoch bestehen.
Dies ist ein Bruch. Schließlich oszilliert Husserl zwischen den beiden
Polen der Phänomenologie: dem der essentialistischen und dem der
konstitutiven, und er trägt und erträgt die darin liegende Spannung
wie jemand, der nie aufhört, neu zu beginnen um des originären phänomenologischen Sehens willen.
Das Auszeichnende des Husserlschen Weges ist für mich die Offenheit den Phänomenen qua Phänomenen gegenüber. Die Kulturschöpfungen sind intendierte Bedeutungen, und sie müssen als solche thematisiert werden. Dies bedeutet heute im interkulturellen Weltkontext, keinem Bewußtseinskorrelat eine bevorzugte Behandlung zukommen zu lassen. Die Frage nach der Standortbestimmung vergleichender Kulturphilosophie hat sich diesem phänomenologischen
Denkmuster unterzuordnen und sich jenseits von Identität und Differenz auf die Suche nach Überlappungen in den Sedimentationen verschiedener Kulturen zu begeben. Die Konzeption einer universalen
Philosophie (auch Kultur) ist in ihrer Allgemeinheit nur eine reine
Form. Die Ideen der einen Menschheit und der einen Kultur bedingen
sich gegenseitig.
Die Phänomene des Verstehens und Nichtverstehens sind gleich ursprünglich im Sinne der beiden Modi der Erfüllung und Enttäuschung. Irgendeinen Modus auf Kosten des anderen privilegieren zu
wollen, artet aus und führt zu ähnlichen Schwierigkeiten wie die Frage
nach dem Huhn und dem Ei.

2.4   Hermeneutik und die Differenzthese

Die ausschließliche Betonung der Identität, der Einheit als Einheitlichkeit und des inhaltlich festgelegten Universalismus läßt das Verstehen im Grunde genommen zu einer Farce werden. Die Überzeugung von einer totalen Differenz, einer bloßen Vielheit, einer unver-
bindlichen Pluralität macht das Verstehen und die Kommunikation be-

reits im Ansatz unmöglich. Totale Differenz läßt sich erst gar nicht
artikulieren. Die Science-Fiction-Filme sind ein augenfälliges Beispiel dafür.

Unter uns ist die Ansicht weit verbreitet, daß das Übernehmen
eines bestimmten Begriffsapparats, eines bestimmten Kategoriensy-
stems und einer bestimmten Diktion mit der These einhergehe, man
könne nur das verstehen, was wesensmäßig das eigene sei. M. a. W.,
die Differenz sei zu beseitigen. Die metonymische Reflexion zeigt jedoch deutlich, daß der Name nicht das Benannte ist, daß es eine Dis-
krepanz zwischen dem Konzept und der Realität gibt, wobei die begriffliche Fixierung niemals die Realität einzuholen vermag. Dies läßt
sich an vielen Beispielen verdeutlichen. Der griechische Logos und
die römische Ratio meinen nicht ganz dasselbe, auch wenn beide für
Übersetzungen herhalten müssen. Ebenso verhält es sich mit dem
englischen Begriff reason und dem deutschen Wort Vernunft. Beide
Begriffe sind nicht deckungsgleich. Diese Übertragungen finden im
Kreise der sogenannten einheitlichen abendländischen Geistesgeschichte statt. Sie bezeugen, daß Übertragungen inner- und interkultureller Art weder die totale Einheit noch die völlige Differenz zum
Paradigma erheben.

Die Geschichte der Kulturbegegnungen zeigt, daß totale Differenz,
d. h. völlige Wesensungleichheit, voreilig postuliert wurde, um das
Fremde entweder in seinem Wesen zu verändern oder es sich anzu-
eignen, zu vernachlässigen oder es gar auszurotten. Eine solche Art der
(Anti-)Kommunikation läuft auf ein Selbstgespräch hinaus. Die Missionare mögen sich noch so sehr über die fremde Art der heidnischen
Völker gewundert haben; dennoch gingen sie von der Überzeugung
aus, daß alle Kinder Gottes seien und damit Merkmale besitzen, die
jenseits von nur Einheit und nur Differenz liegen. Ohne diese Annahme, die erkenntnistheoretische, sprachpsychologische und ethnolo-
gische Relevanz hat, wäre die Bekehrung ein Schritt ins Leere gewesen.

Auch die Romantiker gingen im Lobpreisen des Fremden von An-
nahmen aus, die den Unterschied eher zu sehr betonten. Das Exotische zog zur gleichen Zeit an und stieß ab. Herder vertrat die Idee, die
verschiedenen Kulturen seien wie einheitliche, in sich ruhende und
mit dem Sog eines Gravitationszentrums ausgestattete Kugeln. Er
meinte, die Kulturen kennen in ihren Begegnungen entweder Assimilation oder Abstoßung.[29] Die Rede von der Menschheit ist manipu-

---

[29] Vgl. Herder, J. G.: Auch eine Philosophie der Geschichte zur Bildung
der Menschheit (1974), Frankfurt a. M. 1967, S. 44f.

lativ und zielt auf die neue Menschheit, die jedoch in der Vorstellung eines bestimmten Kulturkreises beheimatet ist. Dies ist eine unrechtmäßige Erweiterung einer partikulären Idee zu einer universalen, was nicht nur empirisch, kulturphilosophisch und ethnologisch unhaltbar ist, sondern auch vereinnahmend und totalitär. Husserl knüpfte an Herder an und hat sich nicht von den Spekulationen und Idealismen Hegels beeindrucken lassen.[30]

Lange Zeit galt und gilt zum Teil auch heute noch das Fach Orientalistik an den europäischen Universitäten als der Schlüssel zum Verständnis der orientalischen Kulturen. So wie in der erkenntnistheoretischen Subjekt-Objekt-Spaltung das Subjekt das Objekt zum Gegenstand der Untersuchung macht, so wurden die Orientalen und der Orient im Fach Orientalistik als „object of study, stamped with otherness"[31] behandelt. Kulturphilosophisch wurden die orientalischen Kulturen als das entfremdete Andere der eigentlichen europäischen Kultur thematisiert, definiert, untersucht, interpretiert, verstanden und bearbeitet. Die so europäisch-anthropozentrisch gesetzte Differenz wurde im Laufe der Zeit zum Eurozentrismus.[32]

Sowohl die einzelnen Menschen als auch die Kulturen sind weit davon entfernt, stetige, standhafte, homogene und monotone Bürgen zu sein. Jenseits von Identität und Differenz, welche sie in Maßen besitzen und die im Laufe der Entwicklung ab- oder zunehmen können, sind die Menschen durch naturgegebene und kulturbedingte Anlagen ausgezeichnet. Multilingualität und Multikulturalität sind solche Anlagen. Nicht jeder Mensch ist multilingual; auch nicht jede Gesellschaft ist multikulturell. Wer jedoch meint, ein multikultureller Mensch gehöre weder hierhin noch dorthin, er sei innerlich gespalten, macht sich die These von der Identität oder Differenz zu eigen. So wie die Kulturen vermag auch die Identität keine fixe Größe zu sein; denn sie kann eng oder weit gefaßt werden, entweder nur sich selbst und die eigene Nation oder die anderen Nationen und die Welt umfassen. Jenseits der totalen Kommensurabilität (Identität) und der völligen In-

[30] Vgl. Husserl, E.: Zur Phänomenologie der Intersubjektivität III: 1929–1935, Hua XV, Den Haag 1973, S. 429f. Dazu auch: Held, K.: Husserls These von der Europäisierung der Menschheit, a. a. O.

[31] Malek, Anwar A.: Orientalism in Crisis, Diogenes 44, 1963, S. 107; vgl. auch Said, E. W.: Orientalism, London 1978. Vgl. auch M'bedy, Duala M.: Xenologie. Die Wissenschaft vom Fremden und die Verdrängung der Humanität, Freiburg i. Br. 1977.

[32] Vgl. Hülsmann, H.: Nietzsche und Odysseus. Eurozentrismus und anthropozentrische Differenz, München 1990.

kommensurabilität (Differenz) – beides sind Ideologismen und Fiktionen – liegt der Grund für die Möglichkeit der interkulturellen Kommunikation. Dort finden wir die aus vielerlei Gründen bestehenden Überlappungen unter den einander fremden, aber nicht völlig fremden Individuen und Kulturen.

Alle Behauptungen von absoluter Fremdheit und totaler Identität sind Fiktionen. Jaspers spricht von einem erregenden Spannungsverhältnis, das jede Art von Verstehen begleitet, sei es zwischen Individuen derselben Kultur oder sei es zwischen Asien und Europa.[33]

Der Kreis der Wahrnehmung, der für die Entwicklung einer nur standorthaften Hermeneutik maßgebend war, ist heute zu eng geworden. Die heutige interkulturelle hermeneutische Situation ist hinausgewachsen über die griechisch-europäische und jüdisch-christliche Seinsauslegung und fordert von uns, von jeder kurzatmigen Verbindung von Ontologie und Hermeneutik, Tradition und Wahrheit Abstand zu nehmen. Diese Einsicht führt uns zu einer besonders wichtigen philosophischen Aufgabe auf dem Feld vergleichender Kulturphilosophie, welche weder durch die Fixierung des transzendentalen Subjekts als einer formal-logischen und metaphysischen Subjektivität wie z. B. das „Ich denke" von Descartes noch durch die selbst konstituierte, aber alles konstituierende transzendentale Subjektivität Husserls, noch durch den absoluten Geist Hegels auf einmal zu lösen ist, sondern nur durch die Bereitschaft zur Kommunikation, ausgehend von der standorthaften Ortlosigkeit vergleichender Kulturphilosophie.

Eine interkulturelle Hermeneutik, die der heutigen globalen Situation gerecht werden will, trägt nicht einen gattungsmäßigen, sondern eher einen „analogen" Charakter, geht nicht von einem Oberbegriff der einen Kultur aus und unterwirft nicht alle anderen Kulturen diesem einen Fall als Sonderfälle. Das analogische Verfahren reduziert nicht, leitet auch nicht deduktiv ab und betreibt ebenfalls keine unzulässige Verallgemeinerung, sondern vergleicht. Das interkulturelle hermeneutische Subjekt ist kein zweites Subjekt neben dem standorthaften. Es ist eine höherstufige reflexiv-meditative Instanz, die wie ein Schatten das Subjekt begleitet. Daher ist es auch in der Lage, den sogenannten hermeneutischen Zirkel zu beobachten. Dieses schattenhafte hermeneutische Subjekt hat keine bestimmte Sprache als Muttersprache, keine bestimmte Kultur als *die* Kultur. In-

---

[33] Vgl. Jaspers, K.: Die maßgebenden Menschen, 6. Auflage, München 1980, S. 131.

karniert als ein standorthaftes Subjekt hat es freilich eine bestimmte Sprache, eine bestimmte Tradition und Kultur mit dem zusätzlichen Bewußtsein, daß es als ein konkretes Subjekt hätte auch anders konstituiert sein können. Dies führt zum Vermeiden einer gewaltsamen Aneignung oder völligen Vernachlässigung anderer Kulturen. Das Kennzeichen eines bloß standorthaften Subjekts ist sein mundaner Charakter, der in der Naivität besteht, den eigenen Standpunkt nicht als einen unter den vielen wahrnehmen zu können.

Dilthey sieht die Auslegung zwischen zwei Gegensätzen angesiedelt. „Die Auslegung wäre unmöglich, wenn die Lebensäußerungen gänzlich fremd wären. Sie wäre unnötig, wenn in ihnen nichts fremd wäre. Zwischen diesen beiden äußersten Gegensätzen liegt sie also."[34] Auch Marquard äußert sich ähnlich: „In der Regel verstehen wir zwar niemals alles, aber auch niemals gar nichts."[35] Das Nicht-Hermeneutische in der Auslegungskunst ist das Wissen von dem Nicht-Identischen. Die analogische Hermeneutik verengt das Feld des Verstehens nicht. Sie verführt uns nicht und bindet uns nicht in absoluter Selbstreferenz. Vielmehr weist sie auf das Metonymische hin, das uns widerfährt. Das nicht völlig andere wird verstanden, ohne daß dieses sich ganz mit mir identifiziert.

2.5 Interkulturelle Hermeneutik und die These von der Überlappung

Husserl, der wenig von Hegel hält und ihn wohl auch nicht sehr gründlich gelesen haben soll, zeigt merkwürdigerweise eine Annäherung an die Hegelsche Vorstellung von geschichtslosen Völkern, die von der einzigartigen und nach Husserl weltumfassenden originellen Urstiftung des griechischen Geistes nichts ahnen. Husserl zeigt sich oft beunruhigt von der Konfrontation mit den fremden Philosophien, Kulturen und Mythen; denn als Phänomenologe par excellence, der nur den Phänomenen das Recht zugesteht, zu sprechen, möchte er dennoch für sich zumindest erklärt wissen, wie wir in der Begegnung zu einer Verständigung kommen. Für ihn bleibt die Frage nach der „universalen Singularität" einer Kultur maßgebend; denn es gibt nur

---

[34] Dilthey, W.: Der Aufbau der geschichtlichen Welt, in: Gesammelte Schriften, Bd. 7, Göttingen ⁶1973, S. 225.

[35] Marquard, O.: Abschied vom Prinzipiellen, Reclam, Stuttgart 1982, S. 136.

die eine Vernunft, wie es nur die eine Sonne gibt. Daß diese eine erhellende Sonne sich griechisch, indisch, chinesisch, um nur einige Erscheinungsweisen zu nennen, manifestieren kann, zieht Husserl nie ernsthaft in Betracht, höchstens nur reduktiv. Auch wenn Husserl fast dazu neigt, eine stufentheoretische Rangordnung der vielen Welten aufzubauen, um die universale Stufe zu erreichen, sind seine Fragen, die er hierzu stellt, echt phänomenologisch, und diese lassen sich auch stellen unabhängig davon, ob man der Husserlschen Lösung von der einen Stiftung, einen Philosophie, einen Vernunft und Kultur zustimmt oder nicht.

„Wie komme ich dazu", fragt Husserl, „nun doch von einer Erfahrungswelt für alle Menschen überhaupt, die bekannten und unbekannten, zu sprechen, wie dazu, sie in Geltung zu haben? Wie ich durch Kennenlernen von anderen Völkern, durch gelingende, obschon nur beschränkt gelingende Einfühlung in völkisch Fremde und ihre Umwelt zu einer erweiterten Tatsachenwelt komme, so jedermann, jeder fremdvölkische Mensch ebenfalls. Aber die tatsächliche Welt für jeden der verschiedenen Volkskreise eine andere, und doch so, daß jeder sich mit jedem einig weiß darin, daß die eine und selbe Welt erfahren sei, aber daß jede Sondermenschheit sie, dieselbe, ‚anders auffasse'. Was ist nun der Grund dieser Selbigkeit …, wie ist diese zu umschreiben in einer alle bindenden Wahrheit? Was ist wahres Sein, und zwar aus einstimmiger Erfahrung in einer Heimwelt, was für eine jede Heimwelt überhaupt formale, was in höherer Stufe universale, in der Allsynthese von wirklichen und möglichen Heimwelten herzustellende Wahrheit?"[36]

Wenn Husserl vom Geist spricht, dann meint er den europäischen Geist, das geistige Europa, das keine geographische und territoriale Umgrenzung mehr kennt. „Läßt sich diese ‚geistige' Bestimmung", fragt Derrida, „des europäischen Menschentums mit dem Ausschluß der ‚Eskimos', der Indianer der Jahrmarktsmenagerien … in Einklang bringen?" Selbstverständlich fällt die Antwort Derridas negativ aus, aber ein Unbehagen macht sich breit, wenn man solche Worte aus dem Munde Husserls hört. Aus guten Gründen erinnert Derrida an den Text des Wiener Vortrags von Husserl. „Es ist lehrreich, am Beispiel eines Diskurses, den man im allgemeinen nicht des Schlimmsten verdächtigt, zu zeigen, daß sich die Bezugnahme, die Berufung auf den *Geist*, auf die *Freiheit* des Geistes, auf den Geist als *europäischen* Geist stets mit den Formen der Politik verbinden kann, die man ihr

---

[36] Husserl, E.: Hua. XV, S. 217.

entgegensetzen möchte. Diese Bezugnahme auf den Geist, auf Europa ist für Husserls Denken ebensowenig ein äußerlich bleibendes Beiwerk, etwas Akzidentelles, wie für das Denken Heideggers. Sie spielt eine wichtige Rolle, sie hat eine ordnende Funktion in der transzendentalen Teleologie der Vernunft, die ein eurozentrischer Humanismus ist ..."[37] Mag sein, daß Derrida ein wenig überreagiert, indem er die praktisch-politische Dimension hineinbringt, die Frage bleibt dennoch bestehen, ob Husserl diese Sätze auch dann hätte verantwortungsvoll sagen können, wenn die politische Dimension keine Rolle spielte. Nicht nur die Husserlsche Rede von der Krise Europas meint die Krise des europäischen Geistes, eines Geistes, der die Universalität zu seinem Eidos macht. „Die europäische Kultur ist in Gefahr, wenn diese ideale Universalität, die Identität selbst des Universellen als Erzeugung des Kapitals bedroht wird."[38]

Ist die europäische Kultur das, was die europäische Philosophie, die europäische Vernunft und auch das europäisch-abendländische Christentum hervorgebracht haben, so stellt sich die Frage, woher der universalistische Anspruch dieser Kultur stammt. Wer in den Überlappungen nicht die gesuchten Kulturinvarianten findet oder diese nicht für ausreichend hält, liebäugelt eigentlich mit einem intrakulturellen Muster, das er zugleich zum Paradigma für das interkulturelle Verstehen überhaupt erhebt. Er stellt nicht die Frage, ob das Intrakulturelle auch interkulturelle Züge trägt.[39]

Der Phänomenologe Husserl spricht in seinem Wiener Vortrag ›Die Krisis des europäischen Menschentums und die Philosophie‹, gehalten am 7. und 10. Mai 1935 vor dem Wiener Kulturbund, von der geistigen und nicht der geographischen, technologischen und zivilisatorischen Gestalt Europas als seiner eigentlichen Gestalt.

Jenseits des überall geltenden Schemas von Fremdheit und Vertrautheit meint Husserl an Europa etwas Einmaliges entdecken zu können. „Wir erspüren das gerade an unserem Europa. Es liegt darin etwas Einzigartiges, das auch allen anderen Menschheitsgruppen an uns empfindlich ist als etwas, das, abgesehen von allen Erwägungen der Nützlichkeit, ein Motiv für sie wird, sich im ungebrochenen Willen zu geistiger Selbsterhaltung doch immer zu europäisieren, während

[37] Derrida, J.: Vom Geist. Heidegger und die Frage, Frankfurt a. M. 1988, S. 138f.
[38] Derrida, J.: Kurs auf das andere Kap – Europas Identität, in: Liber, Nr. 3, Okt. 1990, S. 13.
[39] Vgl. Mall, R. A.: Meditationen zum Adjektiv „europäisch" aus interkultureller Sicht, in: Der technologische Imperativ, Wien 1992, S. 139–150.

wir, wenn wir uns recht verstehen, uns zum Beispiel nie indianisieren
werden. Ich meine, wir fühlen (und bei aller Unklarheit hat dieses Gefühl wohl sein Recht), daß unserem europäischen Menschentum eine
Entelechie eingeboren ist ..."[40] Ist dies eine Neuauflage der Theorie
der angeborenen Ideen auf dem Gebiete der Kulturphilosophie? Husserl sieht die Philosophen als Funktionäre der einen wahren Menschheit. Feyerabend wirft Husserl hier eine erstaunliche Unkenntnis vor;
denn was wisse wohl Husserl über das wahre Sein der Kultur der
Nuer? Er spricht sogar von einer phänomenalen Einbildung bei Husserl zusammen mit einer beträchtlichen Geringschätzung Andersden-
kender. „I think it shows an astounding ignorance (what does Husserl
know of the ,true being' of the Nuer?), a phenomenal conceit (is there
any single individual who has sufficient knowledge of all races, cultures, civilizations to be able to speak of ,the true being of humanity'?)
and, of course, a sizeable contempt for anybody who lives and thinks
along different lines."[41]

Die Vorurteile diverser Provenienz, die einer solchen Lesart europäischer und außereuropäischer Kulturen zugrunde liegen, sind eigentlich viel zu offensichtlich, um einer gelehrten wissenschaftlichen
Widerlegung zu bedürfen. Da sie aber in vielen philosophischen
Köpfen immer noch ihr „Unwesen" treiben, müssen sie kritisch behandelt werden.

Im Gegensatz zu denen, die die Universalität der technologischen
Formation als einen Beleg für die oben erwähnte These Husserls ansehen, war Husserl doch selbst weit davon entfernt, diese Hardware,
als die äußere, globale Universalität und Einheitlichkeit der europäischen Wissenschaft und Technik, mit der Software, als der inneren,
geistigen, kulturellen Gestalt, zu verwechseln. Husserl ging es um die
geistige Universalität der europäischen Kultur, deren Annahme nicht
eine äußere, sondern eine innere Angelegenheit ist.

Wimmer hat in seinem Buch ›Interkulturelle Philosophie‹ in einem
anderen Zusammenhang, aber sehr hilfreich in unserem Kontext, gezeigt, daß äußere Übernahmen nicht eo ipso auch eigene innere Veränderung bedeuten. Japan stand seit dem 6. Jh. für eine lange Zeit
unter dem Einfluß der chinesischen Technik, Organisation und sogar
der Wissenschaft. „Daraus ist indessen kein sinisierter Inselstaat
geworden ..."[42]

---

[40] Husserl, E.: Die Krisis, Hua Bd. VI, Den Haag 1962, S. 320.
[41] Feyerabend, P. F.: Farewell to Reason, New York 1987, S. 274.
[42] Wimmer, F.: Interkulturelle Philosophie, Bd. 2, Wien 1990, S. 155.

Husserl mag mit der Idee einer universalisierten Christenheit geliebäugelt haben, aber dies ist ja nicht nur empirisch nicht eingetreten, sondern kann nicht einmal ein Korrelat des menschlichen Bewußtseins sein. Im Begriff Gott ist der Singular wesentlich, heißt es bei Husserl.[43] Beansprucht nicht auch sein Kulturbegriff eine ähnliche Singularität? Daß Husserl in der Frage nach einer philosophischen Kultur ein Schicksalsproblem der Menschheit erblickt, kann man seinem Aufsatz aus dem Jahre 1923 ›Die Idee einer philosophischen Kultur‹ entnehmen. In der griechischen Philosophie keimt eine solche Kultur zum ersten Mal. Zum Grundcharakter der europäischen Kultur gehört der Rationalismus, die Vernunftautonomie als oberstes Kulturprinzip. Die von Husserl beanspruchte Universalität ist entweder unerfüllt oder formal-transzendental.[44]

Das, wofür Husserl seine Phänomenologie bemühen muß, hatte Hegel schon im Sinne seines stufentheoretischen Schemas in seiner Darstellung der Geschichte der Philosophie behauptet: Die Asiaten ordnete er dem Kindesalter zu und die christlich-germanischen Europäer dem reifen (geistigen) Greisenalter. Von der Mitte des 18. Jh. an ging in der Tat die Sonne des europäischen Kolonialismus, Imperialismus und Missionarismus nicht unter, und dies mag nicht nur Hegel dazu ermuntert haben, hierin eine Bestätigung der Idee „Europas" zu erblicken.

Jaspers ist einer der wenigen modernen Philosophen, der durch seine These von der Achsenzeit, d. h. von der gleichzeitigen philosophischen Kulturbewegung in China, Indien und Griechenland, dem Adjektiv „europäisch" eine ihm zukommende Bedeutung zuweist. Leider wurde diese These in allen ihren Konsequenzen nicht ernst genommen.[45]

Der spätere Scheler zumindest plädiert für einen Ausgleich zwischen Asien und Europa unter einer völligen Veränderung der eurozentrischen Einstellung. Man hat Scheler oft vorgeworfen (zu Unrecht), er wolle aus dem Okzident den Orient machen, die Christen zum Buddhismus bekehren. Die Relativierung des europäischen Geistes jedoch ist in der Ausgleichsphilosophie Schelers kein Selbst-

---

[43] Vgl. Mall, R. A.: The God of Phenomenology in Comparative Contrast to Theology and Philosophy, in: Husserl Studies 8: 1–15, 1991.

[44] Vgl. Husserl, E.: Hua VII, 1. Teil, Den Haag 1956, S. 203–207.

[45] Vgl. Jaspers, K.: Vom Ursprung und Ziel der Geschichte, München ⁸1983, S. 76 ff. Mall/ Hülsmann: Die drei Geburtsorte der Philosophie. China, Indien, Europa, Bonn 1989.

zweck, sondern dient dem Ziel des Ausgleichs. Dieses Ziel ist nach ihm durch die Anschauung bestimmt, „daß die nationalen Volksgeister berufen seien, sich in allen rein kulturellen Dingen ... zu ergänzen, und zwar unvertretbar zu ergänzen."[46]

Die Universalität, die in das Adjektiv „europäisch" projiziert wird, drückt sich dann so aus, daß die philosophische Wahrheit durch die europäische Tradition und letztere durch erstere definiert wird. Hierin steckt eine petitio principii. Die eine Wahrheit, wenn es sie überhaupt gibt, privilegiert nicht ein bestimmtes Adjektiv, ob dieses nun europäisch, indisch, chinesisch oder anders heißt. Ein Adjektiv, das sich mit dem Universalismus koinzident weiß, bespiegelt sich selbst. Es war Hegel, der behauptete, daß dem christlich-germanischen Europa der eigentliche Schlüssel zur Wahrheit gegeben sei, und er machte Asien zum Anfang und Europa zum Ende der Geschichte. Zu meinen, dieser Ausdruck sei ja bloß idealistisch-metaphysisch, greift zu kurz.[47]

Die Bewußtseinsgeschichte des Adjektivs „europäisch" zeigt den universellen Anspruch einer Machtstruktur, die mit der Entdeckung des nichteuropäischen Raumes einen einseitigen Diskurs einleitete. Dieser von Europa eingeleitete Diskurs machte den Universalismus des Europäischen zu einem konstitutiven Element des Diskurses, als sei das Problem der Universalität lediglich ein definitorisches. Edward Said hat dies in seinem Buch ›Orientalism‹ überzeugend dargelegt. Die These des Dekonstruktivismus könnte uns helfen, das Eigenrecht anderer Adjektive zu erschließen.

Die Selbstverständlichkeit des universellen Anspruchs in dem Adjektiv „europäisch" hat eine lange Geschichte.[48] Schon die Griechen hatten durch die Unterscheidung von Griechen und Barbaren den Grundstein dazu gelegt. Die Eroberungszüge Alexanders taten das Ihrige dazu. In seinem Aufsatz ›Kritik der Globalphilosophie‹ spricht Herra von dem „Aristotelischen Syndrom".[49] Die interkulturelle Sichtweise ist nicht die Verlängerung und Erweiterung einer bestimmten kulturbezogenen Sichtweise; denn dies wäre ja eine neue Auflage der alten Praxis mit dem Ziel, erneut den Diskurs zu monopolisieren.

---

[46] Scheler, M.: Gesammelte Werke, Bd. 5, Bern 1976, S. 386.

[47] Vgl. Hülsmann, H.: Nietzsche und Odysseus, München 1990, S. 106 f.

[48] Vgl. Mall, R. A.: Meditationen zum Adjektiv „europäisch" aus interkultureller Sicht, in: Der technologische Imperativ, hrsg. von A. Bammé u. a., Wien 1992.

[49] Vgl. Wimmer, F. (Hrsg.): Vier Fragen zur Philosophie in Afrika, Asien und Lateinamerika, Wien 1988, S. 14 f.

Das Christentum zog aus, um die Heiden zu belehren und den einzig richtigen Weg zu Gott zu zeigen. Dies geschah mit großem Erfolg. Auch dies verfestigte den universalen Anspruch des Adjektivs „europäisch". Im 18. und 19. Jh. war Europa ein Siegeszug beschert. Das Erbe Europas geht immer noch von dieser Anschauung aus und sieht sogar in der technologischen Formierung der heutigen Welt eine Bestätigung der einheitlichen europäischen Idee.[50] In seinem Aufsatz ›Vom Anspruch und Elend des europäischen Universalismus‹ schreibt Henningsen: „Die eurozentrischen Schwerpunkte, die bei Kant, Hegel, Marx und Engels die Vorherrschaft Europas bewußt-bewußtlos widerspiegeln, lassen sich übrigens noch immer in der Organisation des Geschichtsstudiums (auch für die Fächer Theologie und Philosophie, um nur zwei zu nennen – Vf.) an deutschen und anderen europäischen Universitäten nachweisen ... Die Geschichte, die als alte, mittlere und neue gelehrt wird, ist europäisch ... Historiker leben und denken fürs Abendland."[51]

2.6 Grundlagen der Überlappungen

In der ›Krisis‹ spricht Husserl von dem transzendentalen Ich, das jeder Mensch in sich trägt.[52] Dieses transzendentale Ich beansprucht nicht einen Ort neben, unter oder über dem empirischen Ego; es ist der Name einer Einstellung. In dieser Einstellung wird der noematische Charakter einer jeden Kulturschöpfung und die Bedingtheit eines jeden hermeneutischen Zirkels durchschaut und daher auch überwunden. Nicht nur die methodische Unterscheidung zwischen der empirischen und transzendentalen Subjektivität ist unvermeidlich; ebenso unvermeidlich ist ihre Identität.[53] Daher ist bei Husserl nicht nur von einer Äquivokation, sondern von einer wesensmäßigen Äquivokation die Rede.[54] Das Mindestmaß an Rationalität, dessen eine vergleichende Kulturphilosophie bedarf, findet man in diesem

---

[50] Vgl. Gadamer, H.-G.: Das Erbe Europas, Frankfurt a.M. 1989. Held, K.: Husserls These von der Europäisierung der Menschheit, in: Phänomenologie im Widerstreit, hrsg. von C. Jamme u. O. Pöggeler, Frankfurt a.M. 1989, S. 13–39.

[51] Henningsen, M.: Merkur, Heft 8, 1983, S. 897.

[52] Vgl. Husserl, E.: Hua. VI, 189f.

[53] Vgl. ebd. S. 205.

[54] Vgl. ebd. S. 188.

transzendentalen Ich Husserls, das selbst ortlos ist, aber jedes orthafte
Ich wie ein Schatten begleitet.

Daß die Noemata sich überlappen, ist eine Idee der Husserlschen
Phänomenologie. Die Vielfalt der Kulturen ist eine Vielfalt der Noemata. Das Phänomen der Überlappung wird von uns sowohl postuliert als auch als etwas Erlebtes angesehen. Dieses Phänomen ermöglicht nicht nur Kommunikation, sondern auch die Übersetzung.

Wenn wir hier von einer Metonymie sprechen, so meint dieser Begriff den Übergang von kulturellen Sedimentationen. Übergänge
werden möglich, weil es den absoluten Anspruch des einen Kultur-
topos nicht gibt und nicht geben kann. Die metonymische Verschie-
bung und Umbenennung verweist auf einen Bezug zwischen den Inhalten. Unser Hinweis auf den Utopos des Topos versucht, gerade dies
deutlich zu machen. Auch die Kulturgeschichte als Weg zur Wahrheit
besagt lediglich, daß auch sie eine bestimmte Hermeneutik bleibt.[55]

Die interkontinentale Konstellation von Denken und Handeln
durchbricht heute die Geschlossenheit eines bestimmten Kulturkreises. Zugleich aber auch das Vorurteil von geschichtslosen und kul-
turlosen Völkern. Die interkulturelle Situation ist immer eine Suche
nach möglichen Überlappungen gewesen. Sie ist daher auch immer
mit partiellen Konflikten beladen. Daß man der Kommunikation bedarf und miteinander kommuniziert, setzt voraus, daß man den Dissens und Differenzen erlebt hat. Das Phänomen der Überlappung löst
nach unserer Überzeugung das Problem der Unversalien; denn die
These von der Überlappung ist jenseits der totalen Einheit und der
völligen Differenz angesiedelt. Diese These verkraftet auch, daß das
Problem der Wahrheit Überlappungsmerkmale trägt. Wenn es gilt,
daß Erinnerung, Tradition, Geschichte die Wahrheit bestimmen, dann
muß die Verbindlichkeit der Wahrheit weder in dieser noch in jener
Tradition, sondern in den Überlappungen gesucht werden. Unsere
Überlappungsthese hat zudem noch den Vorteil, daß sie Universalismus und Pluralismus, Einheit und Vielheit, Heimwelt und Fremdwelt nicht als bloße Gegensätze ansieht.

Zur Erklärung und Begründung der zentralen These von den Überlappungen seien hier noch einige Erklärungsmuster kurz vorgestellt.
Die Überlappungen sind weder apriorische Größen noch können sie
bloß definiert werden. Sie können große Unterschiede aufweisen, die
wiederum situativ zu- oder abnehmen können. Gemeinsamkeiten wie

[55] Vgl. Mall, Hülsmann: Die drei Geburtsorte der Philosophie. China, Indien, Europa, S. 128–137.

Sprache, Tradition, Kultur, Religion, Rasse u. dgl. mögen Überlappungen erleichtern. Der eigentliche Grund ist jedoch unsere Erfahrung eines Gemeinsamen, in dem wir uns alle befinden und in dem wir uns auch erfahren. Das Metonymische geht in seinem Namen nicht auf. Im ersten Spruch des Tao te King macht Lao Tzu dies deutlich. Gerade die Unverfügbarkeit des Namenlosen in seinen Namen und die Unverzichtbarkeit der Namen für das Namenlose weisen den Anspruch des einen Ortes zurück.

1. Das anthropologische Modell und die Überlappungsthese:
Der Mensch weist als ein Gattungswesen ohne Zweifel Strukturen auf, die, trotz vorhandener Unterschiede, auf gemeinsame Bedürfnisse, deren Befriedigung, auf Fragestellungen und Lösungsansätze schließen lassen. Die Feststellungen: der Mensch sei ein Mängelwesen (Hume, Herder, Gehlen), der Mensch sei eine Frühgeburt, ein Nesthocker (Portmann), der Mensch sei ein noch nicht festgestelltes Tier (Nietzsche), um nur einige zu nennen, belegen das eben Gesagte. Anthropologische Gemeinsamkeiten als Dispositionen sind jedoch weit davon entfernt, bloße Identitäten zu erzeugen. Kulturvielfalt und anthropologische Invarianten sind daher keine Gegensätze.

2. Die biologische Evolution und die Überlappungsthese:
Auch wenn die Kulturschöpfungen des Menschen sich nicht einfach auf ihre biologischen Bedingungen und Strukturen reduzieren lassen, so gilt heute, daß die Konstanten nicht nur auf dem Gebiete der Kultur, sondern auch auf dem der Natur zu finden sind. Neben seinem Dasein als Kulturwesen ist und bleibt der Mensch ein Naturwesen, ob er will oder nicht. Dies belegt die medizinisch-pharmazeutische Forschung, die Experimentierergebnisse vom Tierreich auf den Menschen überträgt. Dies offenbart unleugbare Verwandtschaften zwischen den Menschen und den Tieren. Die heutige biologische Forschung legt uns die Einsicht nahe, daß trotz weitreichender Unterschiede zwischen den Rassen (Hautfarbe, Haarstil usw.) die Abweichungen nicht beträchtlich sind. Die genetische Forschung hat gezeigt, daß Variationen zwischen den Mitgliedern derselben Rasse ebenso zu finden sind wie zwischen den verschiedenen Rassen. Die Organismen sind keine bloß einheitlichen Ganzheiten; sie sind aber ebensowenig bloß verschieden. Auch sie zeigen Überlappungen; von diesen ausgehend kommt es trotz der vorhandenen entgegengesetzten Tendenzen zu einem im Werden befindlichen Ausgleich.[56]

---

[56] Vgl. Gould, S.J.: Human Equality is a Contingent Fact of History, in: The Flamingo's Smile, New York 1985.

Die biologische Evolution mag dafür gesorgt haben, daß einige
Muster vererblich wurden. Daß das Leben – von dem der Ameise
bis zu dem der Menschen – die instinkthafte Tendenz besitzt, sich
am Leben zu erhalten, mag zu den Strukturen gehören, die auf der
Ebene der Kulturen die Einsicht bedingen, sich gegenseitig leben
zu lassen. Manche Reizkonstellationen, Bedürfnisempfindungen
und -befriedigungen scheinen mehr oder minder im Laufe der biologischen Evolution hervorgetreten zu sein. Gewiß muß hier zwischen
der strengen Naturgesetzlichkeit und der doch sehr labilen Kultur-
notwendigkeit unterschieden werden. Heute wissen wir, daß der
Mensch nur eine Sonderstellung in einem gleichberechtigten und
gleichwertigen Sinne mit den anderen Spezies in der Natur beanspruchen kann; denn auch er ist eingebettet in den großen Haushalt der
großen Natur.

Sein Bewußtseinsvorsprung, d. h. sein Wissensvorsprung, ist eigentlich seine menschliche Art und Weise zu leben und zu sterben. Es wäre
wohl eine Anmaßung, wollte der Mensch aus dieser Sonderstellung
das Verhältnis Geist und Natur nur in diesem einen Sinne gestalten.
Von diesem idealistischen Vorurteil weiß die Geschichte der Philosophie viel zu berichten. Der Oberbegriff *Natursein* kennt unzählige
Formen. Das Bewußtsein ist eine davon.

Die Wissenschaft der Genetik hat gezeigt, daß der menschliche Organismus aus vielen Genen besteht, die durch vielfältige Permutationen das Individuum hervorbringen mit dem ihm eigenen Charakter.
Die alte Konzeption der statischen Typen ist heute ersetzt worden
durch eine eher fließende Konzeption der menschlichen Gruppen.
Genetische Mutationen in Verbindung mit Umweltbedingungen
sorgen dafür, daß genetische Profile nicht immer konstant bleiben.
Dies macht die Rede von der Reinrassigkeit (in unserem Zusammenhang von der reinen Kultur) irreführend. Da schon die Individuen derselben Gruppe nicht exakt dieselben Gene aufweisen, herrscht eine
erhebliche Vielfalt in ihr. Aber die geno- und phenotypischen Merkmale sorgen auch für die Ähnlichkeiten, diese wiederum für Überlappungen zwischen den Gruppen. Daher ist es immer eine Ideologie gewesen, Biologie, Rasse und Kultur miteinander in ein starres, kau-
sales Verhältnis zu bringen.[57] Der kulturelle Pluralismus könnte eher
der modernen Genetik Rechnung tragen als Assimilation, Abgrenzung oder Integration.

[57] Vgl. Richardson, J., u. Lambert, J.: The Sociology of Race, Lancashire
1985, Chapt. 1.

3. Kulturevolution:

Die Frage, was die menschliche Natur sei, ist schwer zu beantworten; denn die menschliche Natur ist nicht nur Teil der natürlich-biologisch-physiologisch-physikalischen Natur, sondern sie kennt auch Geschichte und Kulturschöpfungen. Die menschliche Natur scheint daher eine Kopräsenz, eine Gleichzeitigkeit von Natur und Kultur zu kennen. Sie mag sogar pränatale Geltung beanspruchen und Kultur zu den Naturnotwendigkeiten zählen.

Neben dem ersten biologischen Erklärungsmuster betont das zweite kulturevolutive Muster das Hervortreten verschiedener kultureller Verhaltensstrukturen, die, da sie sich bewährt haben, sich weiter fortpflanzen und im übertragenen Sinne erblich werden. Freilich sind die kulturellen Muster nicht so langlebig wie die biologischen. Nicht umsonst meint man, von Freiheit im Bereich der Kulturschöpfungen sprechen zu können.

4. Das egoistische Modell des aufgeklärten Selbstinteresses:

Schon Thomas Hobbes sprach dem Menschen von Natur aus Egoismus zu. Es bedarf jedoch einer Erklärung, daß dieses von Grund auf egoistische Wesen es geschafft hat, sich trotz vieler Risiken am Leben zu halten. Im Kampf aller gegen alle hätte der Mensch verlieren müssen, und nur ein einziger „Leviathan" hätte sich wohl ebensowenig erhalten können.

Das egoistische Modell des aufgeklärten Selbstinteresses betont die Leistung eines kalkulierenden Denkens bei der Herstellung von Überlappungskreisen. Das Selbstinteresse fördert eine intelligente Strategie, so daß auch der andere zur Befriedigung seiner Bedürfnisse gelangt. Eine solche Strategie stellt tragfähige Überlappungen her, die man nur allen Parteien empfehlen kann. Gewiß ist hier nicht die reine Nächstenliebe oder, wie Hume meint, eine angeborene Sympathie am Werke. Vielmehr wirkt hier die Einsicht aus purem Selbstinteresse, daß nur auf diese Weise der Mensch ohne allzu große Risiken vermag, seine Bedürfnisse zu befriedigen. Das aufgeklärte Selbstinteresse spielt dabei die zentrale Rolle. Der Altruismus ist dabei lediglich ein Feigenblatt, welches an der Sache nichts ändert.

5. Das Allgemeinwohl als Überlappungsort:

Sicherlich ist der Mensch nicht nur ein egoistisches Wesen. Wäre dem so, dann gäbe es Phänomene wie Elternliebe, echte Freundschaften, redliche Hilfeleistungen nicht. Dieses Erklärungsmodell für das Zustandekommen der Überlappungen geht von dem Vorhandensein einer Disposition für die menschliche Solidarität aus. Es gibt eine Tendenz, die auf das Allgemeinwohl gerichtet ist. Damit werden die

egoistischen Beweggründe keinesfalls geleugnet. Freilich gibt es
ständig die Konflikte, die nicht alle damit enden, daß die egoistischen
Motive dem Allgemeinwohl untergeordnet werden. David Hume
meinte jedoch, seine Moralphilosophie auf solche Überlappungen
aufbauen zu können.

6. Das pädagogische Modell:
Wir kennen keinen Menschen, der ohne jede Erziehung existieren
könnte. Dies führt zu der Frage, wie die menschliche Natur aussieht vor
aller Einflußnahme durch die Gesellschaft. Zur menschlichen Natur
gehört daher im weitesten Sinne die Erziehung, der jeder von uns unterworfen ist, auch wenn die Eltern jeder Dogmatik abschwören. Der Philosoph David Hume meinte, daß selbst unser religiöses Denken vielleicht doch ein Ergebnis der Erziehung sein könnte.

Die Überlappungen, die auf dem Wege der Erziehung zustande
kommen, sind zunächst die lebensnotwendigen Maßnahmen in der
Familie. Die Überlappungskreise mögen immer kleiner werden, je
weiter wir uns von den kleineren Gemeinschaften zu den größeren hin
begeben. Ganz verschwinden dürften diese Überlappungskreise jedoch nicht – es sei denn, es fände keine Kommunikation statt.

Diese von der Erziehung her sedimentierten Überlappungen
stehen meistens im Dienste irgendwelcher Ideale, Maßnahmen, Über-
zeugungen und Ziele. So kann es geschehen, daß man bei Zugehörigkeit zur gleichen Religion, aber zu unterschiedlichen Rassen eher das
Überlappungsphänomen erlebt als durch die Zugehörigkeit zur
selben Rasse mit unterschiedlichen Konfessionen. Freilich muß in
einem solchen Falle die Dominanz der religiösen Gemeinsamkeit eine
größere Intensität und Wirkung aufweisen als die andere. Jede empirische Untersuchung vermag solche Fälle in verschiedenen Richtungen
mit unterschiedlichen Valenzen aufzuzeigen.

Eine interkulturelle Hermeneutik kann und darf sich nicht innerhalb einer bestimmten Tradition bewegen; denn dies würde mit der
Perpetuierung fester Denkmuster entweder zur Fiktion der Einheit
oder zur Fiktion der Differenz führen, was im Widerspruch zur Überlappungsthese stünde.

Interkulturalität ist nicht nur eine reflexiv-meditative, transzendentale Einstellung, sondern auch ein moralisches Postulat, von dessen
Anerkennung und schrittweisen Realisierung das solidarische Zusammenleben der Kulturen abhängt. Die Distanz zum Fremden, die bei
jeder Begegnung erlebt wird, kennt nicht nur die eine Richtung, sondern verläuft auch umgekehrt. Das Distanzerlebnis des einen kann
und muß nicht das des anderen sein. Das Metonymische in diesem Na-

mentausch ist das intuitive Erlebnis des Analogischen, das ja erst den Namentausch ermöglicht und erlaubt, aber selbst der Sprache unverfügbar bleibt.

Betrachtet man die Geschichte der Hermeneutik von Hegel bis Heidegger, so kann man sich nicht des Eindrucks erwehren, daß diese Hermeneutik die Kategorien ihrer eigenen Sedimentiertheit, Historizität und Traditionalität für universal erklärt. Auf der Basis eines solchen Denkens kann keine interkulturelle Hermeneutik entstehen, die für die vergleichende Kulturphilosophie unabdingbar ist. Willy Michel wirft nicht ganz zu Unrecht „der deutschen Hermeneutik" eine „Blindheit im interkulturellen Bereich" vor.[58]

Das Interesse an vergleichender Philosophie hat in den letzten Jahren sehr zugenommen. Dies scheint einem Bedürfnis, Verlangen, auch einer Intuition zu entsprechen. Diese Intuition macht die abendländische Philosophie nicht zum Paradigma, aber auch nicht die indische oder chinesische. Besteht die Paradoxie der Xenologie darin, daß das Fremde weder nur identisch noch total verschieden ist, daß es sich aber auch nicht stufentheoretisch überwinden läßt, so bedeutet dies, daß das Phänomen des Alternierens und des Oszillierens als das konstitutive Merkmal der Selbst- und Fremderfahrung anzusehen ist. Keine andere Methode als die phänomenologische kann uns besser helfen, den Fallstricken einer falschen Umarmung oder auch der Ausschließung des Fremden zu entgehen.

Fast allen Disziplinen mit dem Adjektiv „vergleichend" ist eine ansehnliche Karriere versagt geblieben, und sie alle sind in den akademischen Kreisen nicht so recht angesehen. Viele dieser Disziplinen verdanken ihr Erscheinen der Begegnung des modernen Europa mit den nicht-europäischen Ländern. Die Einrichtung der Universitätsfächer wie Orientalistik, vergleichende Religionswissenschaft, Ethnologie, Völkerkunde geschah aus der Überzeugung, daß man im Besitze des eigentlichen Maßstabs zum Vergleichen sei. Vergleichende Kulturphilosophie ist jedoch nicht nur ein Bemühen um ein Verständnis fremder Kulturen, sondern es geht in ihr auch um das Verstehen früherer Epochen der eigenen Kultur. Ein vergleichendes Verständnis kann philosophische Denkmuster aufdecken, die größere Ähnlichkeiten mit einer fremden philosophischen Tradition aufweisen als mit der heimischen. So ist z. B. der indische Materialismus dem von Hobbes näher als dem Idealismus der Vedânta-Philosophie.

---

[58] Michel, W.: Das Fremde und das Eigene, hrsg. von A. Wierlacher, München 1985, S. 100 f.

Hegels kulturphilosophischer Ansatz zeichnet sich durch Ausgliederung aus. Den afrikanischen Menschen schreibt er eine naturbedingte Minderwertigkeit, Wildheit und Unbändigkeit zu, die es unmöglich machen, diese Menschen zu verstehen. „Wenn wir ihn fassen wollen, müssen wir alle europäischen Vorstellungen fahren lassen ... Eben darum können wir uns auch nicht in seine Natur hineinempfinden, sowenig in die Natur eines Hundes."[59] Hegel geht sogar so weit, daß er „den Negern" vorwirft, daß diese sich verkaufen lassen ohne alle Reflexion darüber, ob dies recht ist oder nicht. Man ist geneigt zu sagen, Hegel denke hier nicht von der Seite der Opfer, sondern von der der Täter. Die Kategorie des echten Fremden kann die Philosophie Hegels nicht zulassen; denn das Fremde als Fremdes ist in seiner eigenen Würde kein Gegenstand. In der Konfrontation mit dem Fremden wird das Eigene zum Fremden. In der Überwindung der Fremdheit des Eigenen im Fremden wird das Fremde selbst überwunden. Keine vergleichende Kulturphilosophie kann hier gedeihen.

Ein weiterer Grund für die mißliche Lage der vergleichenden Kulturphilosophie geht auf die Komparativisten zurück, die erstens von ihrem eigenen Kulturmodell absolut überzeugt sind, zweitens über die anderen Kulturen nicht richtig informiert sind und drittens die Vielfalt der Kulturen nicht als einen Wert ansehen. Daß es Klischees und Stereotypen im Okzident über den Orient gibt und umgekehrt, ist eine Tatsache, die hier nicht thematisiert werden kann.

Jeder, der heute über die verschiedenen Philosophie- und Kulturtraditionen denkt und schreibt, kann nicht umhin, diese miteinander in Beziehung zu setzen, zu vergleichen. Dies nennt Matilal „comparative philosophy in a minimal sense".[60] Will man jedoch die vergleichende Kulturphilosophie über die minimale Sinndeutung hinaus als eine selbständige Disziplin betreiben, so muß anerkannt werden, daß die bunte Vielfalt der Kulturen Denkmodelle darstellt, welche durch ihre symbolischen Formen zwischen dem Ich, dem Bewußtsein, der Welt und der Natur vermitteln. Jedes Verstehen oszilliert zwischen den beiden Polen „der Vertrautheit und der Fremdheit", wie Ga-

---

[59] Hegel, G. W. F.: Vorlesungen über die Philosophie der Weltgeschichte, Philos. Bibl. 171a, S. 218.
[60] Matilal, B. K.: Indian Philosophy – Past and Future, ed. by S. S. Rama Pappu and R. Puligandla, Delhi 1982, S. 259. Vgl. auch Raju, P. T.: Lectures on Comparative Philosophy, Poona 1969; Introduction to Comparative Philosophy, Carbondale 1970.

damer mit Recht hervorhebt.[61] Weder die Spannung noch die prinzipielle Offenheit bedürfen der Aufhebung, auch nicht im Sinne Hegels. Vielmehr müssen wir das Fremde neben dem Vertrauten als Eigenständiges gelten lassen.

Zur Basis einer vergleichenden Kulturphilosophie haben wir bei unseren Überlegungen das Desiderat der kulturellen Vielfalt jenseits der Identität und der Differenz werden lassen. Auf dieser Grundlage konstituiert sich eine interkulturelle Hermeneutik, für die die Fremdheit des Anderen gott- und naturgewollt ist. Das Fremde ist nicht bloß mein Echo. Betrachtet man die Geschichte der Kulturen, dann wird deutlich, daß die Kulturen immer in einem Spannungsverhältnis gestanden haben, das sowohl Übernahme als auch Abgrenzung bedeutete.[62]

Jede interkulturelle Philosophie muß die Präsenz einer de facto globalen hermeneutischen Situation anerkennen. Ferner ist sie verpflichtet, eine dieser Situation adäquate Hermeneutik zu erarbeiten, die kein Verstehensmodell verabsolutiert und zum Paradigma erhebt. Nicht die verschiedenen Lesarten sollen zurückgewiesen werden. Es geht vornehmlich um die Suche nach Überlappungen jenseits totaler Einheit und Differenz, wobei methodisch analogisch und komparativ verfahren wird.

Wer alle Differenzen tilgen möchte, hält von einer offenen Interpretationsphilosophie nichts. Da man jedoch der Interpretation nicht entrinnen kann, muß man von einer Ethik der Interpretation ausgehen, die die Unvermeidlichkeit von Konflikten weder überbetont noch unterbewertet.[63] Im Dialog der Kulturen muß deren Eigenständigkeit gewahrt bleiben.

Der kulturphilosophisch relevante hermeneutische Ansatz leugnet nicht, daß es für den in der naiven Einstellung lebenden Menschen fast radikal verschiedene Welten, Kulturen und Religionen gibt. Ein Verharren auf dieser Stufe und die Verabsolutierung des eingenommenen Standortes stehen der Verständigung im Wege und führen gar zum Bruch der Kommunikation.[64] Es besteht jedoch die reale Mög-

[61] Gadamer, H.-G.: Wahrheit und Methode, 4. Auflage, München 1975, S. 279.
[62] Vgl. Wierlacher, A. (Hrsg.): Das Fremde und das Eigene. Prolegomena zu einer interkulturellen Germanistik, München 1985, Einleitung und S. 94 ff.
[63] Vgl. Berlin, I.: The Crooked Timber of Humanity, London 1990.
[64] Vgl. Mall, R. A.: Schelers Konzept der kosmopolitischen Philosophie, a. a. O.

lichkeit, daß diese naive Einstellung mit Hilfe einer höherstufigen reflexiven Einstellung überwunden werden kann. Hier werden die erlebten Überlappungen verschiedener Kulturen wirksam. Dann geht
es um die Vergrößerung der Überlappungskreise und um eine Verbesserung der Kommunikation. Eine solche Hermeneutik ist ein Pfad,
dessen Begehen zugleich konstitutives Element und erhabenes Ziel
ist. Daher ist es sinnvoll, von der orthaften Ortlosigkeit bzw. ortlosen
Orthaftigkeit dessen zu reden, was einer vergleichenden Philosophie
zugrunde liegt, sie überhaupt erst ermöglicht und zugleich ihr Telos
darstellt.

3. INTERKULTURALITÄT ALS BEDINGUNG FÜR DIE MÖGLICHKEIT EINER MULTIKULTURELLEN GESELLSCHAFT

3.1 Der Weltkontext der Philosophien und Kulturen

Es ist nicht so sehr ein Verdienst irgendeines bestimmten Kulturkreises, daß wir dem Thema „multikulturelle Gesellschaft" so viel Aufmerksamkeit schenken, die es mit Recht verdient, sondern wir verdanken dies vielmehr der geschichtlichen Tatsache, daß fast alle Kulturen in der heutigen historischen und interkontinentalen Aktualität präsent sind. Diese spannungsvolle Konstellation verschiedener Weltkulturen ist selbst ein Ergebnis des Siegeszuges der modernen Wissenschaften in Verbindung mit der erfolgreichen, globalen Verbreitung der Technologie. Die wünschenswerte Möglichkeit einer multikulturellen Gesellschaft darf jedoch weder mit dem Internationalismus der Wissenschaften und der Technik gleichgesetzt noch verwechselt werden.

Es geht bei der Möglichkeit einer multikulturellen Gesellschaft eher um ein verträgliches Zusammenleben vieler Kulturen, die ihre jeweiligen Strukturen besitzen. Diese dürfen und können nicht in die Kunstgestalt einer Weltkultur eingegliedert werden. Der universalistische Zug der europäischen Kultur meint, Asien verwestliche. Richtig ist vielmehr, Asien modernisiert sich. Die Rede von einer einheitlichen Weltkultur erscheint nicht zu Unrecht ein wenig gestelzt und kann höchstens eine leitende und lenkende Kraft, eine regulative Idee sein.[1]

Die eminente Herausforderung an alle positiven Kulturen ist die Überwindung eines Kulturprovinzialismus, der verschieden maskiert auftreten kann. Dies betrifft die Kulturen um so mehr, die aus politischen, wirtschaftlichen, technologischen und militärischen Gründen mächtiger sind. Mit Recht stellt daher Eliade fest, daß die Zeiten

---

[1] Vgl. Mall, R. A.: Interkulturalität und die Morphologie einer Weltkultur, in: Dialektik, 1993/2, S. 49–58.

längst vorbei sind, da die Völker eines bestimmten Erdteils Geschichte machten und bestimmten.[2]

Seit den Griechen hat Europa Nicht-Europa gesucht, auch wenn das von Europa gefundene Nicht-Europa sich weder ganz einverleiben noch total vernachlässigen ließ. Der Gegensatz: Asien – Europa ist sehr alt. In diesen Gegensatz wird auch manchmal Unverträglichkeit und Angst projiziert. In seinem 1936 in Rom gehaltenen Vortrag „Europa und die deutsche Philosophie" spricht Heidegger von der „Rettung Europas oder seiner Zerstörung" und von der „Bewahrung der europäischen Völker vor dem Asiatischen"[3]. Im Geiste seiner großartigen Technologiekritik hätte Heidegger eher von der Zerstörung Asiens in der Begegnung mit dem Europäischen sprechen sollen. Es mag sein, daß sich Heideggers Rede vom Seinsgeschick in der Begegnung mit den asiatischen Vorstellungen als europäisch entpuppt und demzufolge um ihre Allgemeingültigkeit fürchtet. Karl Jaspers' Lektüre der asiatischen Philosophie und Kultur führt ihn zu der Überzeugung, daß es falsch ist, den Gegensatz Europa – Asien zu hypostasieren.[4] Gerade der heutige interkulturelle Diskurs muß sich vor solchen Zementierungen hüten, trotz der vorhandenen und nicht zu leugnenden Spannungen in den Kulturbegegnungen. Kulturvielfalt mag ein glattes Verstehen erschweren, und dies um so mehr, wenn man im Namen des Verstehens die eigenen Verstehensmuster zu Paradigmen erhebt.[5]

Das Bemühen um ein gegenseitiges Verstehen der Kulturen als Vorbedingung für die Möglichkeit eines Zusammenlebens in einer multikulturellen Gesellschaft ist zu wichtig, als daß man es allein den Politikern oder Geschäftsleuten überlassen könnte. Auch wenn ich die bescheidenen Möglichkeiten der Wirkungen philosophischer Reflexionen und Meditationen nicht überschätze, so meine ich dennoch, daß eine vergleichende Kulturphilosophie einen engen Kulturpositivismus vermeiden hilft. Philosophie ist multikulturell, was besagt, daß Kulturphilosophie mehrere Orte kennt. Keine Konzeption einer ver-

---

[2] Vgl. Eliade, M.: Die Sehnsucht nach dem Ursprung, Wien 1973, S. 16.

[3] Gander, H.-H. (Hrsg.): Europa und die Philosophie, Frankfurt a. M. 1993, S. 31.

[4] Vgl. Jaspers, K.: Vom Ursprung und Ziel der Geschichte, München 1983, S. 97.

[5] Vgl. Winch, P.: The Idea of a Social Science and It's Relation to Philosophy, London 1958; Bernstein, R. J.: Beyond Objectivism and Relativism, Oxford 1983; Geertz, C.: The Interpretation of Culture, New York 1973.

gleichenden Kulturphilosophie kann ihrem eigentlichen Anliegen gerecht werden, wenn sie diese Interkulturalität der Philosophie außer acht läßt.

Es ist meine Überzeugung, daß man nicht nur im Prinzip, sondern auch in der konkreten Wirklichkeit des Verhaltens Kulturen und Menschen verstehen kann, die nicht unserer Kultur angehören. Eine vergleichende Kulturphilosophie ist nicht nur das Bemühen, die fremden Kulturen zu verstehen, sondern auch die frühen Epochen der eigenen Kultur, die oft nicht minder unverständlich erscheinen. Eine solche Philosophie zielt jedoch nicht auf ein szientistisches Verstehen; es geht hier um ein sozial-politisches, moralisches und ethisches Anliegen.

Die Rede von der einen Vernunft verrät die Tendenz einer spekulativen Philosophie und Ideologie. Der bekannte Satz Kiplings: East is East and West is West and never the twain shall meet, ist nicht nur ein Postulat, das der realen Möglichkeit einer multikulturellen Gesellschaft zuwiderläuft, sondern Kipling selbst wird Lügen gestraft durch die Tatsache der Transkulturalität, wie sie am Beispiel des Buddhismus oder des Christentums, oder an der technologischen Formation deutlich wird.

Das heutige Ausmaß der Kulturbegegnungen und der Vermischungen ist ohne jede Parallele in der Geschichte der gewesenen Kulturbegegnungen, ob wir dabei an die arische Einwanderung in Indien, an die Verbreitung der hinduistischen Kultur in Südostasien, der buddhistischen Kultur in China, der arabisch-islamischen im Iran, der germanischen, römischen und griechischen in Europa, der europäischen in Nord- und Südamerika denken. Die global wirksame technologische Formation bringt mit sich, daß die Multikulturalität über das bloß Wirtschaftliche, Technische und Politische hinausgewachsen ist und nahezu holistisch die Bereiche Religion, Philosophie, Musik, Kunst, Literatur u. a. umfaßt. Dies wiederum führt dazu, daß die Ansprüche der jeweiligen Religionen, Philosophien und Kulturen, allein im Besitze der einen Wahrheit zu sein, Konflikte entstehen lassen, deren Lösung gerade das Aufgeben solcher Wahrheitsansprüche voraussetzt. Die vielen religiösen, kulturellen und politischen Konflikte im letzten Jahrzehnt des 20. Jh. belegen dies. Wer auf die Einförmigkeit der einen Wahrheit pocht, ontologisiert diese und gefährdet ein tolerables Zusammenleben in einer multikulturellen Gesellschaft, welche, trotz des Dissenses, Kooperation kennt.[6]

---

[6] Vgl. Habermas, J.: Die neue Unübersichtlichkeit, Frankfurt a. M. 1985; Wahrheitstheorien, in: H. Fahrenbach (Hrsg.): Wahrheit und Reflexion: Fest-

3.2 Kulturkonflikte

Krisen und Konflikte hat es immer gegeben. Das Neue an der heutigen Rede von der Krise ist anscheinend ihre Allgegenwärtigkeit; denn man diagnostiziert sie in der Wissenschaft, in der Religion, in der Politik, in der Kultur und Gesellschaft und in dem Verhältnis der Menschen zur Natur. Nicht jeder erlebt eine Kulturkrise, wenn er sich in einem fremden Land befindet. Die Kolonisatoren haben sie nicht erfahren, auch wenn sie sich in einem fremden Land befanden. Sie hatten keine Akkulturationsprobleme; denn sie definierten, was Kultur ist. Der, dessen Kultur gilt, leidet nicht unter der Krise. Die Weißen in Südafrika sind Europäer hinsichtlich ihrer Kultur und Religion. Selbst die Nationalitätenfrage haben sie von ihrer Position her bestimmt.

Kulturkonflikte hat es sowohl im Okzident als auch im Orient von Anbeginn gegeben. Diese mögen aber auch ihr Gutes gehabt haben; denn einige der großen Errungenschaften verdanken wir solchen Konflikten, Begegnungen und Konfrontationen wie z. B. Kunst, Architektur und Musik im Indien der Moghul-Zeit. Selbst die Gestalt der Hindukultur mit all ihrer Tiefe, Breite, Toleranz und Unbestimmtheit verdankt ihre Entstehung und Entwicklung nicht nur den arischen Elementen, sondern auch den Einflüssen von Griechenland, Persien und Europa. Die Rede von der einheitlichen europäischen Kultur verdeckt oft die gewaltigen Konflikte, die es zwischen den griechischen, römischen und christlichen Elementen nicht nur anfänglich gegeben hat. Die Renaissance, der Humanismus und die Aufklärung sind einige der Ausdrucksformen dieser Konflikte. Alle Kulturen sind eigentlich Ergebnisse eines Zusammenwirkens vielfältiger Kräfte. Leider weiß die Geschichte von Kulturbegegnungen zu berichten, bei denen der monistische Zug einer bestimmten Kultur die anderen entweder zerstörte oder sie bis zur Unkenntlichkeit veränderte. Einige Kulturbegegnungsmodelle in der Menschheitsgeschichte seien hier ganz kurz erwähnt: Die Begegnung des indischen Buddhismus mit der Kultur Tibets, Chinas, Koreas und Japans, die des Hinduismus mit der Kultur Südostasiens (Java, Sumatra), die des Islam mit der des alten Iran, die Begegnung der europäischen Kultur mit der der beiden amerikanischen Kontinente. Die Ausgänge sind sehr unterschiedlich, ja sogar gegensätzlich gewesen, von der Kooperation über die Konfrontation bis hin zur völligen Assimilation oder gar Ausrottung.

schrift für Walter Schulz, Pfullingen 1973. Berlin, I.: The Crooked Timber of Humanity, London 1990.

Der kulturelle Pluralismus ist heute mehr denn je ein Desiderat für eine jedwede Überlegung hinsichtlich der Möglichkeit einer multikulturellen Gesellschaft. Nicht die Kulturdifferenzen an sich machen den Kulturkonflikt aus. Nur dort, wo sie aufgezwungen werden, d.h. nur wo die Differenzierung in Diskriminierung ausartet, entstehen und gedeihen Kulturkonflikte.

Jedes Verstehen und Zusammenleben birgt Probleme. Dies ist wahr nicht nur hinsichtlich des Verstehens des Fremden, man kann sogar Verstehensbarrieren innerhalb der eigenen Kultur, der eigenen Rasse und der eigenen Religion entdecken. Da das Zusammenleben von jedem eine gegenseitige Anerkennung fordert, ergibt sich die reale Möglichkeit einer multikulturellen Gesellschaft, wenn die Menschen sich von der Einsicht leiten lassen, daß keine Kultur *die* Kultur ist. Die Rede von der einen Kultur ist metaphorisch, hat eine regulative Wirkung und ist im Sinne des Analogischen zu verwenden. Nicht die Aufgabe der Differenzen wird den Mitgliedern verschiedener Kulturen in einer multikulturellen Gesellschaft abverlangt, sondern nur der Verzicht auf die absolute Geltung der eigenen Kulturmuster. Nicht die Moschee soll in einen Tempel oder eine Kirche umgewandelt werden. Auch nicht eine Kirche oder ein Tempel in eine Moschee. Was not tut, ist die innere Bereitschaft – nicht zu verwechseln mit äußerem Druck –, selber in der Moschee betend, andere im Tempel oder in der Kirche beten zu lassen.

Wir leben, um einen Ausdruck Schelers zu gebrauchen, nicht nur in einem neuen Zeitalter, sondern in einem „Weltalter". Dieses ist durch eine nie dagewesene Nähe der Völker, der Rassen, der Religionen und Kulturen gekennzeichnet. Die Nähe ist von einer anderen Qualität und verheißt eine Weltharmonie ebenso wie einen Weltuntergang. Viele Propheten und Philanthropen haben von der einen Menschheit gesprochen. Die Menschheit, so meint Tagore, hat bis heute mit dem Gefühl der Brüderlichkeit aller Menschen gespielt wie ein Mädchen mit seinen Puppen. Die diversen Kulturen, die lange Zeit gewohnt waren, sich entweder gegenseitig zu bekämpfen, sich aus dem Wege zu gehen oder sich zu vereinnahmen, befinden sich heute in einer Nähe ganz anderer Qualität. Die alten Formen des Umgangs sind nicht mehr angebracht, es sei denn, die Menschheit riskiere ihr eigenes Bestehen.

Auf dem Boden des indischen Subkontinents trafen und treffen vielfältige Rassen und Kulturen aufeinander. Indien sah sich immer genötigt, einen Modus des Zusammenlebens auf der Grundlage einer tiefen spirituellen Überzeugung zu finden, die seine Geistesge-

schichte formte und ihr immer wieder Nahrung gab, um sich in der Begegnung mit anderen Kulturen und Religionen zu behaupten, ohne
das Fremde auszuschließen. Das Wahre ist das Eine, heißt es im Ṛg-
veda, die Weisen benennen es verschieden.[7] Dieser Satz enthält die
Grundlage für das Zusammenleben verschiedener Kulturen; denn *die*
Kultur ist niemandes Besitz.

Die Existenz des anderen darf nicht als Bedrohung empfunden
werden; denn dann ist man zu schlimmen Überreaktionen bereit.
Dazu bedarf es dann nicht einmal mehr wirtschaftlicher Gründe wie
Knappheit von Ressourcen o. ä. Die Faktizität des Fremden muß man
tragen und zu ertragen lernen. Dies ist ebenfalls von dem Fremden zu
erwarten.

Es muß in der Zeit der Einwanderung der hellhäutigen Arier in Indien und in der Begegnung mit dem heimischen, dunkelhäutigen Volk
Indiens große Probleme gegeben haben. Sogar die Entstehung des un-
seligen Kastenwesens wird auf diese Begegnung zurückgeführt.
Weder die Differenz noch die Identität allein kann kulturfördernd
sein. Wo die Differenzen übertrieben werden, droht entweder Ausrottung oder eine gewaltsame Unterdrückung. Das Problem der Minder-
heiten belegt dies. Jenseits der bloßen Differenz und Identität kann
uns nur die Einsicht helfen, daß sich überlappende Kreise zwischen
den Religionen und Kulturen bilden, die Differenzen annehmen,
achten und identitätsideologische Tendenzen hinsichtlich der Assimilation vermeiden. Hierauf werden wir noch zurückkommen.

Der Gautama Buddha, der als Hindu geboren wurde und den Hinduismus kritisierte, reformierte und in wesentlichen Punkten zurückwies, wurde nicht zum Anlaß eines Religionskrieges zwischen Hindus
und Buddhisten. Die Geschichte zeigt viele Beispiele kriegerischer
Auseinandersetzungen. Man denke an den dreißigjährigen Krieg.
Daß der indischen Kultur ein solches Schicksal erspart blieb, muß
wohl an der Fähigkeit liegen, die eine transzendente Realität in keiner
Gestalt restlos und einmalig leibhaftig werden zu lassen.

Die Ethik Buddhas war auch beseelt von der Liebe zur Pflanzen-,
Tier- und Menschenwelt. Dieses kulturelle Erbe hat sich, trotz vieler
Unterdrückungen und Gewalttaten in der Zeit der islamischen Herrschaft, in Indien behauptet. Die Begegnung mit dem Christentum und
der westlichen Kultur veranlaßte den indischen Geist zu einer Erneuerung des alten indischen Bekenntnisses zu dem Einen mit vielen

---

[7] Radhakrishnan, S., and Moore, C. A. (eds.): A Source Book in Indian
Philosophy, Princeton, New Jersey 1957, 5. Aufl. 1973, S. 21.

Namen. Darauf versuchten einige Neohinduisten wie Roy, Vivekananda, Tagore, Gandhi u. a. eine spirituelle Gemeinschaft aufzubauen. Es ging dabei nicht um eine nationale Identität – und es konnte auch darum nicht gehen –, die aus einer engen, kulturellen und religiösen Einheit gespeist wird. Indien, das so viele verschiedene Religionen und Kulturen beherbergt, kann nicht im Namen einer Nation, einer Kultur und einer Religion sprechen, es sei denn, Indien spreche die Einsicht aus, daß die eine Wahrheit, wenn es sie gibt und wenn wir sie alle suchen, niemandes Besitz allein ist. Kein Zusammenleben verschiedener Kulturen ist ohne Reibereien vor sich gegangen. Die Kulturbegegnungen haben jedoch unterschiedliche Ausgänge zur Folge gehabt: von einem Nebeneinander, Miteinander bis hin zum Auseinander oder gar zur Ausrottung. Daher sei die Frage erlaubt, warum manche Begegnungen so tragisch und folgenschwer sein müssen. Der Geist der Interkulturalität sieht den Hauptgrund in den absolutistischen Wahrheitsansprüchen der aufeinander prallenden Kulturen.

3.3 Interkulturelle Hermeneutik und multikulturelle Gesellschaft

Sowohl eine Ontologisierung der an sich regulativen Idee einer einheitlichen Kultur als auch die Verschmelzungsthese sind beide nicht ganz freizusprechen von der Sehnsucht nach Vereinheitlichung. Wer Kulturen verschmelzen will, sieht die Vielfalt als Ärgernis.[8]
Keine Kultur ist vom Himmel gefallen. Alle Kulturen verraten ihren lokalen Charakter. Diese Einsicht ist heute notwendiger denn je, weil wir ein gegenseitiges Angesprochensein von anderer Qualität erleben. Eine Kultur – ob europäisch oder nichteuropäisch –, die sich im Namen des Adjektivs eine Universalität zuspricht, macht die reale Möglichkeit einer multikulturellen Gesellschaft zunichte.[9]
Einem jeden Verstehenswillen in einer multikulturellen Gesellschaft liegt die hermeneutische Einsicht zugrunde, daß Verstehenwollen und Verstandenwerdenwollen zusammengehören. Man mag sich noch so viel Mühe geben, fremde Sprachen, Sitten und Bräuche zu erlernen, all das ist wenig hilfreich, wenn man von dem festen

---

[8] Vgl. Hörisch, J.: Die Wut des Verstehens, Frankfurt a. M. 1988, S. 71 f.
[9] Vgl. Mall, R. A.: Meditationen zum Adjektiv „europäisch" aus interkultureller Sicht, in: Der technologische Imperativ, Wien/München 1992, S. 139–150.

Willen ausgeht, daß dies der Weg ist, um den Fremden von der alleinigen Richtigkeit der eigenen Kultur zu überzeugen.

Oft wird die Ansicht vertreten, daß es unmöglich sei, eine fremde Kultur zu verstehen. Nur wird „Verstehen" hier so definiert, daß das Verstehen fremder Kulturen per definitionem oder auch wegen der engen inhaltlichen Fixierung unmöglich werden muß.[10] Wenn z. B. mit dem Verstehen der muslimischen Kultur ein Verstehen gemeint ist, das nur einem Muslimen möglich ist, so kann man fehlerfrei daraus folgern, daß ein Nicht-Muslim die islamische Kultur nicht verstehen kann. Hierbei geschieht eine Verdoppelung des Selbstverstehens. Die versteckte Tautologie macht sich bemerkbar, wenn wir feststellen, daß bei einem solchen Verstehen nichts Neues verstanden worden ist. Unabhängig davon, daß ein solches Verstehen des Verstehens letzten Endes nur beim einsamen Individuum haltmachen kann, ist eine solche Theorie des Verstehens zweischneidig und steht sowohl dem Verteidiger als auch dem Kritiker zur Verfügung.

Der bessere Weg ist, dem gesunden Menschenverstand zu folgen, der uns sagt, man versteht oder mißversteht auch sich selbst. Das Nichtverstehen ist daher nicht inhaltsleer. So geht z. B. die Erfahrung, daß ich ein fremdes Verhalten wie eine fremde Eßgewohnheit gar nicht so verstehen kann wie eine entsprechende Eßgewohnheit bei mir selbst, mit Enttäuschung oder gar mit Ablehnung einher. Alles in vollem Umfang zu verstehen, ist für eine reale Möglichkeit einer multikulturellen Gesellschaft auch nicht unbedingt nötig. Die Einsicht in das Anderssein des anderen muß nur kultiviert werden. Der unterschiedliche Geschmack bietet uns ein gutes Beispiel. Genießt der eine wohlschmeckenden Spinat und der andere Kaviar, so zeigt sich das Überlappende in dem Genuß. Zur Einsicht in das gemeinsame Erlebnis des Genusses bedarf es nicht der Änderung der Eßgewohnheiten.

Eine Hermeneutik, die der heutigen multikulturellen Gesellschaft gerecht werden will, trägt nicht einen gattungsmäßigen, sondern eher einen analogen Charakter. Im Gegensatz zu einer gattungsmäßigen Hermeneutik, die von einem allgemeinen Oberbegriff des Verstehens ausgeht und alles andere als Sonderfälle diesem einen Verstehensmuster unterordnet, sieht die analogische Hermeneutik die verschiedenen Verstehensmuster als Muster schon verschieden, jedoch nicht radikal verschieden. Nicht daß wir den hermeneutischen Zirkel leugnen, sondern nur unser hoffnungsloses Preisgegebensein an ihn.

---

[10] Vgl. Copleston, F.: Philosophies and Cultures, Oxford 1980, S. 4f.

Der Genießer des Kaviars hat sehr wohl verstanden, was es heißt, eine andere Speise wie z. B. Spinat zu genießen, obwohl er vielleicht schon den Anblick des Spinats nicht zu ertragen vermag. Das analogische Verstehen reduziert nicht; es leitet auch formal-reduktiv nicht ab. Es weist sowohl den Gedanken einer absoluten Fremdheit als auch den einer totalen Identität als Fiktionen oder schädliche Ideologismen zurück. Sehr zu Recht heißt es bei Eliade: „Eine Hermeneutik, die auf das Verstehen der Kulturschöpfungen abzielt, zögert vor der Versuchung, alle Arten von Diaden und Polaritäten auf einen einzigen fundamentalen Typ zu reduzieren."[11]

Das kulturphilosophische Thema der Interkulturalität, das heute ein interkontinentales Gesicht trägt, ist unser aller Anliegen. Die Möglichkeit einer multikulturellen Gesellschaft stellt den Prüfstein für die Interkulturalität dar. Auch wenn an der postmodernen Debatte vieles modisch sein mag, so rührt die postmoderne Stimmung doch an einige der Moderne liebgewordene Grundpositionen wie z. B. die Sehnsucht nach Einheit, nach einer Vernunft, nach dem einen Subjekt u. dgl. Die Rede von dem Plural ist kein Gerede mehr. Die postmoderne Interkulturalität ist der Name einer Haltung, die jenseits der bloßen Beliebigkeit und totalen Identität das Überlappende sucht und findet.

Bis jetzt galt die Pluralität als unerwünscht, sie konnte jedoch weder ganz überwunden noch völlig ignoriert werden. Notgedrungen wurde sie toleriert. Die postmoderne Einstellung bedeutet, daß Pluralität erwünscht ist. Wegen der stellenweisen Überbetonung des Pluralismus hat man ein wenig voreilig dem postmodernen Denken vorgeworfen, es betreibe mit der Beliebigkeit und Unverbindlichkeit einen Kult. Eine postmoderne interkulturelle Hermeneutik, recht verstanden, weist die einseitigen Überbetonungen der Konsens- und Dissenstheoretiker zurück und geht von der phänomenologisch und empirisch aufweisbaren Gegebenheit der Überlappungen aus.

Da heute die Grenzen Europas fallen und das Erbe Europas als das begriffen werden muß und soll, was es ist, nämlich das Erbe Europas und nicht das der Welt, ist die Einsicht besonders wichtig, daß auch hermeneutische Verstehensmuster eine beschränkte Gültigkeit haben.[12] Daß ein Wandel im interkulturellen Denken stattgefunden hat, daran besteht kein Zweifel. Offen bleibt jedoch, ob dieser Wandel im Sinne der freien Marktgesetze einem pragmatischen Sachzwang

---

[11] Eliade, M.: Die Sehnsucht nach dem Ursprung, Wien 1973, S. 208.
[12] Vgl. Gadamer, H.-G.: Das Erbe Europas, Frankfurt a. M. 1989.

folgt oder einem notwendigen kulturphilosophischen Gesinnungswandel entspricht. Ein solcher Gesinnungswandel stellt fast eine der
religiösen Bekehrung vergleichbare reflexiv-meditative Einstellung
dar, die nicht nur das Sedimentiertsein der fremden Kulturen, sondern auch das der eigenen als gegeben ansieht und stets bemüht ist,
das Fremde ebenso zu verstehen wie von ihm verstanden zu werden.
Im Wagnis des Verstehens bleibt offen, was aus unseren alten Veste-
hensmustern werden wird. Genau in dieser Unbestimmtheit liegt der
Schlüssel für den Gang der Kulturen.

Eine interkulturelle Hermeneutik wird nicht nur von der Einsicht
getragen, der andere könnte auch recht haben, sondern wird von dem
Willensentschluß geleitet, der schmerzliche Selbstdisziplin, Rücksicht
auf andere und ein Sich-zurücknehmen-Können verlangt. Von einer
solchen offenen, nicht-reduktiven Hermeneutik wird jedwede Form
von Inkulturation und Akkulturation zurückgewiesen.[13]

Eine kulturphilosophisch orientierte interkulturelle Hermeneutik
bereichert unser Kulturleben um eine wichtige Komponente, die sich
dem noch identitätsphilosophisch orientierten einheitlichen Ideal des
totalen Verstehens nicht einfügt und der einheitlichen Ratio als ihr
Komplementäres das Uneinheitliche, das nicht nur Rationale, zur
Seite stellt. Es geht beim Ermöglichen der multikulturellen Gesellschaft um das Entwickeln einer inneren philosophischen Kultur, die
keine kulturelle Tradition jenseits von allen Perspektiven sieht. Das
von Chuang Tzu erzählte Beispiel von dem Brunnenfrosch läßt deutlich werden, wie man, in der mundanen Einstellung befangen, den
eigenen begrenzten Kulturblick verabsolutiert. Nicht die Begrenztheit der Perspektive ist falsch, der gefährliche Irrtum besteht nur in
dem Ausschließlichkeitsanspruch der begrenzten Sicht.

3.4 Toleranz und die multikulturelle Gesellschaft

Die interkulturelle Hermeneutik mit dem Ziel einer real möglichen
multikulturellen Gesellschaft, um die hier gebeten und gerungen
wird, verfeinert unsere Sensibilität für die Differenzen, läßt diese
nicht ausarten in Diskriminierungen und stärkt unsere Fähigkeit, das
Kommensurable zu bejahen und zu vergrößern und das Inkommensurable frei von Ängsten und ohne Groll zu tragen und, wenn nötig, zu

---

[13] Vgl. Mall, R. A.: Zur Kritik der reduktiven Hermeneutik, in: Widerspruch, Nr. 15, Jg. 8, 1988, S. 38–49.

ertragen. Denn es gilt: Nur wer das andere und die anderen verstehen will und dies nicht in und nach seinem eigenen Bilde, hat auch das Recht, von den anderen verstanden zu werden. Wer daher in einer multikulturellen Gesellschaft leben will, muß diese Haltung entwikkeln; denn ohne sie ist das Leben in einer solchen Gesellschaft ein Muster ohne Wert.

Diese Haltung ist eigentlich die Geburtsstätte einer nicht bloß äußerlichen, formalen, d. h. lippenbekenntnishaften, sondern einer inhaltlichen Toleranz. Tolerant sein bedeutet, von jeder Absolutheit und Ausschließlichkeit absehen zu lernen. So ist das Kriterium für die Intoleranz das Verabsolutieren der eigenen Position.

Immer wieder ist die Frage nach den Grenzen der Toleranz gestellt worden. Wo muß man im Namen seiner Verpflichtung zur Toleranz aufhören, tolerant zu sein? Kann es eine Neutralität der Ausschließlichkeit gegenüber geben? Ist die Toleranz vielleicht doch so grenzenlos, daß sie auch das toleriert, was sie selber bedroht? Diese und ähnliche Fragen sind zu komplex, als daß man eine einfache Antwort geben könnte.

Analysieren wir den Inhalt dessen, was wir unsere Verpflichtung zur Toleranz nennen, so finden wir darin doch auch die Forderung enthalten: Toleriere die Toleranten! Ist es wirklich ein Verdienst, nur die Toleranten zu tolerieren? Ist es doch nicht ein größeres Verdienst, auch die Intoleranten zu tolerieren und Feindesliebe zu praktizieren? Haben Buddha, Christus, Gandhi, Martin Luther King u. a. doch nicht gerade diese Toleranz gepredigt und versucht, sie zu praktizieren? Was wird dabei aus meiner Verpflichtung zur Toleranz, die dem Ermöglichen und dem Aufrechterhalten der Vielfalt verpflichtet ist? Schaufelt sich dann die Toleranz nicht so ihr eigenes Grab?

Daß die Intoleranten – aus welchen Gründen auch immer – meine Toleranz nicht verdienen, liegt weder nur in ihrer Intoleranz, die schon für eine multikulturelle Gesellschaft schädlich genug ist, noch in meiner persönlichen Willkür, sie als Personen oder Gruppen nicht tolerieren zu wollen, sondern wesentlich darin, daß ein Wert, nämlich die multikulturelle Gesellschaft, dem sich meine Toleranz verpflichtet weiß, in Gefahr gerät, durch meine eigene Toleranz Schaden zu nehmen. Wer für eine verbindliche Pluralität der Kulturformen lebt, kann auch für sie sterben. So scheint die Toleranz den ausschließlich Intoleranten gegenüber nur eine nominelle Verwandtschaft mit der eigentlichen Toleranz zu besitzen. Die Frage nach den Möglichkeiten einer erfolgreichen Bekämpfung der Intoleranz ist gewiß sehr vielschichtig. Die Strategien können hier von listigen Maßnahmen über

verschiedene pragmatische Überlegungen bis hin zu dem Gandhi-
schen Motto reichen: Lerne die Kunst des Sterbens und nicht die des
Tötens!

Zur Toleranz als dem Ermöglichungsgrund für eine multikulturelle
Gesellschaft gehört nicht nur ein Bekenntnis zum Pluralismus, sondern auch und vor allem die tiefe Überzeugung, daß die kulturelle
Vielfalt, anstatt ein ständiges Ärgernis zu sein, natur- und/oder gottgewollt ist. Jenseits aller Ausschließlichkeiten und Vereinnahmungen,
auch jenseits aller synkretistischen Versuche einer Integration, Ver-
schmelzung und Assimilation gilt es, die Differenzen weder zu verab-
soluteren noch zu reduzieren. Wer im Namen der einen Kultur eine
absolute Geltung für sie beansprucht, bespiegelt sich selbst und betreibt einen Kulturzentrismus. Die Ironie solcher Zentrismen besteht
darin, daß dort, wo mehrere Absoluta sich gegenseitig bekämpfen, sie
sich ja selbst relativieren.

Unsere Rede von einem Bekenntnis zur Toleranz ist als Korrektiv
zu verstehen, das den verschiedenen Kulturformen übergeordnet ist.
Dieses Korrektiv begleitet die diversen Kulturformen als ihr Schatten.
Denn ohne ein solches Bekenntnis ist jede Toleranz leer, und ein jedes
konkretes Bekenntnis blind. Dieses Toleranzbekenntnis ist wie eine
Atmosphäre, die für die reale Möglichkeit einer multikulturellen Gesellschaft eine notwendige Bedingung darstellt.

Die oben vorgetragenen Überlegungen möchten folgendes hervorheben: Zunächst weisen sie methodisch und erkenntnistheoretisch
auf einen normativ-postulativen Weg hin, um das Ziel einer multikulturellen Gesellschaft zu realisieren. Dabei geht es nicht um die bloße
Feststellung, daß es multikulturelle Gesellschaften gegeben hat und
gibt, sondern darum, unter welchen äußeren und inneren Bedingungen und Leistungen diese besser funktionieren können. Ferner sei
angemerkt, daß die Vielfalt der Kulturformen nicht nur ein methodi-
sches Postulat, sondern deren Wahrnehmung auch unsere Pflicht ist.
Interkulturalität ist eine innere, geistige Haltung, die aus der Überzeugung lebt, daß keine Kultur in den absoluten Stand gesetzt werden
darf, um so die theoretische Grundlage zu schaffen für die Praxis eines
Miteinanderseins der Rassen, Kulturen, Philosophien, Religionen
usw. in einer multikulturellen Gesellschaft. Die oben skizzierte Haltung der Interkulturalität ermöglicht eine multikulturelle Gesellschaft, die nicht einen Synkretismus bedeutet, sondern von einem Ak-
kulturationsprozeß lebt, der eine gegenseitige Angleichung der Kulturen darstellt, die wiederum die Bereitschaft zur Toleranz voraussetzt.

4. HERMENEUTIK, INTERKULTURALITÄT, DIE MODERNE UND DIE POSTMODERNE

4.1 Hermeneutik im weltphilosophischen Kontext

Bei dem interkulturellen und hermeneutischen Angesprochensein der Kontinente und Kulturen in unserem „Weltalter" (Scheler) geht es darum, neu zu reflektieren und einen adäquaten hermeneutischen Ansatz zu formulieren. Dieser ist jenseits von Identität (Moderne) und Differenz (Postmoderne) in den mehr oder minder vorhandenen Überlappungen und Übergängen unter den Kulturschöpfungen angesiedelt. Zu diesem Ansatz einer interkulturellen Hermeneutik gehört wesentlich die Überzeugung: Verstehenwollen und Verstandenwerdenwollen gehören zusammen und stellen die beiden Seiten derselben hermeneutischen Münze dar.

Eine in der weltphilosophischen Einstellung verankerte interkulturelle Hermeneutik wird weder Einheit noch Differenz überbewerten. Sie sieht die verschiedenen kulturellen Rahmen als solche und sucht und findet, beschreibt und erweitert die vorhandenen Überlappungen unter ihnen.

Obwohl das hermeneutische Anliegen so alt ist wie das menschliche Denken selbst, ist die Hermeneutik als ars interpretandi erst im 17./ 18. Jh. im Gefolge der Bemühungen um die Auslegung der theologischen, philosophischen, literarischen und juristischen Schriften entwickelt worden. Wenn wir heute von Hermeneutik reden, so haben wir ihre Wurzeln und Dienste nicht vergessen, aber doch hinter uns gelassen. Die Begiffe Tradition, Religion, Kultur, Philosophie haben eine nie gekannte Horizonterweiterung und -verschmelzung erfahren. Wir gehen vom Faktum der Pluralität der kulturellen Traditionen aus, welches weder im Sinne einer absolutistisch orientierten Identitätsphilosophie reduziert, auch nicht im stufentheoretischen Sinne Hegels, noch als bloße Pluralität, ohne jede auch noch so minimale Verbindlichkeit, mißverstanden werden darf. Jedes hermeneutische Gespräch unter ihnen hat davon auszugehen, daß die Andersheit ein Faktum ist. Wem die Existenz des anderen, des Fremden als Bedrohung des Eigenen erscheint, der möge von der ihm liebgewordenen Gewohnheit, die eigene Tradition zum Paradigma zu erheben, Abschied nehmen; denn auch die hermeneutische Wahrheit zeigt keine Vorliebe für eine bestimmte Tradition, für einen bestimmten Ort. Das Neue an der Ortlosigkeit unserer orthaften Hermeneutik ist nicht die Forderung nach der Abschaffung der Tradition, sondern die Absage an jede Gestalt der Hypostasierung und Verabsolutierung der traditionellen Denk- und Handlungsmuster, Methoden und Theorien.

Die hermeneutische Methode als Auslegungskunst philosophischer Texte, ob sie im Sinne der Destruktion metaphysischer Seinsvergessenheit (Heidegger) oder als Existenzerhellung (Jaspers) oder gar zum Philosophieren schlechthin (Gadamer) verstanden wird, kann nur dann ihren reduktiven Charakter überwinden, wenn sie in der heutigen hermeneutischen Situation dem interkulturellen Verstehen dient und im Namen des Verstehens das zu Verstehende weder gewaltsam einverleibt noch restlos ignoriert. Unser Ansatz geht von einem hermeneutischen Bewußtsein aus, welches die in dem Akt des Deutens und Verstehens sinnverleihenden Strukturen als sedimentierte ansieht. Das, was die hermeneutische Reflexion grundsätzlich ermöglicht, verneint nicht die Historizität, Zeitlichkeit und Sprachlichkeit, geht jedoch in ihnen auch nicht ganz auf.

Wir befinden uns heute, um mit Scheler zu reden, nicht in einem Zeit-, sondern Weltalter, dessen Verbindlichkeiten, sieht man von den mehr oder minder traditionsneutralen wissenschaftlichen und technologisch formierten Kategorien ab, weder in einem universalistischen Modell aufgehen, welches von einer totalen Kommensurabilität verschiedener Standpunkte ausgeht, noch in einem Modell, das eine totale Unübersetzbarkeit der vielen Traditionen zum Dogma erhebt. Es handelt sich um eine qualitativ neue welthistorische Situation. Es fehlt an einer ihr adäquaten Hermeneutik.

Die Theorie einer offenen Hermeneutik geht von einem Erkenntnisbegriff aus, der das zu Verstehende nicht einverleibt, nicht der eigenen Denkform anpaßt. Die Tatsache, daß uns Erfahrung lehrt, ist selbst ein kognitives, epistemologisches Element. Es gibt eine auf Erfahrung beruhende Basis für die kognitive Vielfalt. Rationalität besteht nicht so sehr darin, daß sie von den unterschiedlichen Personen und Gruppen identisch vollzogen wird; sie bewirkt vielmehr in ihrer selbstidentischen, uniformen Anlage, daß sie einen Weg zwischen unseren Ansichten und den Evidenzen herausarbeitet. Freilich gibt es unterschiedliche Lesarten der Evidenzen und Ereignisse. Die eigent-

liche Quelle der Uneinigkeit liegt sowohl in der Natur als auch in der
Kultur. Dem Konsens sind wir nicht bedingungslos verpflichtet, sondern unter Bewahrung der moralischen Eigenschaften wie Redlich-
keit, Einsicht und Respekt.[1] Da dieser alternative Erkenntnisbegriff
die Ideologie der Identität durchschaut, wird das andere in seiner An-
dersartigkeit geachtet und gedeutet. Verstehen ist nicht unbedingt
Einverstandensein; denn dann müßte eine Gemeinsamkeit der Empfindungen angenommen werden. Die Kulturen und Lebensformen
sind die verschiedenen Reaktionsweisen der Menschen auf gemeinsame Probleme und Bedürfnisse. Nicht so sehr die Gemeinsamkeit
der Antworten, sondern die der Bedürfnisse ist das Leitmotiv unserer
Hermeneutik.

Wir bedürfen heute eines hermeneutischen Modells, das die Einsicht „Wir alle sind Menschen" ernster nimmt, als es je geschehen ist.
Jaspers spricht mit Recht von einem erregenden Spannungsverhältnis, das jede Art von Verstehen begleitet – ob innerhalb oder außerhalb der eigenen Tradition. „Wie im persönlichen Umgang bei aller
Fremdheit und Nähe und Vertrauen und Wohlwollen plötzlich eine
Ferne fühlbar werden kann, als ob es wie ein Entgleiten wäre, des anderen und meiner selbst, als ob ein Nicht-anders-sein-Können sich
trennte und dies im letzten Grunde doch nicht anerkennen will, weil
die Forderung der gemeinsamen Bezogenheit auf die Mitte der
Ewigkeit nicht aufhört, daher ein besseres Verstehen immer wieder
gesucht wird – so ist es zwischen Asien und Abendland."[2]

4.2 Die Moderne und die Postmoderne – Einheit gegen Vielfalt

Die empfindlich werdende Konstellation von Hermeneutik und Interkulturalität bestimmt heute das Feld der weltphilosophischen Argumentation. In der „Beantwortung der" selbstgestellten „Frage: Was
ist postmodern?" gibt Jean-François Lyotard eine Antwort, die von
den verschiedenen „Tendenzen der Zeit" in den unterschiedlichen
Feldern – von der Architektur über Literatur, Kunsthistorie, Avant-
garde, Sprachtheorie bis hin zur Philosophie – spricht. Auf Habermas
anspielend schreibt er: „Ich las einen angesehenen Denker, der die
Moderne gegen diejenigen verteidigt, die er die Neokonservativen
nennt. Unterm Banner des Postmodernismus, so glaubt er, wollen

---

[1] Vgl. Rescher, N.: Pluralism, Oxford 1993, S. 18f.
[2] Jaspers, K.: Die maßgebenden Menschen, München 1980, S. 131.

sich diese vom unvollendet gebliebenen Projekt der Moderne, der Aufklärung lösen."[3]

Bekanntlich vertritt Habermas einen nichtmetaphysischen und nichtfundamentalistischen Universalismus und verteidigt das einheitliche Projekt der Moderne, indem er es durch die Einführung der universalen, einer jeden Redesituation zugrundeliegenden Regeln beschreibt und legitimiert. Das Einheitliche der Moderne wird so sprach- und kommunikationstheoretisch behauptet. Das Scheitern der Moderne nach ihm ist das Scheitern von der Einheit der Erfahrung in den verschiedenen Lebensbereichen.[4]

Besteht die verloren gegangene Einheit, so lautet die Frage Lyotards an Habermas, in einem organischen Ganzen, in dem alles seinen richtigen Platz hat? Oder sind die Übergänge zwischen den heterogenen Sprachstilen mit einer Einheit stiftenden Kraft und Macht ausgestattet? So wirft Lyotard Habermas ein wenig voreilig vor, entweder, inspiriert von Hegel, eine totalisierende Erfahrung ausfindig machen zu wollen oder ein einheitliches Ziel der Geschichte, verbunden mit einem Subjekt, aufrechtzuerhalten. Der einheitliche Vernunftbegriff von Habermas ist zu schwach verglichen mit dem metaphysischen Begriff der Vernunft; er ist jedoch zu stark aus kontextueller Sicht. „Meine Überlegungen", schreibt Habermas, „laufen auf die These hinaus, daß die Einheit der Vernunft allein in der Vielheit ihrer Stimmen vernehmbar bleibt – als die prinzipielle Möglichkeit eines wie immer okkasionellen, jedoch verständlichen Übergangs von einer Sprache in die andere. Diese nur noch prozedural gesicherte und transitorisch verwirklichte Möglichkeit der Verständigung bildet den Hintergrund für die aktuelle Vielfalt des einander – auch verständnislos – Begegnenden."[5]

Wenig verständnisvoll endete leider die Begegnung zwischen den deutschen und französischen Philosophen, veranstaltet von der Vereinigung „Dialogue entre les Cultures" im Frühjahr 1986 in Paris, und am Ende der Tagung wurde folgender Vorwurf laut: Die Franzosen warfen den Deutschen vor, sie träumten immer noch von der Einheit

    [3] Lyotard, J.-F.: Postmoderne für die Kinder, Wien 1987, S. 12.

    [4] Vgl. Habermas, J.: Der philosophische Diskurs der Moderne, Frankfurt a. M. 1985; Die Moderne – Ein unvollendetes Projekt, in ders.: Philos.-polit. Schriften I–IV, Ffm. 1981, S. 444–464; Nachmetaphysisches Denken, Frankfurt a. M. 1988; Die Einheit der Vernunft in der Vielheit ihrer Stimmen, in: Merkur, Heft 1, Jan. 1988, S. 1–14.

    [5] Habermas, J.: Die Einheit der Vernunft in der Vielheit ihrer Stimmen, S. 2.

der Vernunft, des Subjekts und wollten sozusagen Gralshüter sowohl
der Vernunft als auch der Aufklärung sein; die Deutschen hingegen
merkten bei den Franzosen an, sie seien von der Vernunft, als dem
schönsten Produkt der Aufklärung und als dem heiligsten Erbe des
griechischen Logos, abgekommen. Man beachte hier, was in unserem
Zusammenhang von Bedeutung ist: Es handelt sich in diesem Dialog
um zwei Kulturen innerhalb der sogenannten Einheit der einen abendländisch-europäischen Kultur. Die große Interkulturalität, die heute
ein interkontinentales Gesicht trägt und unser aller Anliegen ist, stellt
beinahe eine nicht mehr vermeidbare Herausforderung an Begegnungen solcher Art dar.

Den Ausdruck „Postmoderne" benutzte sehr früh der britische Kul-
turmorphologe Arnold Toynbee 1947[6], um die Ablösung der Moderne, der Vorherrschaft des Westens durch die Begegnung mit dem
Osten und durch dessen Aufstieg zu kennzeichnen. Das postmoderne
Denken ist so aus der Einsicht in die falsche Verabsolutierung der
einen (lokalen) Vernunft, der Einheit und der Universalität geboren.
Die Postmoderne als Kritik an der und Zurückweisung einer alles einverleibenden Einheit hat es immer gegeben, und in diesem Sinne ist
dieses Denken sowohl prä- als auch postmodern. Es ist eine immer
wiederkehrende Stimme gegen Vereinheitlichungen jedweder Art auf
jedwedem Gebiet. Das Neue an dieser Stimme ist nach der nicht sehr
ruhmreichen Vergangenheit der Vernunft (oder soll man sagen: „List
der Vernunft"!) ihre Unüberhörbarkeit. Der postmoderne Protest
gegen die Vorherrschaft des Singulars hat eine Lebensform zur Folge,
die den Pluralismus (nicht zu verwechseln mit der chaotischen Beliebigkeit) als einen gott- oder naturgewollten Wert bejaht und sich ihm
verpflichtet weiß.

Von einem Nicht-Darstellbaren ist die Rede bei Lyotard. Es ist ein
Nicht-Darstellbares, „das sich dem Trost der guten Formen verweigert".[7] Der ausgeträumte Traum der Moderne wollte nicht wahr-
haben, daß das Denkbare, Vorstellbare und Wünschbare nicht derselben Gattung wie das Verfügbare, Darstellbare und Realisierbare
angehört. Lyotard spricht in diesem Zusammenhang von dem „Unge-
dachten, das den großen idealistischen Rationalismus des deutschen
19. Jahrhunderts bestimmt, implizit vorauszusetzen, daß die Rede in
allen Fällen eine einzige sei. Es handelt sich hier um eine Art Identita-

---

[6] Vgl. Toynbee, A.: A Study of History, hrsg. von D. C. Somervell, Oxford
1947, S. 39.
[7] Lyotard, J.-F.: Postmoderne für die Kinder, S. 29.

rismus, der Hand in Hand geht mit einem Totalitarismus der Vernunft und der, meiner Einschätzung nach, zugleich irrig und gefährlich ist."[8]

Das Kind mit dem Namen „die Postmoderne" hat also viele Väter, und die Palette, wie schon erwähnt, reicht von der Architektur über die Literatur, Kunst und Geschichte bis hin zur Philosophie. In der Philosophie rechnet man das Buch von Lyotard „Das postmoderne Wissen"[9], das nach Lyotard eine „Gelegenheitsarbeit" sein soll, zu dem Grundlagentext des postmodernen Denkens. Diagnostisch stellt Lyotard den Zusammenbruch des Einheitsgedankens, den Verfall des Glaubens an den Fortschritt und an die stetige Emanzipation fest. Die „List der Vernunft" entpuppt sich als eine an ihr selbst vollzogene negative Dialektik der Aufklärung. Wenn es ein postmodernes Denken gibt und wenn es stimmt, daß wir in der Postmoderne teilweise schon leben, dann ist unser Thema nicht so sehr eine Hermeneutik der Postmoderne, sondern es geht vielmehr um einen bescheidenen, aber notwendigen Entwurf einer weltphilosophischen Hermeneutik, die rechtmäßig mit diesem Namen auftreten können soll.

Auch wenn manches an der postmodernen Debatte modisch erscheint, so berührt die postmoderne Stimmung dennoch einige Grundpositionen nicht nur der modernen Philosophie, sondern der gesamten abendländisch-philosophischen Tradition. Die Sehnsucht nach Einheit, gesteigert bis zur Erkenntnisgier des Subjekts, das Erbe des okzidentalen Rationalismus in die Realität einer abendländisch-europäischen Vernunftphilosophie zu überführen, hat sich nicht erfüllt, trotz oder gerade wegen Hegel. Es sei denn, wir wollten in der globalen technologischen Formation der Gesellschaft die Erfüllung der abendländischen Vernunft sehen. Dies würde bedeuten: nach der Technik keine Philosophie. Die geradlinige Denkweise hat sich gerade in unserer jüngsten Geschichte blamiert. „In der Folge von Adorno", notiert Lyotard, „habe ich den Namen ‚Auschwitz' verwendet, um deutlich zu machen, wie inkonsequent die Materie der jüngeren abendländischen Geschichte hinsichtlich des ‚modernen' Projekts der Emanzipation der Menschheit erscheint."[10]

In seinem auch der Begriffsklärung dienlichen Buch ›Unsere postmoderne Moderne‹[11] ist für Wolfgang Welsch der Begriff denkbar un-

---

[8] Zit. in: Rüb, M.: Konsens, Dissens und Individualität. Manfred Fanks „Geistergespräch zwischen Lyotard und Habermas", in: Merkur, Juni 1989, S. 538 f.

[9] Das postmoderne Wissen. Ein Bericht, Bremen 1982.

[10] Lyotard, J.-F.: Postmoderne für Kinder, S. 102.

[11] Vgl. Welsch, W.: Unsere postmoderne Moderne, Weinheim ³1988.

glücklich gewählt, da dieser Begriff sowohl eine lineare Bewegung, für die Moderne eine Vollendung als auch eine Illusion suggeriere. Ob die Postmoderne die Vollendung der Moderne ist, muß sich erst noch erweisen. Und es sieht schon heute so aus, daß die Rede von der einen Wahrheit eine von gestern ist. Die Rede von dem Plural ist kein Gerede mehr.[12] Daß die Postmoderne in unserer heutigen Welt eine qualitativ neue Erfahrung darstellt, steht außer Frage; denn von einem fundamentalen Pluralismus auszugehen, ist kein Negativum mehr. So ist die Postmoderne vieles in einem: Erstens ist sie der Name einer Haltung, einer Einsicht des heutigen Menschen, daß wir in einer de facto Pluralität und Interkulturalität leben, auch wenn eine ihr adäquate Hermeneutik noch fehlt. Zweitens stellt sie ein akademisches und praktisch-politisches Scheitern aller Einheitsmodelle dar. Drittens enthält sie die freudige und befreiende Anerkennung der Pluralität jenseits der bloßen Beliebigkeit und totalen Identität.

Die postmoderne Anerkennung der Pluralität ist kein Lippenbekenntnis; sie enthält etwas Neuartiges. Bis jetzt galt die Pluralität an sich als unerwünscht, aber sie konnte weder restlos überwunden noch ganz ignoriert werden. Sie konnte auch nicht aufgehoben werden, es sei denn in einem hausgemachten, spekulativ-idealistischen Schema der stufentheoretischen Entwicklung des einen großen Geistes. Sie mußte notgedrungen „toleriert" werden. Das postmoderne Denken jedoch sagt: Pluralität darf und soll sein; sie ist ein zu bejahender Wert, der höher einzustufen ist als die alles einverleibende Einheit. Nochmals sei hier an die Worte von Tagore erinnert. „Retten wir die Differenzen", rät uns ein wenig plakativ der postmoderne Denker Lyotard.[13]

Es wäre jedoch falsch, allen postmodernen Denkern vorzuwerfen, sie betrieben einen Kult mit dem Pluralismus, der in eine totale Beliebigkeit, in einem totalen Irrationalismus, intellektuellen Terrorismus, Nihilismus, Skeptizismus, Relativismus, Neokonservativismus und sogar Zynismus münde. Eine jede Identitätsphilosophie mit all ihren Konsequenzen zurückzuweisen, bedeutet nicht, daß damit jede verantwortliche ethische Motivation zur Philosophie fehle. Dagegen enthält das postmoderne Denken eine ethische Motivation, die sich dem Grundwert der Pluralität verpflichtet weiß.

Apels Projekt einer „postkonventionellen Moral" verlangt ein uni-

---

[12] Vgl. Welsch, W.: Wege aus der Moderne. Schlüsseltexte der Postmoderne-Diskussion, Weinheim 1988.
[13] Lyotard, J.-F.: Postmoderne für Kinder, S. 31.

versales Moralprinzip, das er nicht verwechselt wissen will mit der
reinen philosophischen Prinzipienethik à la Kant und welches in der
Lage ist, die konventionellen Üblichkeiten und Unzuverlässigkeiten
zu beseitigen.[14] Die Solidarität, die in der Verantwortung beim Lösen
von Problemen erwartet und verlangt wird, ist keine apriorische
Größe. Die Personen, die gleichberechtigt und in reziproker Anerkennung zusammenkommen sollen, bringen ihre je eigenen Sedimentationen mit. Soll die Intersubjektivität in der Maske der Solidarität nicht
zu einer leeren Formel werden, ist auch hier jenseits eines universali-
stisch-einheitlichen, rationalen Prinzips die moralische Kommunikation in den Überlappungen zu suchen und zu finden. Selbst die Rede
von der letztbegründenden intersubjektiven Struktur der Vernunft ist
eine dynamische Überlappungsstruktur. Die Letztbegründung wird
im Plural dekliniert, was deutlich werden läßt, daß es sie im Singular
nicht gibt.

So definiert sich die Postmoderne durch folgende Merkmale: 1. Auf
dem Gebiet der theoretischen Philosophie weist die Postmoderne
selbst das Postulat der Autonomie eines gesetzgebenden universellen
Subjekts der Erkenntnis zurück in allen seinen Spielarten – vom Tran-
szendentalismus bis zur Identitätsphilosophie. 2. Auch die beherr-
schende und legitimierende Macht der Vernunft wird in der praktischen und politischen Philosophie und in den nationalen und internationalen kulturellen Prozessen zurückgewiesen. Die Postmoderne
weiß, daß die moderne Aufklärung eine Neuauflage vornahm, als sie
die uralte These von der Beherrschbarkeit der Triebe, der Leidenschaften durch die Vernunft erneuerte und propagierte. Das sogenannte Projekt der Moderne verrät dies in seinen vielen Spielarten.
Der Traum von einer von Hause aus guten und einheitlichen Vernunft
ist heute zum Alptraum geworden. 3. Der Gedanke einer einheitlichen, monokausalen Letztbegründung wird ebenso von der Postmoderne abgelehnt. Das Primat der Rationalität ist der Ausdruck einer
Wünschbarkeit. Schon William James hatte seinen „radikalen Empirismus" fast postmodern pluralistisch definiert, indem er jedem Mo-
nismus den Status höchstens einer Hypothese zugestand.[15] 4. Die ge-
schichtsphilosophische Idee von der einen Vernunft in der Geschichte
– sei sie göttlich oder menschlich oder bloß natürlich – verbunden mit
einem linearen und fortschrittlichen Gang der Geschichte wird als

[14] Vgl. Apel, K.-O.: Diskurs und Verantwortung. Das Problem des Übergangs zur postkonventionellen Moral, Frankfurt a. M. 1988.
[15] Vgl. James, W.: The Will to Believe, New York 1956, VII.

eine selbstverschuldete Illusion gebrandmarkt. Nach den Erfahrungen der nur letzten dreihundert Jahre auf allen Kontinenten der Erde ist man eher geneigt zu sagen, die „List der Vernunft" überliste sich selbst. 5. Ferner wird die Grundeinstellung der Moderne von der realen Möglichkeit der Identität zwischen Theorie und Praxis, zwischen dem Gesagten und Sagbaren als eine reduktive Tendenz entlarvt. Wer sich für die Einheit in diesem Sinne entschieden hat, kann von der Vielheit nur noch irritiert und provoziert werden. Es gehört eine reflexiv-meditative Gelassenheit dazu, eine einförmige, legitimistische Hermeneutik zurückzuweisen. Man dient der Verständigung und Kommunikation, indem man sich in der inneren philosophischen Kultur des Lebens und Lebenlassens, des Verstehens und Verstandenwerdenwollens übt. Sinngemäß Kant übertragend, möchte ich von einem engen Schul- und einem weiten Weltbegriff der Hermeneutik sprechen. Der enge Schulbegriff der Hermeneutik ist gekennzeichnet durch eine geduldig-akrobatische Übung in der Auslegungskunst in der eigenen Tradition und der eigenen Tradition und auf diesem Hintergrund der anderen Tradition. Es genügt heute nicht, das andere und die anderen bloß als die anderen unserer selbst zu erfahren; denn dies käme einer Verdoppelung des Sebstverstehens gleich. „Das Erbe Europas"[16] ist, was es ist, nämlich das Erbe Europas und nicht das der Welt. Auch hermeneutische Prinzipien haben eine beschränkte Gültigkeit für Geschichte, Kultur, Philosophie, Religion, Kunst und Literatur. Worin sie einander überlappen, führt zur Kommunikation. Heute ist eine solche Hermeneutik in die weite Welt der interkontinentalen Interkulturalität geworfen; sie muß sich zum Weltbegriff der Hermeneutik entwickeln und eine Verantwortung übernehmen, die nicht mehr von ihrem gesetzgebenden Charakter her hinsichtlich der Kriterien des einzig richtigen Verstehens zu bewältigen ist. Für den Weltbegriff der Hermeneutik ist die Vielzahl der ineinander vernetzten Sprachstile nicht reduzierbar. Dennoch könnte eine allgemeine Regel uns leiten und lenken, die in den Worten Lyotards heißt: „Laßt spielen ... und laßt uns in Ruhe spielen."[17] 6. Nicht so sehr die Sehnsucht nach Einheit, nach dem einen Ganzen wird von dem postmodernen Denken zurückgewiesen. Vielmehr wird der Fundamentalismus, zu dem eine solche Sehnsucht in Verbindung mit verschiedenen Formen der Machtpotentiale sich versteigen kann, abgewiesen. Einheit als eine regulative Idee könnte noch ihre Geltung be-

---

[16] Vgl. Gadamer, H.-G.: Das Erbe Europas, Frankfurt a. M. 1989.
[17] Lyotard, J.-F.: Das postmoderne Wissen, S. 131.

halten, aber ihre Ontologisierung, Hypostasierung und ihre Perversion in Einheitlichkeit ist dem postmodernen Empfinden zuwider. „Das 19. und 20. Jahrhundert haben uns das ganze Ausmaß dieses Terrors erfahren lassen."[18] Freilich kann der Ruf nach der „Rettung der Differenzen" – offenbar eine Überreaktion – bei Lyotard zu einem Chaos führen, wenn er zum Selbstzweck wird. Aber ein Zuviel an Identität rottet die Pluralität systematisch aus, legitimiert durch ihre eigene innere Logik der einen Vernunft, welche neben sich keine andere duldet. Es gibt keinen leichten Sieg über den Relativismus und Skeptizismus. Selbst der Kampf vieler Absoluta auf diversen Gebieten des menschlichen Denkens belegt deren Relativität. Und man muß durch die Heterogenität der unterschiedlichen Diskursarten ohne Scheuklappen hindurchgehen, um in ihnen Überlappungen entdecken zu können.[19]

Stellt sich die Moderne als ein einheitlich-fortschrittliches Projekt dar, das für die gesamte Menschheit, den ganzen Globus gelten soll und das sich noch nicht vollendet hat, so ist das postmoderne Denken von der Einsicht in die Kurzatmigkeit und den reduktiven Charakter dieses Projekts getragen. Die Postmoderne ist weder eine Anti-Moderne noch eine bloß chronologische Nach-Moderne, auch nicht eine Radikal-Moderne; denn auch hier ist und bleibt die Bewegung noch linear. Will man die Postmoderne durch die Moderne definieren, dann ist sie eher eine selbstkritische, durch Schicksalsschläge bescheiden gewordene und der Höhenflüge der spekulativ-metaphysischen Einheit bewußte Moderne, die die Heterothese nicht mehr mit der Antithese verwechselt. Jenseits des tertium non datur sucht die Postmoderne das überlappende Verbindliche. Daß der Plural ursprünglicher ist als der Singular und seine eigenen unveräußerlichen Naturrechte besitzt, gehört zu den Einsichten der Postmoderne, ohne daß diese aus der Pluralität einen Götzendienst macht. Freilich gibt es in einem solchen Denken viel mehr Aporien, die es zu schlichten, zu überwinden, zu mildern oder zu ertragen gilt. Diese notwendige Schlichtung kann nicht mehr (heute weniger denn je) durch die Erneuerung der alten Spielarten der Identitätsmetaphysik geschehen, sondern nur durch den menschenmöglichen, bescheidenen Aufweis der Übergänge und Überlappungen. Es kann daher nicht mehr die Rede sein

[18] Lyotard, J.-F.: Postmoderne für Kinder, S. 30.
[19] Vgl. Lyotard, J.-F.: Der Widerstreit, München 1987; Habermas, J.: Die Einheit der Vernunft in der Vielheit ihrer Stimmen, in: Merkur, Jan. 1988, S. 1–14.

von dem „Königsweg der Vernunft", der, wie Welsch sich wünscht, einen Mittelweg als Ausweg aus den verhärteten Positionen der Moderne und der Postmoderne darstellen soll. Die Idee einer „transversalen Vernunft" (Welsch) kann nur gesucht und gefunden werden in den uns phänomenologisch gegebenen Überlappungen. Die sogenannte eine Vernunft hat keine konkrete lokale Gestalt, und die diversen sedimentierten lokalen Formen der Vernunft sind selbst etwas Gewordenes.

Da das Problem der Einheit als Einheit unserer Kulturen sich nur anthropozentrisch auf das „Projekt der Menschheit"[20] bezieht, bleibt die postmoderne Sorge, die sich eher eine kosmozentrische Orientierung zu eigen macht, außer acht. Man darf den bewußtseinsmäßigen Vorrang des Geistes nicht so deuten, als ob die Relation Bewußtsein und Sein nur noch vom Bewußtsein her in einer Richtung zu entziffern wäre.[21]

Zu den fundamentalen Ansichten Hegels, die den Kollaps seines Systems überlebt haben, gehört auch die Ansicht, das Bewußtsein sei hermeneutisch von Hause aus, was ebenso eine bestimmte Weltauslegung bedeutet. Daß diese Art und Weise des Selbst- und Weltverständnisses des Bewußtseins nicht generell für alle Bewußtseinsformen gelte und daß kein philosophisches Bewußtsein – ob asiatisch oder europäisch – hier eine Ausnahme darstelle, weist Hegel mit der weiteren unbegründeten Behauptung zurück, daß das europäische philosophische Bewußtsein im Besitz des absoluten Wissens sei und nicht wie die anderen Bewußtseinsformen unter Selbsttäuschung leide. Anstatt die anderen Bewußtseinsformen ohne Reduktion und Zurückweisung zu verstehen und zu respektieren, geht Hegel von dem Bewußtsein aus, das in der Zurückweisung das absolute Wissen voraussetzt und zu besitzen beansprucht. So reduziert sich die hermeneutische Frage nach dem Verstehen auf die Frage des Rechthabens.

4.3 Zur Hermeneutik der Postmoderne

Nicht nur die Rationalitätsentwürfe, sondern auch die verschiedenen hermeneutischen Modelle verraten ihre lokale, traditionsgebundene Bodenständigkeit und ihren Sedimentationscharakter. Da

---

[20] Vgl. Koslowski, P.: Die postmoderne Kultur, München 1987, S. 27 ff.
[21] Vgl. Finkielkraut, A.: Die Niederlage des Denkens, Hamburg 1989, S. 19 ff.

wir heute in einer hermeneutischen Situation leben, die durch das Angesprochensein der Kontinente z. B. Europas durch Asien und Afrika
und Asiens erneut durch Europa gekennzeichnet ist, hinken die hermeneutischen Modelle dieser de facto globalen Situation hinterher,
die sie aber doch von ihrem Anspruch her zu verstehen und zu erklären vorgeben. Einer jeden Frage nach einer erkenntnistheoretischen Grundlegung – ob transzendentalphilosophisch oder absolutistisch idealistisch, oder fundamentalontologisch oder formalistisch
konstruktivistisch, oder konventionell kontextualistisch, oder sprach-
und kommunikationstheoretisch – geht die Anerkennung der eben beschriebenen hermeneutischen Situation voraus.

Eine Vernunft und eine Philosophie, die sich einander koinzident
wissen (ob asiatisch oder europäisch), leben von einem selbst verschuldeten Vorurteil, das sie auch noch zu einem universalen Muster
erweitern wollen. Die postmoderne Hermeneutik privilegiert keine
Tradition, keinen Ort, keine Sprache; sie ist ortlos orthaft oder, anders
gewendet, orthaft ortlos, weil sie jedes hermeneutische Modell vor
den Gefahren einer Verabsolutierung warnt. Die postmoderne Hermeneutik trauert nicht dem Verfall der einheitlichen Bilder einer Ver-
nunftmetaphysik nach, die alles auf Eines zurückführen will. Sie erhebt den Widerstreit der Sprachstile auch nicht zu einem Kult.

Zu Recht betont Gadamer in seiner Schrift ›Wahrheit und Methode‹ den positiven Beitrag des Vorurteils; denn ein völlig unvorein-
genommenes traditionsloses Verstehen ist und bleibt eine Fiktion. Abzulehnen ist jedoch ebenso der Anspruch, den archimedischen hermeneutischen Ort in der eigenen Tradition festmachen zu wollen. Besteht das „hermeneutische Dilemma" darin, daß man ohne Vorurteile
nichts verstehen kann, aber nur mit Vorurteilen das zu Verstehende in
seiner Substanz verändert und demzufolge es doch nicht versteht,
dann bietet sich der Ausweg nicht in dem Dogma, man sei ja doch in
dem hermeneutischen Zirkel gefangen, sondern in dem real möglichen Kultivieren der Einsicht, daß man den hermeneutischen Zirkel
zu reflektieren vermag, als stünde man außerhalb, als wäre man
ortlos.

Der orthaft ortlose hermeneutische Ansatz geht von der Dynamik
aus, welche eine totale Identität ebenso wie eine totale Differenz als
Ideologismen entlarvt. Wären diese wahr, dann geriete jede hermeneutische Anstrengung zur Farce. Das Verstehen und das Nicht- oder
Mißverstehen sind in dem Sinne gleich ursprünglich, daß sie uns originär gegeben sind und positiv oder negativ durch die beiden Erlebnis-
modi der Erfüllung und Enttäuschung realisiert werden.

Der extreme Relativismus ist eine unvermeidbare Konsequenz radikal verschiedener Standpunkte. Dies veranlaßt uns, die grundsätzlich auch erkenntnisrelevante hermeneutische Frage zu stellen: Wie können wir dann zwischen den radikal verschiedenen Denkmustern vermitteln? Wie anders können wir einen Zugang zu den geistigen Welten anderer finden, wenn nicht dadurch, daß wir sie in unsere Begriffe und Denkmuster übersetzen und transformieren? Wären jedoch die Denkmuster restlos verschieden, so wäre nicht nur keine Übersetzung möglich, sondern selbst eine Artikulation dieser Differenz gäbe es nicht. So ist der These von den sich überlappenden Inhalten verschiedener Denk- und Verhaltensmuster zuzustimmen. Dazu später mehr.

Auch wenn die Jasperssche Rede vom Abendrot der europäischen Philosophie zur Morgenröte der Weltphilosophie ein wenig gestelzt erscheint, gewinnt heute der Geist einer hermeneutisch orientierten Weltphilosophie Gestalt zwischen Tradition und Innovation als eine offene Geisteshaltung, die in der hermeneutisch wichtigen Einsicht besteht, daß die verschiedenen Philosopheme unterschiedliche, von den jeweiligen philosophischen Konventionen geprägte Gewänder tragen und keines allein der philosophia perennis gerecht wird. Eine solche Weltphilosophie definiert die Wahrheit im Sinne eines Überlappungsphänomens.

Die hermeneutische Ambivalenz als Grunderfahrung der Spannung zwischen Fremdheit und Vertrautheit[22], die es immer gegeben hat und geben wird, gilt es, jenseits aller trickreichen und zauberhaften Versuche einer „Buchbinderhypothese"[23], auszuhalten. Dieses Aushalten wird erleichtert, und das hermeneutische Verstehen wird vertieft und erweitert, wenn wir die absolute Fremdheit ebenso wie eine totale Identität als bloße Fiktionen zurückweisen. Daß es gewisse Überlappungen unter den Kulturschöpfungen wie Sprache, Religion, Moral gibt, ist unbestreitbar; das gleiche gilt auch für die Feststellung, daß diese Überlappungen, so klein sie auch sein mögen, die eigentliche Basis für das gegenseitige Verstehen bilden. Gerade auf dem hermeneutischen Gebiet helfen Konstruktionen wenig, wenn sie nicht durch erlebte, lebensweltliche Dispositionen und Zustimmungen gespeist werden.

[22] Vgl. Gadamer, H.-G.: Wahrheit und Methode, 4. Aufl., Tübingen 1975, S. 451 f.
[23] Troeltsch, E.: Der Historismus und seine Probleme, Tübingen 1922, Nachdruck Aalen 1961, S. 710.

Es ist ein Verdienst Europas, daß es heute einen Universalismus moderner Prägung gibt, auch wenn er wider Erwarten nicht ausschließlich das europäische Gesicht trägt. Denn die Zeiten sind zu Recht vorbei, als die Völker des Westens die einzigen waren, die Geschichte machten. Verstehen bedeutet nicht nur, sich selbst und seine eigene Tradition verstehen und im Verstehen des Fremden eine Verdoppelung des Selbstverstehens zu sehen, es besagt auch nicht, das Fremde in seiner Substanz zuerst zu verändern und es dann zu verstehen, sondern im Verstehen soll man sich öffnen für die unendliche Aufgabe, die die Zusammengehörigkeit aller Menschen in einem möglichen Verstehen, in einem sensus communis philosophicus bezeugt. Dies ist nur unter Aufgabe des Absolutheitsanspruchs – ob asiatisch oder europäisch – möglich. Die Angst mancher Philosophen, hierbei werde die Wahrheit relativiert, ist unbegründet; denn nicht die Wahrheit, sondern nur ihre historischen Gewänder, die sie trägt und tragen muß, wo immer sie konkret wird, werden relativiert. Wo als das Ziel „Verstandenwerdenwollen" einseitig verfolgt wird, herrscht das hermeneutische Prinzip des Mittelalters, nämlich das Traditionsprinzip. In einem solchen Geist wurden bis zum späten 19. Jh. die außereuropäischen Kulturschöpfungen und Religionen von den Missionaren verstanden. Sie erlernten fremde Sprachen nicht so sehr um des Verstehens der fremden Kultur willen, sondern um die eigene absolute Wahrheit in ihnen ausdrücken zu können. Daß die christliche Religion die einzig wahre ist, daß die Philosophie griechisch und europäisch denkt, daß die Geschichte nur Europa kennt – alle diese Ansprüche und Parolen, die sich dank der imperialistischkolonialistischen Machtkonstellation durchgesetzt haben, verraten ein Denkmodell, dessen Deutungsmuster zu eng und kurzatmig sind; denn sie machen die Achse der Weltgeschichte an einem bestimmten Ort fest.

Uns geht es hier um eine Philosophie der Hermeneutik, die radikal genug ist, um die Traditionsgebundenheit, auch des eigenen Standpunktes, einzusehen.[24] Eine auf das interkulturelle Verstehen zielende hermeneutische Philosophie muß die Forderung nach einer Theorie erfüllen, nach der weder die Welt, mit der wir uns auseinan-

---

[24] „Ich habe oft betont: Die westliche Philosophie kann sich nicht endlos nur innerhalb ihrer eigenen Tradition bewegen, ohne provinziell zu werden ... Letztlich verändert die schöpferische Hermeneutik den Menschen, sie ist mehr als eine Lehre, sie ist auch eine geistige Technik, die imstande ist, die Qualität der Existenz selbst zu verändern." Eliade, M.: Die Sehnsucht nach dem Ursprung, Wien 1973, 208, S. 83 f.

dersetzen, noch die Begriffe, Methoden, Auffassungen und Systeme, die wir dabei entwickeln, historisch unveränderliche Größen apriori darstellen. Dabei hilft uns herzlich wenig, das Problem, was hermeneutische Philosophie sei, per definitionem lösen zu wollen; denn Definitionsgewalt ist eben auch Gewalt.

Hier ist an den Sedimentationscharakter aller Modelle zu erinnern. Wir zeigen unsere Vernunft nicht dadurch, daß wir unsere Begriffe und Vorstellungen zu sauberen, formal-systematischen, absolutistisch-idealistischen und fundamental-ontologischen Strukturen ordnen und die Rationalität zu einer Eigenschaft bestimmter Begriffssysteme machen, sondern nur dadurch, daß wir offenen Sinnes die überfällige Frage nach der Historizität, ja sogar der Ethnozentrizität unserer konkreten Verstehensentwürfe stellen, um so die Grenzen und Schwächen unserer hermeneutischen Philosopheme zu erkennen und möglichst zu überwinden.[25] Die das hermeneutische Verstehen konstituierenden Leistungen sind selbst konstituiert.

Unser hermeneutischer Ansatz von der orthaften Ortlosigkeit ist in dem spannungsvollen Knotenpunkt zwischen der unaufhebbaren Traditionsgebundenheit und der unverzichtbaren Offenheit der Hermeneutik angesiedelt. Es zeugte von einem kryptohermeneutischen Unternehmen, wollte man den Anspruch erheben, das universale hermeneutische Subjekt mit transkultureller und -ethnischer Geltung ein für allemal entdeckt zu haben.[26] Ein solches Subjekt hat es in der Tat nie gegeben.

Nach der erfolgreichen Expansion des europäischen Denkens über die Kontinente Asien, Afrika und Lateinamerika hatte man sich in der Moderne daran gewöhnt, das eigene Verhaltensmuster allgemeingültig erklären zu können. Herrschaftsfreie Argumentationsmuster in den interkulturellen und interkontinentalen Kommunikationen waren weniger am Werke. Vielmehr bestimmten die politischen Verhältnisse das hermeneutische Geschehen, das sowieso die Funktion eines Feigenblattes hatte. Mit der Postmoderne zerbricht dieser kurzlebige, aber gewaltige Traum an der Realität der de facto globalen hermeneutischen Situation, deren Vielstimmigkeit nicht mehr als ein malum hermeneuticum empfunden wird.

---

[25] Vgl. Mall, R. A.: Schelers Konzept der kosmopolitischen Philosophie, Grenzen der Vergleichbarkeit verschiedener Weltanschauungen, in: Trierer Beiträge aus Forschung und Lehre, XI, 1982, S. 1–10.
[26] Vgl. Henningsen, M.: Vom Anspruch und Elend des europäischen Universalismus, in: Merkur, Heft 8, Jg. 37, S. 894–902.

Eine Hermeneutik in der Postmoderne wird sich jenseits der beiden
Dogmen der bloßen Identität und totalen Differenz in der hermeneutischen Leistung aufweisen müssen, die in der getreuen Beobachtung,
Beschreibung, Erarbeitung und Erweiterung der vorhandenen Überlappungen besteht. Eine solche philosophische Hermeneutik entspricht nicht nur dem Geist des Weltalters, in dem wir leben, sondern
stellt auch den erforderlichen Integrationsort dar.

Reduktive Verstehensmethoden sind gewalttätig; denn sie lassen
das Fremde nicht als etwas Selbständiges zu Wort kommen; sie zeugen
von einem malum hermeneuticum. Die „reduktive Hermeneutik" ist
dadurch gekennzeichnet, daß sie erstens eine bestimmte Geschichtsphilosophie und ein bestimmtes Denkmuster an den Anfang stellt,
zweitens diese verabsolutiert, drittens sie – sei es spekulativ-metaphysisch, sei es fundamental-ontologisch oder kommunikationstheoretisch – hypostasiert und viertens demzufolge das hermeneutische Problem auf die quaestio facti reduziert und mit Verstehen das Übertragen der eigenen Strukturen auf das Fremde meint.[27] Schon Goethe
hatte ironisch davor gewarnt: „Im Auslegen seid frisch und munter!
Legt ihr's nicht aus, so legt was unter."[28]

Hegel unternimmt erstmalig den groß angelegten, aber ausschließlich abendländisch orientierten Versuch, eine Weltgeschichte der Philosophie zu entwerfen. Jenseits der heute noch unerledigten Kontro-
verse, ob Hegel, der Metaphysiker des absoluten Geistes, mit Hegel,
dem Geschichtsphilosophen, vereinbar sei, thematisieren wir hier
kurz seine, in unserem Zusammenhang hermeneutisch relevanten
philosophiegeschichtlichen und geschichtsphilosophischen Ansichten. Hegels Entwurf, so stringent, syllogistisch einwandfrei und systematisch er auch sein mag, ist und bleibt teils aus lückenhafter
Kenntnis und teils wegen seines absolut-universalistischen Anspruchs
einseitig: Hegel überträgt auf alle Kulturen ein bestimmtes, in einem
bestimmten Kulturkreis entstandenes Geschichtsbild. Der Hegelsche
Versuch verdient unsere Hochachtung, aber die heutige Beschäftigung mit der welthistorisch-hermeneutischen Situation muß qualitativ
einen anderen Weg einschlagen. Die lokalen Gestalten der Vernunft
dürfen nicht als pars pro toto für die Vernunft ausgegeben werden.

[27] Vgl. Gadamer, H.-G.: Hermeneutik, in: Historisches Wörterbuch der
Philosophie, hrsg. von J. Ritter u. a., Bd. 3, Basel/Stuttgart 1974, S. 1062–
1072.
[28] Goethe, J. W. v.: Zahme Xenien, 11, Hamburger Ausgabe, Bd. 1, München 1981, S. 329.

Hegels Ansichten hinsichtlich der Geschichte der Philosophie sind Duplikate seiner Ansichten über die geschlossene Philosophie der Geschichte. Die Geburt Christi ist die Achse der Weltgeschichte, und die christlich inspirierte germanisch-abendländische Philosophie wird zu der einzig wahren Gestalt der Philosophie schlechthin. Die Geschichte der Orientalen, ja sogar die der Griechen und Römer gerät zur Fußnote und wird als Vorbereitungsstufe dargetan. Der Ansicht Hegels, es gebe in der Weltgeschichte eine göttliche, absolute Vernunft, könnte man noch formal mit wenig Bedenken zustimmen. Diese Ansicht wird aber absolutistisch, universalistisch, sozialpolitisch und hermeneutisch sogar gefährlich, wenn Hegel von einer Vorsehung spricht und diese auch noch ausschließlich mit der christlichen identifiziert.[29]

Der Absolutheitsanspruch der Hegelschen Metaphysik ist eine idealistisch philosophisch untermauerte neue Auflage des Anspruchs der christlichen Religion als der allein wahren. Nur in diesem Lichte erscheinen die Worte Hegels verständlich, die eine absolute Wahrheit an einem Ort vollendet zu sehen meinen. Daß der konkrete Lauf der Weltgeschichte erfreulicherweise uns eines Besseren belehrt hat, braucht nicht hervorgehoben zu werden. Dennoch stellt sich die Frage, ob Hegels Ansicht bloß in der Euphorie des globalen und erfolgreichen Expansionismus, Imperialismus und Kolonialismus des 18. und 19. Jh. ihren Grund hat. Hegel war jedoch kein Denker der Tagespolitik. Nicht diese Erfolge waren die Ursache für seine Ansichten, sondern sie sind gerade das Ergebnis eines weltgestaltenden Prinzips. Immer wieder drängt sich heute die Frage auf: Warum dieser übertriebene Drang zur totalen Geschichtlichkeit, Leibhaftigkeit und Absolutheit? Warum diese Ungeduld, diese Kurzatmigkeit des philosophischen Geistes, der philosophischen Kultur? Warum wird das qualitativ Eine mit dem quantitativ Einen, das sich immer wieder in bestimmten räumlich-zeitlichen und konkret-geschichtlichen Gestalten zeigt, verwechselt? Der Mythos des Götterboten Hermes darf nicht durch nur eine philosophische Konvention als restlos entziffert gelten.

Als europäischer Philosoph par excellence vertritt Hegel ein eurozentrisches Geschichts- und Menschenbild, allerdings mit einem unerbittlichen, universalistischen Anspruch. Hierin sehen wir die Konzeption einer universalistischen Hermeneutik, die, näher besehen, reduk-

---

[29] Vgl. Hegel, G. W. F.: Philosophie der Weltgeschichte, Philosophische Bibliothek Bd. 171a, Hamburg 1955, S. 45 f.

tiver Natur ist.[30] Hegels Bestreben, die Weltgeschichte als ein planmä-
ßiges Ganzes zu konstruieren und den einzig wahren Schlüssel zu ihr
zu besitzen, verordnet einem jeden Verstehen ein überweltliches
Prinzip, zu dessen dumpfen Ausdrucksarten alle Bewußtseinsformen
gezählt werden.

Auch wenn der prozessuale Charakter der Hegelschen Dialektik es
ihm nicht erlaubt, von einem Endzweck der Philosophie zu sprechen,
begegnet man in seinen hermeneutisch und interkulturell relevanten
Gedanken sehr kategorischen Feststellungen hinsichtlich anderer
Rassen und Kulturen. Hegel führt aus: „Der Neger stellt ... den natürlichen Menschen in seiner ganzen Wildheit und Unbändigkeit dar: von
aller Ehrfurcht und Sittlichkeit, von dem, was Gefühl heißt, muß man
abstrahieren, wenn man ihn richtig auffassen will; es ist nichts an das
Menschliche Anklingende in diesem Charakter zu finden ...

Die Neger werden von den Europäern in die Sklaverei geführt und
nach Amerika hin verkauft. Trotzdem ist ihr Los im eigenen Lande
fast noch schlimmer, wo ebenso absolute Sklaverei vorhanden ist;
denn es ist die Grundlage der Sklaverei überhaupt, daß der Mensch
das Bewußtsein seiner Freiheit noch nicht hat und somit zu einer
Sache, zu einem Wertlosen herabsinkt. Bei den Negern sind aber die
sittlichen Empfindungen vollkommen schwach, oder besser gesagt,
gar nicht vorhanden ...

Dieser Zustand ist keiner Entwicklung und Bildung fähig, und wie
wir sie heute sehen, so sind sie immer gewesen ...“[31] Liest man diese
Auslassungen von Hegel genauer und läßt sie ruhig auf sich wirken, so
wird klar: auch in der Philosophie- und Kulturgeschichte wird von der
Seite des Täters gedacht. Bei vielen Hegel-Kennern und Fachge-
lehrten sucht man diese Stellen aus Hegels Schriften vergeblich. Als
Hegel diese Ansichten vertrat, war es aus vielerlei Gründen für die so
besprochenen und ausgegliederten Menschen nicht möglich, eine Ge-
gendarstellung zu geben. Das hermeneutische Gespräch war ein-
stimmig und hörte sein eigenes Echo.

„Die Hermeneutik des ganzen Geistes", schreibt Hörisch, „ist
buchstäblich totalitär – auch wenn ihr Totalitarismus im freundlich-
sten Gewande und unter dem Schleier allumfassender Verständi-
gungsbereitschaft daherkommt."[32] Eine solche modern ausgerichtete

---

[30] Vgl. ebd. Bd. 171a, S. 218.
[31] Hegel, G. W. F.: Vorlesungen über die Philosophie der Geschichte, hrsg.
von Theodor Litt, Stuttgart 1961, S. 155–162.
[32] Hörsch, J.: Die Wut des Verstehens, Frankfurt a. M. 1988, S. 59.

hermeneutische Bewegung setzt gerade bei Hegel an und findet sich in bester philosophischer Tradition. Wer vor den „Grenzen der Verständigung" Angst hat, leugnet nicht so sehr, daß es sie gibt. Er ist jedoch vielmehr getrieben von dem Wunsch, daß es sie nicht geben sollte, und liebäugelt insgeheim mit Einheitslehren.[33] Der Wille zur Einheit auf dem hermeneutischen Felde verrät seine Verwandtschaft mit dem metaphysischen Willen zur Einheit. In manchen Fällen kann diese Verwandtschaft eine mit dem Willen zur Macht werden.

Fast im Gegensatz zur Diltheyschen Hermeneutik, die nicht reduktiv verfahren will, weil sie im Gegensatz zu Hegel die Entwicklung der philosophischen Systeme nicht aus dem abstrakt begrifflichen Denken, sondern aus dem jeweiligen Ganzen der Kultur erklärt, schreibt der frühe Gadamer: „Obwohl die Forschung auf dem Gebiete der Philosophie des Ostens inzwischen weiter gefördert worden ist, glauben wir uns eher weiter von ihrem philosophischen Verständnis entfernt: die Schärfung unseres historischen Bewußtseins hat die Übersetzungen oder Übertragungen der Texte ... von Grund auf problematisch gemacht ... Nur die negative Einsicht kann als gesichert gelten, daß unsere eigenen, durch die Griechen geprägten philosophischen Grundbegriffe das Fremde in der Substanz verändern."[34] Hier geschieht eine psychologische Projektion der Angst vor Veränderung durch eine Übertragung ins Fremde. Die von Gadamer vertretene Ansicht leistet einer hermeneutischen Theorie Vorschub, die wegen ihrer Überbetonung des Historischen und der Tradition entweder der Oberfläche verhaftet bleibt oder mit jedem Verstehen und Übertragen des Fremden eine Veränderung der eigenen Substanz einhergehen sieht und damit die Selbstaufgabe fürchtet. Die heutige hermeneutische Situation, in der andere Kontinente mit ihren eigenen Stimmen vertreten sind, und nicht, wie es früher der Fall war, von anderen vertreten wurden, zwingt uns nicht zur Selbstaufgabe, sondern zur Selbstbescheidung. Das Auszeichnende einer adäquaten postmodernen Hermeneutik ist eigentlich, daß sie die jeweilige Tradition in die geistige Koexistenz einer gemeinsamen Situation überschreitet. Eine solche Hermeneutik ist nicht bloß eine philosophische Lehre; sie ist darüber hinaus eine geistige Übung (Technik), die in der Lage ist, die Menschen zu verändern. Hier durchdringen sich Hermeneutik und Anthropologie gegenseitig.

---

[33] Vgl. Frank, M.: Die Grenzen der Verständigung, Frankfurt a. M. 1988.

[34] Gadamer, H.-G. (Hrsg.): Grundriß der allgemeinen Geschichte der Philosophie von W. Dilthey, Frankfurt a. M. 1949, S. 18.

Die Erfahrung der Differenz ist sprachlich nicht ganz domesti-
zierbar; denn sie wird erlebt in der unvermeidbaren Spannung zwischen der Aussage und dem Ausgesagten. Gerade dieses Nichtdome-
stizierbare ist der Ermöglichungsgrund für die Übersetzbarkeit von
einer in die andere Sprache. Keine Sprache, keine Namengebung
kann diese Lücke erschließen. Der erste Spruch des Lao Tzu in seinem
Tao te King scheint genau dies zu belegen: „Der Name, kann er genannt werden, ist nicht der ewige Name."[35]
Heute scheint Gadamer erfreulicherweise seine frühere Ansicht da-
hingehend modifiziert zu haben, daß er sein Urteil über die außereuro-
päische, sprich asiatische, Philosophie revidiert hat. Seine Lehrtä-
tigkeit in den USA und die lebendigen Kontakte mit asiatischen Philosophen mögen auch zu dieser willkommenen Veränderung beigetragen haben.[36] Hermeneutische Erfahrung hat von der Andersheit
auszugehen. Verstehen, so würde Gadamer heute sagen, heißt, sich
etwas zu verstehen geben lassen. Zur Voraussetzung der hermeneutischen Erfahrung gehört nicht nur die Einstellung, der andere könnte
auch recht haben, sondern auch sich damit zu bescheiden, daß das
Rechthaben selbst ein allmählich zu erreichendes Ziel der gemeinsamen Kommunikation ist.
In unserem „Weltalter des Ausgleichs"[37] kommt der Wissenschaft
der Hermeneutik eine wichtige Rolle zu. Jenseits einer dualen Ent-
weder-oder-Logik, welche die Wahrheit nur der einen Seite zuschlägt,
sind wir heute gehalten, von der philosophischen Überzeugung auszugehen, daß die eine Wahrheit, wenn es sie überhaupt gibt, keine Vorliebe für irgendeine Tradition und Sprache hat. Der Erkenntnisbegriff
der reduktiven Hermeneutik verharrt in Unterwerfung, Überwindung, Einverleibung, Beherrschung und Substanzveränderung. In-
kulturiertes Verstehen des Fremden ist ein Selbstverstehen mit einer
Maske, ist ein maskiertes Verstehen. Das verstehende Subjekt eignet
sich das zu verstehende Objekt an, indem es nach seinem eigenen Entwurf, nach seinen eigenen Vorurteilen verändert, zurechtlegt und ver-
gewaltigt. Das im voraus „begriffene" hermeneutische Verstehen ist
ebensowenig das „wirkliche" Verstehen, wie die spekulativ erreichte
Identität der Gegensätze eine wirkliche Versöhnung ist. Die Schritte:

[35] Lao-Tze: Tao te King, übers. von V. v. Strauß, Zürich 1959.
[36] Vgl. Sprung, M. (ed.): The Question of Being: East-West Perspectives,
London 1978.
[37] Vgl. Scheler, M.: Philosophische Weltanschauung, 3. Aufl., München
1968, S. 89 ff.

Verstehen und Rechthaben sind jedoch zu unterscheiden. Identifiziert man das Rechthaben mit Verstehen, so wird das Verstehen eine Frage der Dominanz. Methodisch kann man heute das globale Problem des Verstehens nicht einfach „von oben her" regeln. Die phänomenologische Einsicht Husserls, daß das Unbekannte sich im Modus des schon Bekannten verstehen läßt, ist immer noch reduktionistisch. Eine phänomenologische Hermeneutik jedoch, die von der konkreten Lebenswelt eines jeden Menschen ausgeht, birgt auch die Möglichkeit der Horizonterweiterung und des Transzendierens der Grenzen.[38] Husserl, der sich selten auf die asiatische Philosophie bezieht, ein wenig einseitig an dem griechischen Ursprung der Philosophie festhält und in der Gestalt seiner Phänomenologie die Erfüllung der Sehnsucht der abendländischen Philosophie sieht, spricht doch von einer schicksalhaften Notwendigkeit, die asiatische Philosophie „verstehend nachzuerleben und aus diesem Verstehen heraus ihre lebendige Wirkung zu erfahren"[39]. Im Endeffekt oszilliert Husserl zwischen einer essentialistischen und deskriptiven Phänomenologie und trägt und erträgt die darin liegende Spannung wie jemand, der nie aufhört, neu anzufangen um der originären phänomenologischen Sicht willen. Seine den Idealen der Voraussetzungslosigkeit und der Vorurteilslosigkeit verpflichtete Methode sagt ihm: Keine Vorliebe für diese oder jene philosophische, kulturelle oder religiöse Tradition; seine phänomenologisch-methodisch nicht ganz berechtigte Überzeugung von dem Vorrang der griechisch-europäischen Vernunft jedoch bleibt bestehen.[40] Dennoch ist das Auszeichnende des Husserlschen Weges für mich seine Offenheit den Phänomenen qua Phänomenen gegenüber. Die intendierten Bedeutungen als intendierte zu thematisieren, bedeutet in einem hermeneutisch interkulturellen Weltkontext heute die Herausforderung, die anderen Kulturen, die anderen Philosophien und philosophischen Schulen, die anderen Personen usw. als noematische Strukturen zu verstehen und diese zu hinterfragen, um so zu den erlebten, evidenten noetischen Phänomenen zu gelangen. Dies trifft aber auch auf die Phänomenologie selbst zu. In diesem Sinne mag ich

---

[38] Vgl. Husserl, E.: Cartesianische Meditation und Pariser Vorträge, Hua Bd. 1, Den Haag 1963, V. Meditation.

[39] Husserl, E.: Über die Reden Gotamo Buddhos, in: Zeitschrift für Kunst und Literatur, 2. Jg., 1. Heft, München 1923, S. 18 f.

[40] Vgl. Husserl, E.: Die Krisis der europäischen Wissenschaften und die transzendentale Phänomenologie, Hua. Bd. VI, Den Haag 1962, S. 314–348.

„Husserlianer" sein. Die Phänomenologie als ein Pfad hat mir ge-
holfen, einen Zugang zu den verschiedenen philosophischen Traditionen und Schulen zu finden, einschließlich der eigenen indischen.

Der rein methodische Hinweis Husserls darf jedoch nicht so gedeutet werden, daß man die in einem bestimmten Kulturkreis entstandenen Verstehensstrukturen zum Paradigma erhebt, ihren Sedimentationscharakter außer acht läßt und demzufolge im Namen des Verstehens eine gewaltsame Einverleibung des Fremden betreibt. Eine
der heutigen globalen Situation adäquate hermeneutische Philosophie wird nicht reduzieren, weil sie nicht hypostasieren darf. Längst
hat unser geschichtliches Bewußtsein den Übermut entlarvt, der
meinte, das Ganze der Geschichte als Wirklichkeit zu besitzen. Verstehen geht nicht im Einverstandensein auf. Die unterschiedlichen
Kulturschöpfungen und Lebensformen weisen auf die gemeinsamen
Probleme und Bedürfnisse hin, welche das Leitmotiv der orthaft ortlosen hermeneutischen Philosophie darstellen.

Die Traditions- und Standpunktgebundenheit des Verstehens bleibt
unbestritten. Die hermeneutisch-philosophisch so wichtige Ansicht,
alle Standpunkte seien als Standpunkte zu behandeln, ist selbst nicht
mit einem bestimmten Standpunkt zu verwechseln. Denn dies ist eine
Einstellung, die auf einer höheren Ebene der Reflexion gewonnen
wurde. Daher stehen Traditionsgebundenheit und Standpunktlosigkeit nicht im Gegensatz zueinander. Die orthafte Ortlosigkeit oder,
anders gewendet, die ortlose Orthaftigkeit, gemeint ist die standpunkt-
hafte Standpunktlosigkeit der hier entworfenen Hermeneutik, stellt
keine abgeleitete Erkenntnis dar, sondern entsteht intuitiv aus dem
Bewußtsein des Vorhandenseins verschiedener Standpunkte. Die In-
haltsleere der Standpunktlosigkeit bezeugt ihre Unparteilichkeit.
Darin zeigt sich zugleich ihr Reichtum, in keinem Standpunkt völlig
aufzugehen: Sie weist die verschiedenen Standpunkte in ihre
Schranken und hilft, deren Verabsolutierungstendenzen im Keime zu
ersticken. Ohne Selbstaufgabe und ohne sich selbst zu verabsolutieren, läßt sie uns betroffen sein von dem Eigenrecht des anderen.
Die Frage, ob Standpunktlosigkeit doch nicht ein Standpunkt sei,
verrät ihre sprachmystifizierende Tendenz.

Die Heideggersche hermeneutische Fundamentalontologie als Da-
seinsanalytik (zumindest vor der Kehre) fällt einer Verführung anheim,
in einer bestimmten Gestalt der Philosophie ihre authentische Gestalt
schlechthin sehen zu wollen. Heidegger zeigt freilich einen Spürsinn
für die vereinigende Quelle und stellt in seinem Gespräch mit dem Japaner die Frage nach der „denkenden Erfahrung" mit der Gewähr,

„daß europäischabendländisches und ostasiatisches Sagen auf eine Weise ins Gespräch kämen, in der solches singt, das einer einzigen Quelle entströmt"[41] Es bleibt zu bemerken, daß die hier genannte einzige Quelle nicht fundamentalontologisch hypostasiert werden darf. Auch im Denken der „Kehre" ist die Heideggersche „Hermeneutik der Faktizität" nicht immer ontologiefrei. Das „Da" des Seins kann nicht ausgeschöpft sein in einer seiner bestimmten Daseinsgestalten. Der Anspruch einer Ontologie, die volle Entbergung des Seins ein für allemal geleistet zu haben, ist ein Vorurteil. „Das seinsgeschichtliche Denken", schreibt Löwith, „beschränkt sich auf die frühe Geschichte des Abendlandes, als habe das universale Sein für den Okzident eine Vorliebe."[42] Kein Denken ist vom Sein selbst geschickt, und keine Sprache ist die eigentliche Muttersprache des Seins.

Ein Sein, das sich bevorzugt einem bestimmten Denken anvertraut, ist parteiisch und verdient diesen Namen nicht. Es ist eine unzulässige Verkürzung der Kommunikationsproblematik, wenn man sie im Akt des Übersetzens aufgehen läßt. Philosophie ist nicht reine Sprachimmanenz. Tatsächlich begegnen wir der Kommunikations- und Übersetzungsproblematik oft sogar innerhalb ein und derselben Kultur, wo Begriffe und Ausdrücke zeit- und kontextbedingt sich modifizieren und so ihren jeweiligen Lebenslauf haben. Die Übersetzung ist daher selbst ein Prozeß, der ebensoviel Beachtung verdient wie der Kommunikationsprozeß. So hat ein hermeneutisches Gespräch sowohl auf der inner- als auch auf der interkulturellen Ebene auf das zu achten, was man gewöhnlich „Zeitgeist" nennt. Sachverstand im Sinne einer geistigen Übung beim Übersetzen und Verstehen sind dem Sprachverstand ebenbürtig. Daher ist die Übersetzungstätigkeit zugleich auch eine hermeneutische. Der chinesische Philosoph Thomas H.C. Lee schreibt über das Thema ›Chinesische Ideen in transkultureller Begrifflichkeit‹, daß „Interpretation auch ein schöpferischer Transformationsprozeß ist. Die wirksame Kommunikation führt dazu, daß den Worten oder Begriffen, die für die Übersetzung gewählt wurden, neue Elemente hinzugefügt werden."[43] So haben offensichtlich alle Übersetzungen – das gilt für solche innerhalb des europäischen Kultur-

---

[41] Heidegger, M.: Unterwegs zur Sprache, 2. Aufl., Pfullingen 1960, S. 94.

[42] Löwith, K.: Geschichtliche Abhandlungen, Stuttgart 1960, S. 175. Vgl. Mall, R. A.: Unity without Uniformity, in: Focus on Quality, ed. by BF Nel, R Singh, WM Venter, Durban 1985, S. 1–21.

[43] Wimmer, F. (Hrsg.): Vier Fragen zur Philosophie in Afrika, Asien und Lateinamerika, Wien 1988, S. 125.

raumes aus dem Griechischen ins Lateinische und aus den beiden in die vielen anderen Nationalsprachen Europas sowie aus den asiatischen Sprachen in die europäischen und umgekehrt – zwangsläufig mit kulturspezifischen Nuancen zu tun, was besagt, daß kein Übersetzungsakt ein Robinso-Crusoe-Dasein führt. Daher impliziert eine jede wahre Kommunikation einen Wechsel der Sehweisen und eine Arbeit an diesen auf beiden Seiten. Die vielfältigen Neigungen – seien sie religiös, spekulativ-idealistisch, sprachtheoretisch, monistisch, pluralistisch, liberalistisch oder fundamentalistisch – eines Denkers spielen eine wesentliche, wenn auch nicht immer bewußte Rolle bei den Übertragungen. So haben auch viele metaphysisch oder religiös verankerte Einstellungen einiger Sinologen und europäischer Philosophen dem chinesischen Denken, das der Metaphysik gegenüber eher indifferent ist, eine metaphysische Grundlage untergeschoben.

Unsere orthaft ortlose Hermeneutik steht Vico, Schopenhauer, Collingwood, James, Dilthey, Misch, Scheler, Jaspers u. a. näher als Hegel, Heidegger und in mancher Hinsicht Gadamer u. a. Bei den drei Letztgenannten wird das Verhältnis von Wahrheit und Tradition nicht klar und offen genug bestimmt. Eine Hermeneutik, die geschichtlich Überkommenes als ein in sich Vernünftiges ausgibt, verrät ihre fundamentalistische Tendenz. Heidegger und Gadamer haben freilich recht, wenn sie von der Notwendigkeit der Tradition als Vorbedingung für die Möglichkeit des Verstehens insofern sprechen, als Tradition der geschichtlich notwendige Rahmen ist. Dies muß aber auch dort gelten, wo verschiedene Traditionen und philosophische Konventionen einander durchdringen und verstehen wollen. So wie bei Hegel die christliche, wird bei Heidegger und Gadamer die griechische Tradition überbewertet und zum Paradigma der Wahrheit erhoben. Die heutige Vernetzung der interkulturellen globalen Situation kennt keinen privilegierten Ort und keine bevorzugte Sprache.

Gadamers Hermeneutik mit ihren Konzeptionen der Wirkungsgeschichte, Horizontverschmelzung und des Vorurteils ist gegen die Gefahr nicht gefeit, daß sie die echte Pluralität der Traditionen reduktiv behandelt, indem sie eine bestimmte bevorzugt. Auch eine gewollte und mit allen verfügbaren Mitteln vorangetriebene Horizontverschmelzung verrät ihre Vorliebe für eine bestimmte Tradition, die den Ton angibt und vereinheitlicht. „Wer Horizonte verschmelzt", heißt es bei Hörisch, „läßt eben an der Stelle vieler Perspektiven eine einzige übrig".[44] Eine falsche Integration ist wohl das Ergebnis einer solchen

---

[44] Hörisch, J.: Die Wut des Verstehens, S. 71 f.

hermeneutischen Denkweise. Ich kann mich des Eindrucks nicht erwehren, daß der Verschmelzungsthese etwas Mystisches eigen ist. Es
gibt die Pluralität der philosophischen Konventionen, deren Vermittlung sowohl die Aufgabe als auch der Ausgang einer jeden philosophischen Hermeneutik ist. Nicht ganz zu Unrecht kritisiert Habermas,
daß „Gadamer ... aus der hermeneutischen Einsicht in die Vorurteils-
struktur des Verstehens eine Rehabilitierung des Vorurteils ab-
leitet".[45] Freilich ist Gadamer heute einer Universalgeschichte Hegel-
scher Machart gegenüber skeptisch, obgleich seine Verschmelzungsthese sich in einem zwiespältigen Verhältnis zum Begriff der philosophischen Wahrheit befindet. In seiner Kritik des Diltheyschen An-
satzes scheint Gadamer die Geschichte selbst zu hypostasieren, ohne
immer deutlich zu machen, um welche Geschichte es sich dabei handelt. „Die Selbstbesinnung und die Autobiographie – Diltheys Aus-
gangspunkte – sind nicht Primäres und reichen als Basis für das hermeneutische Problem nicht aus, weil durch sie die Geschichte privatisiert
wird. In Wahrheit gehört die Geschichte nicht uns, sondern wir gehören ihr ... Die Selbstbesinnung des Individuums ist nur ein Flak-
kern im geschlossenen Stromkreis des geschichtlichen Lebens."[46] Es
gibt keine absolute Vermittlung zwischen der einen Geschichte, der
wir alle angehören, und den verschiedenen geschichtlichen Wahrheiten, die wir als geschichtliche Wesen mitgestalten. Will man die Geschichte nicht wieder in ein spekulativ-idealistisches Korsett zwängen,
dann muß zur Kenntnis genommen werden, daß es nach der Diltey-
schen Kritik der historischen Vernunft kein Zurück mehr zu Hegel
gibt.
    Die hermeneutische Philosophie von Heidegger und Gadamer
macht sich eher einer petitio principii schuldig.[47] Die Verbindung zwischen Wahrheit und Tradition kann nicht dadurch hergestellt werden,
daß man die Tradition selbst durch Wahrheit und die Wahrheit durch
Tradition definiert. Im Grunde genommen geht es hier um zwei Arten
von Wahrheit: erstens um die dieser oder jener Tradition und zweitens
um diejenige in dieser oder jener Tradition.
    Alle Behauptungen von absoluter Fremdheit und Identität sind Fik-

---

[45] Habermas, J.: Der Universalitätsanspruch der Hermeneutik, in: Hermeneutik und Ideologiekritik, Frankfurt a. M. 1971, S. 157f.

[46] Gadamer, H.-G: Wahrheit und Methode, S. 261.

[47] Vgl. Hinman, L. M.: Quid Facti or Quid Juris? The Fundamental Ambiguity of Gadamer's Understanding of Hermeneutics, in: Philosophy and Phenomenological Research, Vol XL, No 4, 1980, S. 512–535.

tionen. Entweder verschleiern sie das Verstehen oder wirken resignativ. Die Konvergenz und Divergenz sind unaufhebbare Pole einer ontologiefreien und orthaft ortlosen Hermeneutik. Im Mittelpunkt dieser Hermeneutik steht der Mensch mit seinen offenen, d. h. dynamischen, Erlebnisstrukturen. In diesem Sinne verlangt Plessner die „Konstituierung der Hermeneutik als philosophische Anthropologie".[48] Eine solche Hermeneutik, die den lebendigen Kontakt der Lebenswelten pflegt, leugnet nicht die Differenz und überbewertet nicht den Konsens. Es gilt, die hermeneutische Vernunft zu kultivieren, trotz und mit der Divergenz, aber unter freiwilliger und einsichtiger Askese von jeder universalistisch-absolutistischen und transethnischen Konstruktion eines hermeneutischen Subjekts. Es gibt ein universalhermeneutisches Subjekt ebensowenig, wie es ein universalgeschichtliches gibt. Eine postmoderne Hermeneutik hat der Versuchung zu widerstehen, aus vielen Sinnen einen Sinn, aus vielen Geschichten eine Geschichte, aus vielen Welten eine Welt, aus vielen Kulturen eine Kultur, aus vielen Religionen eine Religion, aus vielen Wahrheiten eine Wahrheit herstellen zu wollen. Sie will nicht den anderen die eine Vernunft erschließen, sondern selbst der Vernunft der anderen gegenüber aufgeschlossen sein.

Der Kreis der Wahrnehmung, der für die Entwicklung des hier als reduktiv bezeichneten Modells der Hermeneutik maßgebend war, ist heute zu eng geworden. Die hermeneutische Situation ist hinausgewachsen über die jüdisch-christliche und abendländische Seinsauslegung und fordert uns auf, von jeder kurzatmigen Verbindung von Ontologie und Hermeneutik, Tradition und Wahrheit Abstand zu nehmen. Diese Einsicht führt zu einer besonders wichtigen philosophischen Aufgabe, welche weder durch Fixierung des transzendentalen Subjekts als formal-logische und metaphyische Subjektivität wie z. B. das „Ich denke" Decartes' oder die unkonstituierte, aber alles konstituierende transzendentale Subjektivität Husserls noch durch den absoluten Geist Hegels auf einmal zu lösen ist, sondern nur durch die Bereitschaft zur Kommunikation, ausgehend von einer orthaften Ortlosigkeit eines erdgebundenen, aber doch meditativ-reflexiven hermeneutischen Subjekts, das weder eine totale Übersetzbarkeit noch eine totale Inkommensurabilität zum Dogma erhebt. Ein solches hermeneutisches Subjekt hat keine bestimmte Sprache als Muttersprache. Inkarniert als ein orthaftes Subjekt, hat es teil an einer be-

---

[48] Plessner, H.: Die Stufen des Organischen und der Mensch, 3. Aufl., Berlin 1975, S. 31.

stimmten Tradition und spricht eine bestimmte Sprache. Nur ein solches Subjekt ist in der Lage, eine gewaltsame Aneignung oder eine völlige Vernachlässigung des Fremden zu vermeiden. Dies geschieht in dem Bewußtsein, daß ich als konkretes Subjekt hätte auch ein anderes werden können.

Übersetzbarkeit, Verstehbarkeit und Kommunikation sind regulative Ideale, deren schrittweise Realisation die Überwindung der präreflexiven, mundanen Naivität zur Voraussetzung hat. Das Kennzeichen einer solchen Naivität ist das Unvermögen, den eigenen Standpunkt als einen unter den vielen wahrnehmen zu können. Die Einstellung, daß es kein konkretes Freisein von Standpunkten gibt, ist ein Ergebnis einer höherstufigen Reflexion und ermöglicht uns, dem Vielfältigen gegenüber tolerant zu sein.

Hegels „Phänomenologie" geht von einer gattungsmäßigen Konzeption des hermeneutischen Verstehens aus und vertritt die These, daß jede Bewußtseinsform, welche noch hinter der absoluten Form zurückbleibt, noch unter einer Selbsttäuschung laboriert, indem sie nicht weiß, worauf sie eine notwendige Stufe darstellt. Seine Phänomenologie mißtraut daher den Berichten der anderen Bewußtseinsformen und versteht das Fremde, nachdem sie es in ihrem Sinne vorpräpariert hat nach dem Motto: Falsch ist, was nicht den eigenen Ansichten entspricht.

Eine Hermeneutik, die der heutigen globalen Situation gerecht werden will, trägt nicht einen gattungsmäßigen, sondern eher einen „analogen" Charakter. Im Gegensatz zu einer gattungsmäßigen Hermeneutik, die von einem Oberbegriff ausgeht, alles andere als Sonderfälle diesem einen Rahmen unterwirft, sieht die „analogische" Hermeneutik die verschiedenen Rahmen selbst als Rahmen verschieden. Die verschiedenen hermeneutischen Entwürfe und Modelle sind daher als solche verschieden, aber nicht total verschieden. Ein solches analogisches Verfahren reduziert nicht; es leitet auch nicht ab, sondern vergleicht. Selbst unser scheinbares Eingeschlossensein in den hermeneutischen Zirkel kann durchbrochen werden durch die allmähliche Entwicklung einer reflexiv-meditativen Instanz, welche durch ihre Ortlosigkeit sozusagen den Zirkel beobachtet.[49] Denn wäre unser Bewußtsein hoffnungslos im hermeneutischen Zirkel gefangen, so bedeutete dies zugleich das Ende allen Philosophierens.

---

[49] Vgl. Mohanty, J.N.: Transcendental Philosophy and the Hermeneutic Critique of Consciousness, in: The Possibility of Transcendental Philosophy, Dordrecht 1985, S. 223–246.

Heideggers Kritik des Bewußtseinsbegriffs besteht teilweise in seiner Zurückweisung der These, die Beziehung des Menschen zur Welt sei primär epistemologischer Natur. Nach ihm ist diese Relation affektiver Art und trägt eher den Charakter der Sorge. Und das „Dasein" ist hermeneutisch insofern, als es im wesentlichen und immer schon durch ein bestimmtes Seinsverständnis ausgezeichnet ist. Heidegger erkennt wohl den hermeneutischen Charakter an, rät uns jedoch, in ihn einzutauchen, weil man ihn sowieso nicht verlassen kann. Ist das hermeneutische Bewußtsein das hoffnungslose Verfangensein in der eigenen Tradition und das eifersüchtige Sich-Beschränken auf sie, so besteht eine postmodern-weltphilosophisch gestimmte phänomenologische Kritik des hermeneutischen Bewußtseins in der Einsicht, die allgemeine Sedimentiertheit aller Bewußtseinsformen sei nicht hintergehbar.

Das ortlose, aber reflexiv-meditativ erlebte phänomenologische Bewußtsein ist keine Partei und läßt keinem Verstehensmuster eine privilegierte Behandlung zukommen. Nur so kann die Spannung getragen und ertragen werden, die zwischen der sozialen, kulturellen, religiösen, geschichtlichen und philosophischen Situiertheit eines jeden konkreten orthaften hermeneutischen Bewußtseins und seinem metaphysisch-ideologisch motivierten Anspruch auf Universalität und Rationalität besteht. Die nachmetaphysischen Reflexionen von Habermas wollen zwar keine Metaphysik im Sinne der Verabsolutierung einer unfehlbaren einheitlichen Vernunft, aber sie bedürfen nach ihm eines Restes von Metaphysik, „um gegen die Verklärung der Welt durch metaphysische Wahrheiten anzukommen ... Die kommunikative Vernunft ist gewiß eine schwankende Schale – aber sie ertrinkt nicht im Meer der Kontingenzen, auch wenn das Erzittern auf hoher See der einzige Modus ist, in dem sie Kontingenzen ,bewältigt'."[50]

Der moderne Humanismus, der Habermas vorschwebt, lebt von einer transzendentalen Vernunft. Er meint, von einer solchen Vernunft berechtigt reden zu können, weil er der modernen Vernunft in ihrer lebensweltlichen und alltäglichen Praxis vertraut und darin eine nicht mehr metaphysische „Einheit der Vernunft in der Vielheit ihrer Stimmen" erblickt. Nicht von der Vielheit der Vernunft, sondern nur von der Vielheit ihrer Stimmen ist hier die Rede. Aber das Wörtchen „ihrer" verrät dennoch, auch wenn als Minimalforderung, die Sehnsucht nach einer einheitlichen transzendentalen Vernunft. Sollten

---

[50] Habermas, J.: Die Einheit der Vernunft in der Vielheit ihrer Stimmen, S. 13.

aber diese lebensweltlichen Praxen die phänomenologisch aufweisbaren Überlappungen meinen, so ist dem Unternehmen von Habermas zuzustimmen.

Soll die Kommunikation gelingen, so müssen, behauptet Habermas, alle Parteien sich auf den gemeinsamen Bezugspunkt eines möglichen Konsenses stützen. „Denn Konzepte wie Wahrheit, Rationaltität oder Rechtfertigung spielen in jeder Sprachgemeinschaft, auch wenn sie verschieden interpretiert und nach verschiedenen Kriterien angewandt werden, dieselbe grammatische Rolle."[51] Dies ist eine Neuauflage der These von der Universalgrammatik.

Es ist freilich falsch, Habermas im Namen der Einheit eine Einheitlichkeit vorzuwerfen; denn was seinem modernen Modell des Humanismus vorschwebt, ist eine „zwanglose Verständigung" der Individuen, basierend auf Verhältnissen „freier reziproker Anerkennung". Diesem noch transzendentalistisch-sprachtheoretisch orientierten modernen Optimismus gegenüber bestreitet die Postmoderne nicht so sehr die Wünschbarkeit und Brauchbarkeit der allgemeingültigen Ansprüche auf Richtigkeit und Wahrheit, sondern ihre Gegebenheit *mit* der und *durch* die Sprache. Während die Moderne zwar die Vielheit der Sprachstile nicht leugnet, jedoch den Konsens in der Struktur der Sprache postiert, ist für die Postmoderne der Dissens in den Sprachstilen eingraviert. Der späte Wittgenstein wußte sehr genau, daß der lebensweltliche Konsens, den wir in der alltäglichen Erfahrung formuliert finden, weder in den semantischen Allgemeinheitsansprüchen einer Wissenschaftssprache aufgeht noch sich durch sie einfach herstellen läßt. Verstehen sich zwei Individuen sprachlich ganz gut, so heißt dies noch lange nicht, daß sie sich ganz verstanden haben. In einem hermeneutisch sehr prägnanten Sinne geht der Sachverstand dem Sprachverstand voraus. Und keine „linguistic turn" in der Philosophie kann dies ignorieren.

Die Hermeneutik in der Postmoderne weist die einseitigen Überbetonungen sowohl der Konsens- als auch der Dissenstheoretiker zurück und geht, wie schon mehrfach erwähnt, von der phänomenologisch aufweisbaren Gegebenheit der Überlappungen aus. Diese hat es mehr oder minder immer gegeben. Die Frage, warum es sie gibt, ist eigentlich müßig und könnte eine Reihe von Antworten erhalten, die letzten Endes ihre evolutionistisch-biologische, metaphysische, idealistische, phylogenetische, kulturevolutionistische, utilitaristische, egoistische, existentielle und religiöse Verankerung behaupten würden.

---

[51] Ebd. S. 11 f.

Es gehört heute beinahe zu den Prolegomena einer jeden dem heutigen Weltkontext adäquaten Hermeneutik die bescheidene, aber unbedingte Einsicht, daß es zu unlösbaren Schwierigkeiten führt, wollte man universale Verständigungsformen über transzendental-formale sprachliche Kriterien bestimmen. Daß eine herrschaftsfreie Kommunikation nicht einfach apriori als unmöglich anzusehen ist, dem ist zuzustimmen. Insofern behält Habermas gegen Lyotard recht. Aber dann ist mit David Hume zu sagen, alles und jedes kann apriori aus allem und jedem kommen. Hinzukommt, daß all die konkreten Erfahrungen in der langen Menschheitsgeschichte eine solche Kommunikation, wenn nicht unmöglich, so doch höchst unwahrscheinlich erscheinen lassen. Insofern behält Lyotard Habermas gegenüber recht.

Die ein wenig provokativ vorgetragene These Rortys von dem absoluten Kontextualismus hilft uns auch nicht viel weiter, da sie ihren provinziellen und im Westen entstandenen Charakter nicht mehr leugnen kann, sobald wir sie in den Kontext der interkulturellen Kommunikation stellen. Wir bewegen uns hier innerhalb eines Diskurses des Westens und meinen eigentlich den einen Diskurs der Menschheit. Und Rortys Modell oszilliert zwischen diesen beiden Polen.[52]

Auch die Frage nach der internationalen Gemeinschaft (ein Pendant zu „Scientific Communities" der Physiker, Chemiker, Biologen usw.), die einem bestimmten Modell die Autorität verleiht, muß noch gestellt werden. Gehören zu dieser Gemeinschaft auch Philosophen anderer Kultur- und Sprachtraditionen? Diese Frage müßte bejaht werden, wenn die Hermeneutik komprehensiv sein will und ein weltphilosophisches Gesicht tragen soll. In diesem Zusammenhang kritisiert Habermas mit Recht das zu enge kontextualistische Modell Rortys, weil dieser „sich nicht auf die relativistische Konsequenz der Gleichrangigkeit inkommensurabler Maßstäbe und Perspektiven einläßt; sonst müßte man angeben können, warum der perspektivistischen These selber Gültigkeit über die Perspektive unserer westlichen Traditionen hinaus zukommen sollte".[53] Ein Kontextualist, der seine eigene Perspektive in den absoluten Stand erhebt, seinen eigenen Interpretations-horizont privilegiert, verfährt bloß zirkulär und betreibt

---

[52] Vgl. Rorty, R.: Philosophie as the Mirror of Nature, Oxford 1980, dt.: Der Spiegel der Natur, Frankfurt a. M. 1981; Beyond Objectivism and Relativism, Philadelphia 1983; Habermas and Lyotard on Postmodernity, in: Praxis International, vol. 4, No. 1, 1984, S. 32 ff.

[53] Habermas, J.: Die Einheit der Vernunft in der Vielheit ihrer Stimmen, S. 10.

einen noch modern gebliebenen Hegelschen Ethno-Zentrismus, auch wenn er gegen das Prinzipielle zu Felde zieht.

Unser hermeneutischer Ansatz leugnet nicht, daß es für eine in der naiven Einstellung lebende Person fast radikal verschiedene Welten gibt. Bleibt man auf dieser Stufe stehen und unterliegt man der Illusion eines absoluten Standpunkts, so kann man von Grenzen der Verständigung sprechen, ja sogar vom Bruch des Verstehens.[54] Es ist eine reale Möglichkeit, daß diese naive Einstellung verlassen werden kann mit Hilfe einer anderen reflexiven Einstellung, deren orientierende Kraft jenseits der Grenzen der verschiedenen Entwürfe in der Gegebenheit der von uns allen erlebten „Überlappungen" verschiedener philosophischer Traditionen besteht. Es ist die Aufgabe einer schöpferischen Hermeneutik, diese Überlappungskreise zu vergrößern, um so eine immer größere und bessere Kommunikation zu erreichen. Eine solche Hermeneutik ist ein Pfad, dessen Begehen zugleich konstitutives Element und erhabenes Ziel ist. Die orthaft ortlose Hermeneutik ist zugleich eine Kritik der reduktiven Hermeneutik und der hermeneutischen Vernunft, die ihren lokalen Charakter verschleiert und ihre ideologischen Züge verrät. Ein Plädoyer für Vielfalt ist nicht ein Verrat an der Vernunft; es bringt vielmehr eine radikale Grundeinstellung zum Ausdruck, die der reduktiven Tendenz einer alles einverleibenden Identitätsphilosophie diametral entgegengesetzt ist.

Als Vernunftwesen werden wir Menschen nicht geboren. Das Biologisch-Genetische der Geburt läßt sich nicht kultur-geistphilosophisch ab ovo besetzen. Zum Vernunftwesen entwickeln wir und bilden wir uns. Dieses Unternehmen kann uns gelingen, es kann aber auch scheitern.

4.4   Eine interkulturelle Hermeneutik

Die Kulturphilosophie des 20. Jh. ist Cassirer unendlich dankbar. Seine Analyse der symbolischen Formen verleiht der Kulturphilosophie die notwendige Flexibilität und bewahrt sie vor der Gefahr, die dynamischen Inhalte und Strukturen der Kulturen künstlich und einförmig zu vereinnahmen. Das Wort Kultur ist in seinen sozialen, intellektuellen, literarischen und philosophischen Sinndeutungen eine Metapher; denn es geht im übertragenen Sinne um das Kultivieren des Geistes, vergleichbar mit dem der Felder. Dabei wird betont, daß es

---

[54] Vgl. Mall, R. A.: Schelers Konzept der kosmopolitischen Philosophie.

sich um einen Prozeß handelt. Kultur kann nicht ein für alle Zeiten erreichter Zustand sein. Dieser Prozeß enthält zweierlei: erstens das Kultivieren des eigenen Geistes und zweitens das der anderen Menschen. Die idealistische Orientierung des Kulturbegriffs geht von einer universalen Idee aus, die eine bestimmte Vorstellung von der Vollkommenheit der Menschen hat. Eine solche Überbetonung der Einheit und Universalität kann die Tatsache der Pluralität der Kulturen nur noch reduktiv und stufentheoretisch erklären. Wenn wir hier von Kulturen und Gesellschaften im Plural sprechen, so meinen wir die verschiedenen kulturellen Rahmen als unterschiedliche Sinngebungen und Sinnfindungen der Individuen in den verschiedenen Gesellschaften. Selbst die Vorstellung von der menschlichen Vollkommenheit differiert von Kultur zu Kultur.

Kulturphilosophische Tendenzen, die ohne die Annahme eines alles umfassenden Kulturbegriffs nicht auskommen können, bezeugen ihre Nähe zur einheitlichen Moderne und können das Phänomen des Relativismus weder erklären noch akzeptieren. In unserem Jahrhundert scheint der Kulturrelativismus eine Reaktion auf eine einheitliche Theorie und auf bewußte und unbewußte Vorurteile zu sein. Alle diese Vorurteile haben im Ethnozentrismus ihre Wurzeln. Denn es ist gewiß einseitig, alle kulturellen Phänomene im Sinne derjenigen Kategorien zu interpretieren, die einem bestimmten Kulturrahmen eigen sind. Unsere These von den dynamischen Überlappungen und Übergängen respektiert die Unterschiede und Eigenarten der Kulturen, betont jedoch, daß eine echte Kommunikation durch eine reflexiv-meditative Einsicht, die einen Wechsel der Sehweisen ermöglicht, gewährleistet werden kann.

Da die Grenzen Europas fallen und alles sich auf eine miteinander vernetzte Vielheit hin bewegt, ist die Rede von einer Weltphilosophie mit ihrer Interkulturalität eine wichtige pädagogische, philosophische, politische und religiöse Aufgabe geworden. Daß ein Wandel im weltphilosophischen Denken stattgefunden hat, ist offensichtlich. Offen ist jedoch, ob dieser Wandel einem praktisch-pragmatischen Sachzwang oder einem philosophischen Gesinnungswandel folgt. Je enger wir mit den fremden Kulturen in Verbindung stehen, um so dringender wird es, daß wir sie nicht nur aus dem Inneren der eigenen Tradition, sondern sie in ihrer Eigenart begreifen und verstehen lernen. Keine Deutungsreserven einer bestimmten philosophischen Tradition, auch die des Abendlandes nicht, reichen aus, die erfreuliche, bunte Vielfalt monokulturell zu traktieren.

Einige Konsequenzen, die sich aus der oben skizzierten weltphilosophischen und interkulturellen Hermeneutik ergeben, seien hier kurz erwähnt:

1. Die in der weltphilosophischen Hermeneutik enthaltene und von ihr thematisierte Konzeption einer Weltphilosopie stellt keine konkrete Philosophie dieser oder jener Tradition dar; sie ist weder nur europäisch noch asiatisch, noch afrikanisch. Sie ist aber auch nicht eine eklektische Zusammensetzung der diversen philosophischen Traditionen; sie ist auch nicht eine formale Konstruktion. Per definitionem ist das Problem der Weltphilosophie nicht zu lösen.

Entsprechend der orthaften Ortlosigkeit der Hermeneutik ist Weltphilosophie auch orthaft ortlos. Sie ist eigentlich der Name einer Haltung, einer reflexiv-meditativen Einstellung, die in der wichtigen Einsicht besteht, daß keine philosophische Tradition sich in den absoluten Status erheben darf. Alles trägt sein noematisches Gesicht, und es gilt, es durch eine noetische Analyse zu verstehen, auszulegen und zu erklären. Dieser Weg führt zu einer erkenntnistheoretischen Bescheidenheit, Toleranz und zu einer Bereitschaft, das Fremde verstehen zu wollen und vom Fremden verstanden werden zu wollen. Im Wagnis des Verstehens bleibt offen, was aus unserem alten Verstehen wird.

Eine offene Hermeneutik lebt nicht von der Überzeugung, der andere könnte auch recht haben, sondern wird von dem Willen zur Gemeinsamkeit getragen, der schmerzliche Selbstdisziplin, Rücksicht auf andere und ein Sich-zurück-nehmen-Können verlangt. Das Motto: Lesen und Lesenlassen oder Spielen und ruhig Spielenlassen ist noch nicht ausreichend. Ohne den Überlappungskreis, der immer wieder gesucht und gefunden werden muß, ist das gemeinsame Leben illusorisch.

2. Auf dem Felde der Interkulturalität weist die interkulturelle Hermeneutik mit Nachdruck die vielen expliziten und impliziten Formen der Inkulturation, der Akkulturation zurück und plädiert für eine Art Interkulturation, die die Existenz der vielen Kulturen nicht als eine Bedrohung empfindet. Sie betont nicht nur das spannungsvolle Nebeneinander, sondern ein Füreinander der Kulturen. Zum Begriff der Interkulturation gehört die Überzeugung von der Hermeneutik als einem interkulturellen Postulat.

Eine interkulturelle, weltphilosophische Hermeneutik bereichert unser Denken um eine Komponente, die sich dem einheitlichen holistischen Ideal des totalen Verstehens nicht fügt und der einheitlichen Ratio als ihr Komplementäres das Nichtrationale, das Uneinheitliche zur Seite stellt. So ist und bleibt das Phänomen der Interkulturalität als Gegenstand und Aufgabe einer kritischen und unaufhörlichen Reflexion im Sinne eines nie enden wollenden Verstehens.

3. Auch die Konzeption einer „komparativen Philosophie" zeichnet sich ab und besteht in der philosophischen Kultur, unterschiedliche Denk- und Verhaltensstrukturen so weit wie möglich unbefangen und vorurteilslos anzunehmen und zu respektieren, jedoch ohne notwendige Aufgabe der Verankerung in der jeweiligen konkreten Tradition. Der komparative Philosoph ist gehalten, keine philosophische Tradition jenseits der Standpunktlosigkeit zu postieren.

Jedes Bemühen um eine Philosophie aus interkultureller Sicht muß um einen philsophisch terminologischen Austausch, um eine Begriffskonkordanz, um eine Metonymie bemüht sein. Mit Recht moniert in dieser Hinsicht der lateinamerikanische Philosoph Herra an Rudolf Euckens Buch ›Geschichte der philosophischen Terminologie im Umriß‹[55] „das Desinteresse der okzidentalen Philosophen, Begriffe zu suchen, die nicht zur griechisch-lateinischen, mittelalterlichen und neuzeitlich-germanischen Tradition gehören".[56]

Das von Chuang Tzu erzählte Beispiel von dem Brunnenfrosch läßt deutlich werden, wie man bei einer echten inneren philosophischen Kultur gegen die mundane, natürliche Neigung kämpfen muß, den eigenen Ort, die eigene Perspektive absolut zu setzen. Nicht die Begrenztheit, die Sedimentiertheit der hermeneutischen Perspektiven ist falsch, der gefährliche Irrtum besteht nur in der Ausschließlichkeit der begrenzten Sicht. Die Hermeneutik, um die hier gebeten wird und die jenseits der totalen Kommensurabiltät und Inkommensurabilität angesiedelt ist, verfeinert unsere Sensibilität für die Unterschiede und stärkt unsere Fähigkeit, das Kommensurable zu bejahen und zu vergrößern und das Inkommensurable frei von Ängsten zu ertragen. Denn es gilt: Nur wer das andere und die anderen verstehen will, hat das Recht, auch verstanden zu werden.

[55] Eucken, R.: Geschichte der philosophischen Terminologie im Umriß, Hildesheim 1964.
[56] Herra, R. A.: Kritik der Globalphilosophie, in: Vier Fragen zur Philosophie in Afrika, Asien und Lateinamerika, S. 13.

Teil II

5. PHILOSOPHIE IM VERGLEICH DER KULTUREN

5.1 Zur chinesischen Philosophie

Philosophie im Vergleich der Kulturen zielt auf eine Interkulturalität, die Überlappungen, aber keine totalen Identitäten oder Differenzen meint. Es geht um philosophische Fragestellungen und Lösungsansätze, die unter unterschiedlichen räumlichen, zeitlichen, historischen, kulturellen und sozial-politischen Bedingungen formuliert werden. Philosophie im Vergleich der Kulturen hat in dem weltphilosophischen Kontext heute alle diese Ansätze ernst zu nehmen, um so einen gleichberechtigten, befreienden philosophischen und kulturellen Diskurs zu ermöglichen.

Dem chinesischen Denken und der chinesischen Kultur liegt die uralte Schrift ›Das Buch der Wandlungen‹ (I-Ching) zugrunde. Dieses Buch ist ein Weisheits- und Orakelbuch und geht von der Vorstellung zweier polarer, aber nicht kontradiktorischer Kräfte aus. Polarität ermöglicht Harmonie; Kontradiktion jedoch nicht. Diese beiden polaren Kräfte lassen durch ihre Aktivitäten alle Dinge entstehen, bestehen und vergehen.

Anfangs das Helle und das Dunkle genannt, wurden sie später als Yin und Yang (als das Mütterliche und das Väterliche, das Passive und das Aktive u. dgl.) bezeichnet. Die Interaktion von Yin und Yang erzeugt den Wandel (I).

Freilich ist dieses Buch der Wandlungen keine streng wissenschaftliche Schrift und enthält auch keine exakten Methoden der Voraussage. Was das Buch jedoch auszeichnet, ist die heute noch relevante Einsicht, daß viele unserer Entscheidungen letzten Endes auf einer Ahnung, Vision, Intuition, auf einem Gefühl beruhen und einer logischen Ableitung entbehren.

Auch heute noch wissen wir nicht genau, wann die Informationen ausreichen, um eine richtige Entscheidung treffen zu können. Die Informationen selbst sagen uns ja nicht, ob und wann sie ausreichen. Würde man auf alle für eine unfehlbare Entscheidung notwendigen Informationen warten, so käme man eigentlich nie zu einer Entscheidung und demzufolge zu einer Handlung; denn der Prozeß der Informationssammlung kennt kein Ende. Was aber nicht endlos ist, ist das Leben, die Zeit für Entscheidungen. Manchmal entscheiden wir, weil wir des Wartens überdrüssig geworden oder denkmüde sind oder weil die Zeit zum Handeln drängt. Wer in dem richtigen Tao lebt, sagt diese Schrift, hat die richtige Ahnung, der gemäß entschieden wird. Hierin liegt die tiefere Botschaft des I-Ching.

Im 17. u. 18. Jh. galt die chinesische Kultur als vorbildlich. Von Voltaire über Leibniz, Herder, Schiller, Goethe bis Russell bewunderte man den chinesischen Geist, der eine reine Humanitätsphilosophie hervorbrachte ohne die Belohnung oder Strafandrohung in einem Jenseits.

Der chinesische Geist brachte eine Ethik hervor, die nicht der Stütze einer Offenbarungstheologie bedurfte. Hierin mag auch eine Wesensverwandtschaft zwischen der buddhistischen und chinesischen Weltanschauung gesehen werden. Diese Ethik hat der chinesischen Gesellschaft eine größere Kontinuität verliehen als irgendeine andere. Freilich kann eine solche Ethik keine endgültige Erklärung und Rechtfertigung dafür liefern, warum das Gute das Böse so selten in dieser Welt besiegt. Daß das Böse, das hier auf Erden oft siegt, im Himmelreich der Verlierer sein wird, kann für den humanistischen Geist nicht als Argument gelten.

Im Zentrum des chinesischen Denkens stand und steht das sozialphilosophische Thema des geordneten Zusammenlebens. Daraus entstanden der ausgeprägte Utilitarismus und der beeindruckende Humanismus, verbunden mit der Toleranz. Selbst die chinesische Religiosität ist von beidem durchwebt. Das heutige viel zu einheitliche und ideologische Regierungsmuster ist eher fremdländisch als heimatlich chinesisch.

Die Kategorie der Ordnung, von der das chinesische Denken ausgeht, ist kosmischer und nicht anthropozentrischer Natur. Die Welt kennt zwei fast überall vertretene Modelle sozialer Ordnung: Für das eine Modell ist die große kosmische Natur das Vorbild, und dieses Modell geht von einer makrokosmischen Ordnung aus, die eine Selbstregulierung des Kosmos kennt. Die Ordnung der Gesellschaft soll diesem Vorbild folgen. Das andere Modell beruht auf einer staatlich hergestellten Ordnung, die vom Staat auch gehütet werden muß. Taoisten und Konfuzianer vertreten im ganzen das kosmische Ordnungsmuster. Dabei ist zu bedenken, daß die große Natur keine eindeutige Sprache spricht. Von dem Bienenstaat über die Logik der Fische bis zur gemeinsamen Fürsorge – alles gibt es in der großen Natur. So bleibt die Frage heute noch aktuell: Wo soll der Mensch die Maßstäbe seines ethischen Verhaltens hernehmen? Von Gott, von der großen Natur, von den Menschen, von der Gesellschaft, um nur einige zu nennen.

Die Sozial- und Moralphilosophie von Konfuzius ist nicht utopisch. Sie unterscheidet sich von dem eher asketischen Ideal des Buddhismus. Der Mensch ist weder nur engelhaft noch bloß teuflisch. Konfuzius war nicht immer sehr eindeutig in seiner Aussage über die menschliche Natur. Er meinte, die Menschen seien von Natur aus gleich. Sie unterscheiden sich jedoch durch ihre Taten. Das Individuum wird in seinem Wesen als Gemeinschaftswesen begriffen. Außerhalb der Gesellschaft gibt es nach Konfuzius für den Menschen keine Erfüllung. Man sieht, daß Konfuzius eine gegenteilige Ansicht zu Lao Tzu und Buddha vertritt. Die glückliche Koordination von der Familie bis hin zum Staat, also die soziale Harmonie und Solidarität, ist das Wesentliche für das Gedeihen der Gesellschaft. Hierbei ist der Anfangspunkt das Individuum und nicht die Gesellschaft.

Im Sinne eines wohlverstandenen und aufgeklärten Selbstinteresses predigt Konfuzius das Glück weder im Jenseits noch in der Eremitage der Taoisten und Buddhisten, sondern für ihn ist das Glück in dem freundlichen Austausch mit den Mitmenschen zu suchen. Als ein Nützlichkeitsdenker appelliert er an den gegenseitigen Nutzen und läßt sich dabei von der höchsten Tugend (jen) leiten. Wer Ordnung in seinem eigenen Hause hält, ist in der Lage, eine Ordnung mitzubewirken. Daher ist und bleibt die Selbsterziehung die Grundlage aller Moral. Der Konfuzianismus ist so in seinen Grundzügen eine am Menschenwohl orientierte, mit dem Geist des Liberalismus verwandte, eher humanistisch, pluralistisch gesinnte, ethisch-philosophische Weltanschauung, deren Liberalität in diesem Jahrhundert am meisten gelitten hat und immer noch leidet. Die Verblendungen durch politische Macht haben jedoch auch den Konfuzianismus dazu verführt, sogar Bücherverbrennungen zu veranstalten.

Der Sinn für das Gute und für das Gerechte durchzieht die Geistesgeschichte Chinas. Lao Tzu gibt uns den Rat: Sei gut zu den Guten; sei aber auch gut zu den Nichtguten. Sei gut zu den Guten; sei aber gerecht zu den Nichtguten, lautet der Rat des Konfuzius. Hier stellt sich die alte Frage, wie sich Gutsein und Gerechtsein zueinander verhalten.

Es ist wahr, daß das chinesische Denken weniger mit dem Jenseits und mehr mit dem Diesseits beschäftigt ist. Das heißt jedoch nicht, daß es deswegen diese Welt als die beste Welt darstellt. Die chinesischen Weisen plädieren für eine Verbindung von Seelenruhe auch mit einer pessimistischen Haltung. Lao Tzu meinte ja auch, daß er leide, weil er einen Körper habe. Solche Gedanken sind auch Platon nicht fremd. Das Problem der Eschatologie wird jedoch selten thematisiert; denn der Tod entspringt der Geburt und ist ein ganz normales Phänomen im großen Haushalt der kosmischen Natur. Auch Chuang Tzu zeigt keine Resignation angesichts des Todes; denn nach ihm sollte man weniger den Tod und mehr die Geburt fürchten.

China ist neben Indien und Europa ein Kulturkreis mit einem ursprünglichen philosophischen Denken. Dieses ist mehr dem Leben zugewandt und zeigt ein geringeres Interesse an der Systembildung. Es ist anziehend und lehrreich, ist weniger durch Logik als vielmehr durch ein intuitives Erfassen gekennzeichnet.

Die Betonung des Praktisch-Pragmatischen hat dazu geführt, daß das chinesische Denken sich wenig spekulativ-metaphysisch zeigte. Dies ist auch der Grund dafür, daß der Buddhismus in China überwiegend freundlich aufgenommen wurde und sich ohne große Schwierigkeiten verbreiten konnte. Das Streben nach Harmonie ist ein stetes Ziel. Nicht nur im Konfuzianismus werden die Wege des Himmels und des Menschen in Einklang gebracht, sondern auch im Taoismus wird von dem großen Tao gesprochen, das in allem wirkt, was Ordnung hat. Der chinesische Gedanke der Harmonie ist kosmisch eingebettet. Eine richtig verstandene Naturrechtslehre verlangt von den Menschen nicht die anthropozentrische Setzung, sondern die Anerkennung des Rechtes der Natur. Die modernen Naturschutzbestrebungen haben das Menschenwohl zum Ziel und weniger das Recht der Natur. Selbst Kant, der sehr kosmopolitisch dachte, läßt nur die Menschen als Rechtssubjekte gelten.

Die Einheit zwischen Mensch und Himmel, zwischen dem großen und dem kleinen Leben, zwischen Mensch und Natur ist sowohl ein Postulat als auch ein Resultat des chinesischen philosophischen Geistes. Sogar die medizinische Kunst zeugt von diesem Einklang. Das Streben nach Harmonie führt den chinesischen Geist zur Ablehnung einer jeden extremen Position. Es gilt nicht die Logik des Entweder-Oder, sondern vielmehr die des Sowohl-Als-auch. Daher ist nicht so sehr von unvereinbaren Gegensätzen die Rede, sondern eher von Polaritäten, die sich gegenseitig ergänzen. Das Denken in komplementären Polaritäten zielt auf die Ruhe des Weisen und die Taten der Könige.

Im Gegensatz zur indischen und teilweise auch zur europäischen Philosophie wird die Diesseitigkeit mehr betont als die Jenseitigkeit, wobei auf die Unangemessenheit dieses Begriffpaars hinzuweisen bleibt. Die Weltlichkeit der chinesischen Geisteshaltung ist aber kein Materialismus bar jeder Sozialethik. Der Humanismusgedanke und die Toleranz des chinesischen Geistes lassen mehrere Weisen zur Gestaltung des menschlichen und sozialen Lebens zu.

Das Traditionsbewußtsein spielt eine größere Rolle in der chinesischen als in der abendländischen Philosophie. Selbst das Ablehnen einer Tradition geschieht fast ohne Bruch. Das Neue, sogar das revolutionäre Neue, wird eher in der bescheidenen Art der Kommentarliteratur niedergelegt. Ähnlich wie in Indien ist keine ausgesprochen philosophisch orientierte Geschichtsphilosophie entstanden. Geschichte wird als dynamischer Prozeß gesehen, der keinen göttlichen Lenker kennt, sondern das Resultat der natürlichen Kräfte ist. In diesem Sinne behält die Geschichte immer recht, denn sie ist der Gang der Natur. Hier und da vermag der Mensch einige Korrekturen anzubringen, für eine Kursänderung des Ganzen reichen seine Kräfte jedoch nicht aus. Naturgeschichte und Menschengeschichte (Kulturgeschichte) werden nicht streng voneinander getrennt. Die Menschengeschichte ist letzten Endes der Naturgeschichte untergeordnet. Hier wird deutlich, daß die Solidarität als Ziel aller menschlichen Handlungen die Solidarität aller Kreaturen bedeutet und nicht wie im europäischen Denken die Solidarität einer Klasse wie z. B. der Proletarier oder einer Rasse oder der gesamten Menschheit.

Einer der besten Kenner der chinesischen Philosophie, der ebenfalls profunde Kenntnisse der europäischen Philosophie besitzt, Fung-Yu-Lan, stellt in der Einleitung seines zweibändigen Werkes über die Geschichte der chinesischen Philosophie drei Fragen. Die erste Frage betrifft das Wesen der chinesischen Philosophie und ihren Beitrag zur Weltphilosophie. Die zweite beschäftigt sich mit dem Urteil, die chinesische Philosophie entbehre des systematischen Denkens, und fragt, wie das zu verstehen sei. Die dritte Frage lautet, ob es wohl richtig sei, daß die chinesische Philosophie keinen Fortschritt kenne.

Fung-Yu-Lan meint, die chinesische Philosophie habe nur eine bescheidene Methodologie im westlichen oder indischen Sinne entwikkelt. Der Grund hierfür ist nicht die Unfähigkeit zum methodischen Denken, sondern die Tatsache, daß die Chinesen der Methodologie absichtlich wenig Aufmerksamkeit geschenkt haben. Erkenntnisgewinnung ist ein Mittel und stellt keinen Wert für sich dar. Die griechische Theoria, Erkenntnis um der Erkenntnis willen, ist dem chinesischen Denken eher fremd. Die chinesischen Philosophen vermeiden die leeren, metaphysischen Diskussionen, welche mit dem Lebensglück kaum etwas zu tun haben. Lebensglück ist hier allerdings nicht einfach das Glück eines sich selbst verwirklichenden Subjekts im Sinne der europäischen oder auch der indischen Tradition, sondern resultiert aus sozialer Ordnung und Harmonie, was wiederum mit der kosmischen Ordnung verbunden bleibt. Sie haben den „Weg des inneren Weisen und den des äußeren Königs" gepredigt. Der innere Weise hat für sich die ethisch-moralisch-kosmischen Werte im Innern realisiert. Der äußere König hat dagegen große Taten in der Welt vollbracht. Dem weisen König gelingt es, die beiden Eigenschaften in einer Person zu verbinden, was dem Platonischen Philosophen-König entspricht. Ohne Weisheit ist kein gutes Regieren möglich. So haben die Weisen in China immer wieder versucht, gesellschaftspolitisch zu wirken, zumindest als Regierungsbeamte. Sie schrieben Bücher und formulierten ihre Prinzipien, als sie keinen Erfolg im politischen Leben hatten. Ihre Werke sind daher nicht so systematisch wie die eines Aristoteles, Kant, Hegel oder Śaṁkara.

Einer voreiligen Beurteilung der chinesischen Philosophie entgeht man, wenn man die Prioritätenentscheidung des chinesischen Geistes zwischen dem Weisen und Intellektuellen in Betracht zieht. Ein Weiser bleibt ein solcher, auch wenn er keine intellektuellen Fähigkeiten besitzt. Wird er aber zu einem schlechten Charakter, bar aller Weisheit, ist und bleibt er ein schlechter Mensch, auch wenn er im Besitze großer intellektueller Fähigkeiten ist. Bemerkenswert ist die Unterscheidung von Intellektualität und Weisheit, wobei die Weisheit stets Priorität genießt. Konfuzius, Lao Tzu, Buddha, Sokrates waren Weise auch mit großen intellektuellen Fähigkeiten.

Im Gegensatz zur indischen und europäischen Philosophie hat es keinen großartigen Universalienstreit in der Geschichte der chinesischen Philosophie gegeben. Der Unterschied zwischen dem Individuellen und dem Allgemeinen wird nicht epistemologisch herausgearbeitet. Ähnlich verhält es sich zwischen dem Individuum und dem Universum. Da das Subjekt sich intuitiv im Bunde mit dem Objekt, dem Universum wußte, wurde die erkenntnistheoretische Subjekt-Objekt-Spaltung nicht zu einem besonderen philosophischen Problem. Erst mit dem Buddhismus kam in China ein erkenntnistheoretisch orientiertes, ein logisch-methodologisches Bewußtsein auf, das jedoch nie ganz heimisch wurde, abgesehen von wenigen Einflüssen. Logik ist ein Mittel im Dienste dialektischer Diskussionen; sie stellt Argumente bereit, die andere Lehren, Prinzipien unterstützen. Bis auf die nicht gerade einflußreiche „Schule der Namen", welche sich in der Tat mit der Untersuchung der Denkmethoden beschäftigte, hat sich die Erkenntnistheorie in China im allgemeinen nicht entwickelt.

Nicht anders verhielt es sich mit der Metaphysik, obwohl die Lehre des Lao Tzu eine große metaphysische Weisheit darstellt. Eine reine spekulative Metaphysik konnte in China nicht entstehen, weil die chinesische Philosophie den Weg der inneren Weisheit im Verbund mit der kosmischen verfolgte. Fung-Yu-Lan vertritt die Ansicht, daß die chinesische Philosophie in der Tat keine großen Leistungen hinsichtlich der systematischen Einheit und der logischen Stringenz vorzuweisen hat, wenn es um die Darstellung der Idee geht. Er schränkt jedoch mit Recht seine Bemerkung ein, indem er den Terminus „System" einmal als eine formale und das andere Mal als eine reale Kategorie auffaßt. Im ersten Sinne mag die chinesiche Philosophie nicht systematisch sein, das heißt jedoch nicht, daß sie keine reale Systematik, Einheit des Denkens besitzt. Wäre sie auch unsystematisch im zweiten Sinne, dann wäre sie gar keine Philosophie mehr. Dies würde auch für einen großen Teil der vorsokratischen Philosophie gelten. Sokrates hat einheitlich gedacht und gelebt. Erst Plato systematisiert das Denken seines Meisters. Eine echte Systematik beginnt eigentlich erst mit Aristoteles. Fung-Yu-Lan sieht daher die Pflicht eines Philosophie-Historikers darin, die zugrunde liegende Einheit einer Philosophie zu finden, auch wenn kein formales System besteht.

Lao Tzu zieht das Namenlose dem Namen vor und leitet eine Revolution in der chinesischen Denkungsart ein, die von einem Entsprechen zwischen Namen und Handlungen ausgeht (vgl. Konfuzius). Auf der anderen Seite gereicht gerade die Struktur der Sprache eher zur intuitiven und ganzheitlichen Erfassung der Geheimnisse, die wohl durch kein Denken restlos zu entziffern sind. Von seinem besten, leider zu früh verstorbenen Lieblingsschüler Hui sagt Konfuzius, er habe mit ihm einen ganzen Tag lang geredet, aber Hui habe keine Einwände gehabt und nur geschwiegen, als wäre er dumm. Er habe sein Verhalten beobachtet, sagt Konfuzius weiter, und feststellen müssen, Hui habe ihn richtig verstanden. Hier wird der unmittelbare, praktische Lebensbezug der chinesischen Philosophie deutlich. Verstehen bedeutet ein über die syntaktisch-semantische Dimension hinausgehendes Erfassen, bezogen auf das praktisch-pragmatische Leben in der Familie, der Gesellschaft und im Staat.

Das chinesiche Denken mißt dem bloßen Denken nicht die Bedeutung zu, die ihm im europäischen Denken zukommt. Im Gegensatz zum europäischen Denken, das den Denkkategorien eine ordnende, orientierende und systematisierende Kraft zubilligt und die Prinzipien der Kausalität und die der logischen Gesetze hervorhebt, geht das chinesische Denken davon aus, daß die ordnende, harmonisierende und autoritative Kraft des Tao der Denksystematik vorausgeht und ihr sogar zugrunde liegt. Nicht daß das chinesische philosophische Denken dem logischen Denken nichts zutraut; es zweifelt jedoch an seiner erklärenden und ordnenden Kraft im ganzen.[1]

Immer wieder haben die europäischen Sinologen und Philosophen die Frage gestellt, warum das chinesische philosophische Denken so wenig Interesse an dem Logischen zeige. Die Chinesen ihrerseits haben immer wieder die Unwirksamkeit einer syllogistischen Ableitung festgestellt, da diese von der räumlichen und zeitlichen Bedingtheit und Beschaffenheit absieht.[2]

5.2 Zur indischen Philosophie

Läßt man die reiche indische Geistesgeschichte Revue passieren hinsichtlich des philosophischen Ertrags, so schälen sich folgende Konzeptionen der Philosophie heraus: Erstens ist die Philosophie eine systematische Weltanschauung mit epistemologischer, metaphysischer, ethisch-moralischer und religionsphilosophischer Begründung. Philosophie ist zweitens eine kritische Untersuchung der Inhalte und Ansprüche aller anderen Wissenschaften von der Theologie bis zur Politik. Philosophie ist drittens die Intuition, die unmittelbare Schau (darśana) der einen Wahrheit (satya), die verschieden benannt wird. Philosophie ist viertens der Vollzug des Gedachten und Erlebten in der Lebenspraxis. Methodisch folgt dem Lesen und Hören (śravaṇa) das Reflektieren (manana), diesem wiederum das Meditieren (nididhyâsana). Person und Werk sind nicht zu trennen. Philosophie ist Theorie und Praxis zugleich.

Die Schrift Arthaśâstra von Câṇakya Kautilya (ca. 400 bis 300 v. Chr.) teilt die Wissenschaften (vidyâs) in vier Gruppen: Erstens das theologische Studium der vedischen Texte, zweitens Ökonomie, drittens Politik und Verwaltung und viertens eine systematische Analyse, Diskussion und Untersuchung der ersten drei Felder, um so mit Hilfe der Argumente die Richtigkeit oder Falschheit dieser Wissenschaften, der eigenen Ansichten und Handlungen aufweisen zu können. Die in-

[1] Vgl. Granet, M.: Das chinesiche Denken, Frankfurt a. M. 1985, S. 255 f.
[2] Vgl. Mall/Hülsmann: Die drei Geburtsorte der Philosophie. China, Indien, Europa, Bonn 1989, Kap. 5.

dischen termini technici für diese vier Richtungen sind: erstens trayi, zweitens vârtâ, drittens dandaniti und viertens ânvikṣiki. Pâṇini (4. Jh. v. Chr.), der große Grammatiker, gibt dem Ausdruck ânvikṣiki die Bedeutung des Nach-Wissens (anu-ikṣâ), was Nachdenken, Überlegen, Reflektieren bedeutet. Diese auf Argumentation beruhende Untersuchung nennt Kautilya „Das Licht aller Wissenschaften", bezeichnet sie als Basis aller Tugenden und Handlungen. Er rechnet zu dieser Wissenschaft neben den atheistischen Sâṁkhya und Vaiśeṣika Philosophien auch die materialistische Schule der Cârvâkas.[3]

Selbst in Indien – gar nicht zu sprechen von dem einseitigen Bild des indischen philosophischen Denkens außerhalb – wurde die kritische Untersuchung ignoriert und Philosophie einseitig mit der Wissenschaft des Spirituellen gleichgesetzt. Unter dem Einfluß des Hindu-Denkers Manu (ca. 200 v. Chr.) haben seine Nachfolger nur von den ersten drei Arten der Wissenschaften gesprochen und das reflexive, kritische Denken dem vedischen Denken untergeordnet.

Vâtsyaana, ein Nyâya-Philosoph des 4. Jh. n. Chr. spricht jedoch von einer besonderen philosophischen Methodologie (prasthâna, upâya), und diese besteht in der Untersuchung der Kategorien, die Erkenntnis, Erkenntnismittel, Schlußfolgerung usw. betreffen.

Die Konfrontation der vorarischen und arischen Elemente hatte eine zweifache Haltung des indischen Geistes zur Folge: erstens eine weltbejahende, positive Einstellung mit dem Ziel, das Leben hier auf Erden bequemer, reicher und angenehmer zu gestalten, und zweitens eine eher weltnegierende, negative Haltung mit der Betonung von Askese und Weltabgekehrtheit. Diese zweite Sramaṇa-Tradition, zu der Buddhismus, Jainismus u. a. gehören, wurde von Max Weber in seiner Analyse des indischen Geistes auf Kosten der ersten Einstellung zu sehr hervorgehoben. Die Inder sind jedoch kein bloß spirituelles

---

[3] Bei Kautilya heißt es im Original: Pradipḫa sarvavidyânâm, upâyaḥ sarva-karmaṇâm/âśrayaḥ sarvadharmâṇâm śâśvad ânvikṣiki matâ. In der Übersetzung von P. Hacker: „Als eine Leuchte für alle Wissenschaften, als ein Hilfsmittel für alle Tätigkeiten, als eine Grundlage aller religös-sozialen Ordnungen gilt allzeit die nachprüfende Wissenschaft." Zit. in: Halbfass, W.: Indien und Europa, Basel 1981, S. 301. Daß es hier im Namen dieser nachprüfenden Wissenschaft um eine analytische, kritische Untersuchung geht analog zum Logos im Gegensatz zum Mythos, braucht nicht besonders betont zu werden. Aber das alte Vorurteil, daß es „dem Griechischen gelang, was den Indern und Chinesen versagt blieb: die Entwicklung vom Mythos zum Logos", steht heute noch in dem sonst lobens- und lesenswerten Buch von Sandvoss. Vgl. Sandvoss, R. E.: Geschichte der Philosophie, Bd. 1, München 1989, S. 13.

Volk. Die Dialektik dieser beiden Haltungen ist ein Kennzeichen des indischen Geistes seit der Zeit der Veden.

Den Ariern folgten später die Griechen, Śaken, Hunnen, Pathanen, Mongolen und Mughuln aus Zentralasien. In der modernen Zeit die Franzosen, Portugiesen, Briten. Alle diese Eindringlinge zwangen den indischen Geist, den Versuch zu unternehmen, ohne Selbstaufgabe mit den fremden Einflüssen fertigzuwerden. Was dem indischen Geist dabei half, ist die Kraft der vedischen Aussage: Es ist das eine Wahre, das von den Weisen verschieden benannt wird.

In der indischen Philosophie kann man im wesentlichen von zwei Traditionen oder Denkrichtungen sprechen. Die eine sieht in der Philosophie eine spirituelle Disziplin (Philosophie als âdhyâtmikvidyâ oder âtmavidyâ), während die andere Philosophie zu einer analytischen, reflexiv-kritischen und exegetisch-hermeneutischen Disziplin (ânvikṣiki) macht.

Zur ersten Gruppe gehören im wesentlichen die Systeme der Schulen Sâṁkhya, Yoga, Vedânta, zur zweiten die der Schulen Mimâṁsâ, Nyâya, Vaiśeṣika. Die erste Gruppe der Schulen bleibt mehr oder minder der vedischen Tradition verpflichtet und weist einen vornehmlich weltanschaulichen Charakter auf. Die Schulen der zweiten Gruppe dagegen neigen zu einer wissenschaftlichen Philosophie, indem sie eine Sprachphilosophie, Erkenntnistheorie und Logik im Sinne von verbindlichen Disziplinen zur Erforschung von philosophischen Problemen entwickeln. Die oben genannten sechs Schulen werden die orthodoxen genannt, die der Sympathie für und dem Respekt vor der Veda-Tradition verpflichtet bleiben, auch wenn sie ihre eigenen Wege entwickeln. Die drei nicht orthodoxen Schulen: Buddhismus, Jainismus und die Cârvâka fühlen sich der vedischen Tradition nicht verpflichtet; ihre Haltung ist kritisch und ablehnend.

Es sind eigentlich drei Stränge des philosophischen Denkens, die sich klar voneinander abgrenzen. Erstens die mehr oder minder vedisch-upaniṣadische Tradition, die theistisch und spirituell bestimmt bleibt. Zweitens philosophische Richtungen des Jainismus und Buddhismus, die zwar atheistisch angelegt sind, aber das Jenseits und die Karma-Kausalität akzeptieren und spirituellen Charakters sind. Drittens schließlich die indischen Materialisten, Skeptiker, die jede Transzendenz ablehnen.

Keine Historiographie vermag den Philosophiebegriff endgültig festzulegen, es sei denn, sie täte es mit willkürlicher Definitionsgewalt. Der Philosophie haftet etwas Unscharfes, Überlappendes, Metonymisches an, was in der Kontexterweiterung und Horizontverschmelzung über Traditionen, Kultur- und Sprachgrenzen hinweg spürbar ist.[4] Dies dokumentiert sich in identifizierbaren philosophischen Fragen, die auch die indische Philosophie stellt nach Sein (sat), Bewußtsein (cit), Welt, Kausalität, Ursprung usw. Geht man jedoch in die Tiefe, ins Detail, dann entdeckt man eine besondere, unverwechselbare indische Art und Weise, mit diesen Fragen umzugehen. Das Unverwechselbare scheint in dem folgenden zu bestehen: Die indischen philosophischen Denker sind davon beseelt, immer und letztendlich nach einer spirituellen Einsicht, einem mystischen Kognitivismus zu suchen. Dieses Suchen mündet in mokṣa, nirvâṇa oder ânanda.

Man hat im Westen das praktische Interesse des indischen philosophischen Geistes als bloß religiös-mystisch mißinterpretiert. Dem indischen Geist geht es nicht nur um ein kurzfristiges, begrenztes und endliches Interesse zwecks Abschirmung vor Krankheit, Unglück und Tod, sondern um ein unendliches Interesse der großen Befreiung von den Fesseln der mundanen Existenz als Gefangensein in dem ewigen Kreislauf des Entstehens, Bestehens und Vergehens. Die Karma-Lehre ist ein Mittel zur Befreiung.

Den Bezug des indischen philosophischen Denkens zur Erlösung hat man zu voreilig als rein spiritualistisch gedeutet. Es gibt vielmehr Denkrichtungen, die behaupten, im Gewinnen eines reinen Erkenntniszustandes das realisieren zu können, was als Erlösung oder Befreiung betrachtet wird. Die Sâṁkhya-Philosophie ist ein gutes Beispiel dafür.

Die vielfältigen philosophischen Richtungen gehen ihre eigenen Wege und kümmern sich wenig oder gar nicht um die religiösen und autoritären Erwartungen der sogenannten heiligen Texte. Es ist zwar richtig, daß die sogenannten orthodoxen Schulen mit respektvoller Verbeugung beginnen, aber im Laufe der Entwicklung ihrer Philosophien sich distanzieren. Man kann sogar sagen, daß diese Form des Lippenbekenntnisses ein gesicherter Weg gewesen ist, um nicht mit der Tradition in Konflikt zu geraten.

Indien ist immer gesucht und oft schwärmerisch beschrieben worden. Das Exotische zog an und stieß zugleich ab; dies stand wohl einer ernsten Auseinandersetzung im Wege. Von Eliade stammt die These von der mißglückten zweiten Renaissance. Die erste war geglückt, weil sie von Philologen, Philosophen, Theologen und Künst-

---

[4] Vgl. Halbfass, W.: Indien und die Geschichtsschreibung der Philosophie, in: Philosophische Rundschau, Jg. 23, 1976, S. 104–123.

lern ernst genommen wurde. Sie war die Endeckung der Antike durch
den christlich-europäischen Geist. Die zweite Renaissance ist miß-
glückt. Sie beinhaltet die Entdeckung der Upaniṣaden und des Buddhismus zu Beginn des 19. Jh. und wurde als ein Kulturereignis ge-
feiert mit der Erwartung einer radikalen Erneuerung des westlichen
Denkens in der Konfrontation mit dem indischen Geist. Das Fehl-
schlagen kann nicht nur darauf zurückgeführt werden, daß sich die
Orientalisten ausschließlich auf die Philologie konzentriert haben.
Die Renaissance trat wohl auch deshalb nicht ein, weil die Fachphilosophen, Theologen und andere Wissenschaftler sich kaum einer
ernsthaften Auseinandersetzung stellten.

Sollten wir heute an der Schwelle einer dritten Renaissance stehen
im Zusammentreffen mit dem Denken Asiens, dann verdanken wir
dies der historischen Konstellation und der technologischen Formation, der Tatsache nämlich, daß Asien nun in der historischen Aktualität präsent ist, und nicht den westlichen Orientalisten.[5]

Oft wird der indischen Philosophie ein grundsätzlicher Pessimismus
vorgeworfen. Dieser kann in einer düsteren Ansicht unseres Lebens,
in Gleichgültigkeit, in der Betrachtung des Lebens als Leiden, in der
Hoffnungslosigkeit und in der Unzufriedenheit bestehen. Buddhas
Lehre beginnt mit der Feststellung: Sarvaṁ duhkhaṁ, d. h. alles ist
Leiden. Die gesamte indische Philosophie und auch Buddha verwenden den Begriff des Pessimismus nicht in einem metaphysisch-on-
tologischen Sinne. Man muß sich die indische hermeneutische Situation vergegenwärtigen, um zu verstehen, daß hier Leiden eine nicht-
ontologische, deskriptive, heuristische Funktion besitzt. Selbst Unwissenheit ist eine Leidensform, deren Überwindung durch wahre Erkenntnis geschieht. Nicht so sehr das Staunen, sondern das Leiden
macht den Menschen zum Philosophen. Daß die Welt und alles in ihr
nicht so eingerichtet ist, wie wir Menschen es uns wünschen, dieses
Empfinden veranlaßt uns, die Fragen nach dem Warum zu stellen. Das
menschliche Unbehagen besteht in dem Hiatus zwischen dem Sein
und Sollen. Das Gemischtsein von Behagen und Unbehagen ist die
Urquelle der Unzufriedenheit, die ja erst eine auf Veränderung zielende gesellschaftliche Praxis möglich macht. Faßt man den Pessimismus so, dann ist er in nahezu jeder Philosophie enthalten. Freilich
geht der indische Geist weiter und verlangt eine Weltüberwindung,
was in den metaphysischen Ansichten begründet ist. Die indische Phi-

---

[5] Vgl. Eliade, M.: Die Sehnsucht nach dem Ursprung. Von den Quellen der
Humanität, Wien 1973, S. 75f.

losophie trägt diesen therapeutischen Charakter. Eine ihrer Ausprägungen hat daher den Namen mokṣa-sâstra (die Wissenschaft von der Befreiung).

Horkheimer, einer der Begründer der kritischen Theorie, sieht im Pessimismus sogar etwas Tröstliches. Er sagt: „Pessimistisch ist meine Vorstellung in der Tat über die Schuld des Menschengeschlechts, pessimistisch in bezug auf die Vorstellung, wohin die Geschichte läuft ... Der große und notwendige Sinn des Denkens ist es, sich selber überflüssig zu machen. Worin besteht aber Optimismus ...? Darin, daß man versuchen muß, trotz alledem das zu tun und durchzusetzen, was man für das Wahre und Gute hält. Und so war unser Grundsatz (auch Adornos): theoretischer Pessimist zu sein und praktischer Optimist!"[6]

Die indischen Denker sind pessimistisch, indem sie auf die Weltordnung als Übelstand blicken. Sie sind optimistisch, indem sie stets auf die Überwindung der Welt aus sind.[7] Die Griechen neigten dazu, Religion zu Philosophie zu machen, während die Inder Philosophie in Religion kulminieren lassen möchten, wohlgemerkt, Religion verstanden als ein ganzheitlicher Lebensweg.

Daß die indische Philosophie idealistisch, spiritualistisch und ontologisch monistisch sei, ist nicht ganz falsch, nur viel zu einseitig; denn viele Systeme der indischen Philosophie sind pluralistisch und materialistisch wie z. B. Sâṁkhya und Vaiśeṣika. Bei einem solchen Fehlurteil wird die Lehre des Advaita-Vedânta zu der einzigen wahren Lehre der indischen Philosophie hochstilisiert. In seinem Buch ›Indian Philosophy‹ spricht der indische Philosoph Daya Krishna von den „three myths about Indian philosophy" und meint damit die drei Fehlurteile: 1. Indische Philosophie sei bloß spirituell. 2. Sie beruhe auf der Autorität der Veden. Und 3. sie bestehe aus den klassischen Schulen, die geschlossenen Charakters sind.[8]

Der Vorwurf der Ungeschichtlichkeit ist nur von seiten des christlich-europäischen Denkens verständlich.[9] Die spekulative Wiederge-

---

[6] Horkheimer, M.: Gesellschaft im Übergang, Frankfurt a. M. ²1981, S. 175.

[7] Vgl. Radhakrishnan, S.: Indische Philosophie, Bd. I, S. 38.

[8] Vgl. Daya Krishna: Indian Philosophy. A Counter Perspective, Delhi 1991, S. 3–15.

[9] „Dem ungeschichtlichen indischen Weltbild steht hier also ein geschichtliches gegenüber, welches das ganze Weltgeschehen als ein einmaliges Drama auffaßt und deshalb das Leben jedes Menschen nicht als ein Glied in einer endlosen Kette von Existenzen ansieht, sondern annimmt, daß es ein für allemal über die ewige Seligkeit oder über die Verurteilung zu ewigen Höllenstrafen

burtstheorie ist eine logische Konsequenz der Endlosigkeit des Welt-
prozesses. Es gibt keine Einmaligkeit, und der Kreislauf von Leben
und Tod ist für das indische Denken ein ewiger Fortgang, dem alles unterworfen ist. Der Grund dafür, daß die indische Philosophie keine
Geschichtsphilosophie im abendländischen Sinne entwickelt hat, ist
eine andere Auffassung von der Zeit und der Befreiung. Glasenapp
sagt zu Recht: „Eine Geschichtsphilosophie im Sinne von Augustin
und Hegel konnten die Inder schon deshalb nicht ausbilden, weil
ihnen ebenso wie den Denkern des klassischen Altertums die vom
Christentum dem Abendland vermittelte Vorstellung von einem ein-
maligen Entwicklungsprozeß, den die Welt zwischen ihrer Schöpfung
und ihrer Vollendung durchläuft, fremd ist, denn sie betrachteten das
Weltgeschehen „sub specie aeternitatis", als einen sich dauernd fort-
setzenden Vorgang, der nie zu einem letzten Ziele führen kann."[10]
Mangelhafte Kenntnisse der indischen Philosophie, voreilige Ver-
allgemeinerungstendenzen, eine zu philologische Einstellung sind
u. a. die Gründe für die Fehlurteile hinsichtlich der indischen Philosophie. Es ist richtig, daß die Sprüche, die Sûtren noch nicht ausgearbei-
tete Philosophien sind. Aber dies gilt auch für die Aphorismen und
Gedichte der Vorsokratiker.
Zu Mißverständnissen hat die Schwierigkeit der Übersetzung der
Begriffe wie z. B. darśana und dharma geführt. Der erste ist mit Philosophie, der letzte mit Religion übersetzt worden. Darśana jedoch
heißt Sehen, was keine Passivität bedeutet, sondern Sehen-Lernen.
Sehen ist auch nicht bloße Intuition, sondern vielmehr Begreifen und
Nachdenken. Das Sehen endet nicht mit einer intellektuellen, diskursiven Tätigkeit, sondern schließt das Realisieren, das Sich-zu-eigen-
Machen ein. Daher sind die verschiedenen Systeme der indischen Philosophie nicht nur philosophische Schulen im europäischen Sinne,
sondern zugleich geistig-seelisch realisierbare Lebenswege. Philosophie ist für die Inder nicht nur eine Lösung; sie ist erlösende Tat.
Dharma ist das, was wir tun sollen. Die Kantische Frage „Was soll
ich tun?" bezieht sich bereits auf das dharma. Dieser Begriff beschreibt in manchen Systemen das Eigentliche, das Wesen. Alles im
Kosmos hat ein dharma. Damit ist die Trennung von Philosophie und
Religion nicht so scharf wie in der europäischen Philosophie. Jede philosophische Richtung soll zu einer Praxis im Sinne des dharmas

entscheidet." H. v. Glasenapp: Die Philosophie der Inder, Stuttgart 1974,
S. 15.

[10] Glasenapp, H.: Die Philosophie der Inder, Stuttgart 1974, S. 9f.

führen. Wissen und Glauben sind nicht entgegengesetzt, sondern komplementär. Philosophie begnügt sich nicht damit, bloß ein Weg des Denkens zu sein. Sie ist auch ein Weg des Lebens.[11] Die indische Philosophie ist nicht Apologie einer Religion. Sie ist auch nicht bloße Spekulation. Sie ist Demonstration der möglichen Realisation einer intuitiven Wahrheit, vorbereitet mit Hilfe der Logik, Erkenntnistheorie, Psychologie und Metaphysik. Der philosophischen Weisheit kommt so die Würde einer religiösen Wahrheit zu, ohne daß sie Gottes Wort zu sein braucht.

Den Zugang zur indischen Philosophie liefert uns eine Vielzahl von Büchern, die sich in zwei Gruppen einteilen läßt: erstens die unauthentischen, romantisch-idealisierenden Bücher voller Generalisierungen, um sie populär zu machen, zweitens Werke voller philologischer Gelehrsamkeit, deren sprachlicher Aufwand das Thema vergessen läßt. Die europäischen Gelehrten beschäftigten sich mehr mit der Sprache und mit der mystisch-spekulativen Seite, denn als Europäer meinen sie ja, die rationale Philosophie bereits im Abendland zu besitzen.

Es sind mehrere Hürden, die ein Student der indischen Philosophie in Europa zu nehmen hat. Zunächst besteht die Sprachbarriere. Das Studium erfordert nicht nur Kenntnisse des Sanskrit und anderer indischer Sprachen, sondern auch die Kenntnis der speziellen Terminologie. In diesem Kontext ist auf Wörterbücher wenig Verlaß. Der Sachverstand geht irgendwie dem Sprachverstand voraus. Das Paradebeispiel ist Thomas von Aquin, der ein guter Kenner der griechischen Philosophie war, aber nicht der griechischen Sprache.

Die wesentlichen Gebiete des philosophischen Denkens sind die Welt der Natur (Kosmologie), die Natur der Realität (Metaphysik), die Natur der Erkenntnis (Logik/Epistemologie), Ethik und Religion. Die indische Philosophie hat im Gegensatz zur chinesischen und eher im Einklang mit der europäischen die Probleme systematisch-spekulativ zu lösen versucht. Jede philosophische Spekulation dient jedoch dem Zweck der Realisation der Wahrheit. Wenn die indischen Philosophen von intuitiver Erkenntnis sprechen, dann geht es ihnen darum, mit Hilfe von Logik und Argumentation, Erkenntnistheorie und Psychologie die Möglichkeit einer solchen Erkenntnis aufzuweisen. Indische Philosophie geht mit dem Denken über das Denken hinaus.

Vergleicht man die indische Philosophie mit der europäischen, so stellt man sowohl verblüffende Ähnlichkeiten als auch erhellende Dif-

---

[11] Vgl. Hiriyanna, H.: Outlines of Indian Philosophy, London 1958, S. 26.

ferenzen fest. Die Ähnlichkeiten bestehen in dem Befassen mit den
Problemen der Welt, Seele, Immanenz, Transzendenz u. a. Zum Teil
werden auch ähnliche Lösungsmöglichkeiten bzw. Theorien vorge-
schlagen, freilich mit anderer Akzentuierung, unterschiedlicher Formulierung und Argumentation.

Die Differenzen treten bei Fragen auf, die für die indischen Philosophen von fundamentaler Bedeutung sind, während sie für die
europäischen Philosophen nicht von Rang sind. Dies betrifft z. B. die
Genesis (utpatti) und das Erfassen bzw. Gewahrwerden (jñâpti) der
Wahrheit (pramânya). Auch hier erkennt man den Brückenschlag
zur Religion. Das Intuitive, Unmittelbare, Spirituelle darf nicht
außer acht gelassen werden. Auf das Primat des Intuitiven, der Wahrnehmung, der Erfahrung legt das indische philosophische Denken
großen Wert.

Andererseits haben die indischen Philosophen einige für die europäische Philosophie sehr wichtige Fragen gar nicht gestellt oder nur
oberflächlich behandelt: Erkenntnis in bezug auf Vernunft und Erfahrung, die Unterscheidung zwischen synthetischen und analytischen
Urteilen, zwischen kontingenten und unbedingten Wahrheiten. Dies
führt uns zu der Überzeugung, daß das Studium der europäischen Philosophie für die indische und das der indischen für die europäische
nützlich ist. Wir vertreten eine Komplementaritätsthese hinsichtlich
der beiden Philosophien. [12]

Jenseits aller Illusionen einer exklusiven Rationalität sieht die indische Philosophie die Wahrheit weder als nur rational noch bloß irra-
tional, sondern als a- oder transrational. Der Geist der indischen Philosophie ist von einer nicht-absolutistischen Ansicht beseelt und kann
die Ansicht nicht gutheißen, die eine Wahrheit habe irgendeine Vorliebe für eine bestimmte Sprache, Tradition, Kultur oder Philosophie.
Schon in den Veden heißt es, daß es die eine Wahrheit ist, von der die
Weisen verschieden sprechen. [13] Abgesehen von den Themen der Metaphysik, Epistemologie, Logik usw., die die indische Philosophie mit
der europäischen gemein hat, unterscheidet sie sich dennoch durch
ihre eigentümliche Einstellung. Diese besteht nicht nur in der Feststellung einer intellektuellen, reflexiven, objektiven Gewißheit über die
Wahrheit, sondern in dem Gewahrwerden der philosophischen Wahr-

---

[12] Vgl. Radhakrishnan, S.: History of Philosophy Eastern and Western, 2
vols., London 1952, 1953.

[13] Radhakrishnan, S., and Moore, C. A. (eds.): A Source Book in Indian
Philosophy, New Jersey 1973, S. 21.

heit als summum bonum. Dies bedeutet wiederum, daß Sein, Wissen, Erkennen und Werden miteinander vernetzt sind.[14]

5.2.1 Drei ethische Modelle

5.2.1.1 Die Zuordnung der ethischen Modelle

Im wesentlichen unterscheidet man drei ethische Modelle in der indischen Philosophie:

I	II	III
das theistische, metaphysisch-spirituelle Modell (Hindudenken)	das atheistische, metaphysisch-spirituelle Modell (Buddhismus/ Jainismus)	das atheistisch materialistische Modell (Lokâyats)

In der indischen Philosophie geht es um eine Metaphysik, die nicht bloß spekulativ bleibt und sich als Denkakrobatik gefällt, sondern um eine Metaphysik, die zur Anwendung kommt und zu einer spirituellen Erfahrung führen soll. Daher ist Philosophie für den indischen Geist sowohl ein Denkweg als auch ein Lebensweg.

Scheler hatte schon die richtige Intuition. Bei ihm ist in dem Nachlaß zu lesen: „Als ich wagte, Metaphysiker zu werden. Ich trug das Allerweltkleid; es ,paßte' mir nicht: I. Sündenfall, II. Aufgeben meines Urteils gegenüber Gnosis, III. Solidarität nur als persönlich-individuelle möglich. IV. Ich sah, daß in Asien die Metaphysik der Religion vorausgegangen war; daß Religionen auch aus Metaphysik entspringen können. Ich sah auch den Grund, daß im Abendland die Religion der Metaphysik vorherging."[15]

---

[14] Vgl. The Cultural Heritage of India, III. Vol., Calcutta ²1975, besonders die Einleitung.
[15] M. Scheler: Unveröff. Ms., Ana 315, CC V, 29.

5.2.1.2   Zur Frage der Verankerung
der ethisch-moralischen Normen

Die Frage nach dem ethisch-moralischen Verhalten, verbunden mit
der Frage nach dessen Verankerung, steht im Zentrum aller ethischen
Theorien. Die Geschichte der indischen Philosophie (so wie auch die
der europäischen) kennt das Problem des Verhältnisses zwischen
Ethik und Moral auf der einen und das des Verhältnisses zwischen Religion und Theologie auf der anderen Seite. Die Spannung zwischen
einer rein theologischen und einer rein humanistisch-philosophischen
Verankerung der Ethik ist für die abendländische Philosophiegeschichte jüngeren Datums als für die indische; denn die heterodoxen
Schulen der indischen Philosophie stellen ja u. a. auch einen Protest
gegen das religiös-theologische Denken der Veden und Upaniṣaden
dar. So ist die ein wenig plakative Bezeichnung des Buddhismus als
einer Religion ohne Gott nicht ganz unzutreffend. Die buddhistische
Ethik ist ein Beispiel für die These, daß es ein ethisch-moralisches
Denken auch ohne eine theologische Voraussetzung geben kann. Dagegen ist die Frage nach einer Ethik ohne jede implizite oder explizite
Metaphysik nicht so leicht zu beantworten.

Im ganzen ist der indischen Philosophie die Haltung eigen, daß es
zwei Hauptfunktionen der Erkenntnis gibt: Erstens offenbart sie uns
als eine theoretische Erkenntnis die Existenz der Objekte (arthaparic-
chitti), und zweitens hilft sie uns als eine praktische Erkenntnis, Lebensziele zu realisieren (phalaprâpti). Der Sanskritterminus iṣṭa mit
der Bedeutung eines wünschenswerten Objekts kann als ein Äquiva-
lent für den Terminus Wert angesehen werden.

Die bekannte Viererteilung der Lebensziele – dharma (das Ethisch-
Moralische), artha (der Reichtum), kâma (die Sinnesfreude) und
mokṣa (Erlösung) – ist eigentlich eine Viererteilung der Werte. Daß
diese Werte alle nicht gleichrangig sind, geht daraus hervor, daß die
beiden Werte des Reichtums und der Sinnesfreude einen instrumentalen Charakter haben. Diesen vier Werten entsprechend gibt es in der
indischen Philosophie vier Disziplinen: Die Ethik oder Moralwissen-
schaft (dharmaśâstra), die sozial-politische Wissenschaft (arthaśâstra), die Wissenschaft von den weltlichen Freuden (kâmaśâstra) und
die Wissenschaft von der Erlösung (mokṣaśâstra). In vielen philosophischen und theologischen Traditionen ist das Problem des Verhältnisses zwischen vita activa und vita contemplativa thematisiert und
diskutiert worden. Bei der Viererteilung der Lebensziele in der indischen philosophischen Literatur macht sich dieses Problem be-

merkbar in der Spannung zwischen den weltlich-sozialen Lebenszielen (dharma, artha und kâma) auf der einen und dem transzendentalen spirituellen Ziel der Erlösung (mokṣa) auf der anderen Seite. Es
wird sogar die Ansicht vertreten, daß das letzte Ziel der Erlösung eine
spätere Addition zu den ersten drei Zielen darstellt. Freilich ist die Kategorie der Erlösung nicht eine konzeptuell-philosophische, sondern
eher eine soteriologische. Die philosophische Reflexion qua philosophische Reflexion kann nur von der Möglichkeit bzw. Unmöglichkeit
eines solchen Zieles sprechen und dafür Argumente liefern. Die Skala
dieser unterschiedlichen Auslegungen reicht von einer transzendentalen Erkenntnis über die göttliche Realisation bis hin zu den Ek-
stasen.[16] Nur ein an dharma orientiertes Leben kann zum Wohle der
Gesellschaft und zur Befreiung der Person führen. Eine recht verstandene Selbsterlösung bringt mit sich, daß der so erlöste Mensch für die
Erlösung anderer Menschen sein Werk tut. Er ist so wie der Platonische Philosoph, der immer wieder in die Welt der Dunkelheit zurück-
kehrt, um die Unwissenden zum Licht zu führen. Das Leben Buddhas
und die Idee des Bodhisattvas sind Belege dafür. Daher ist es ein Mißverständnis der indischen Ethik und Morallehre, daß sie zu sehr auf
das Individuum gerichtet seien und die Welt und die Gesellschaft vernachlässigen. Das Beispiel Gandhis macht deutlich, daß die Realisation der Wahrheit zugleich den Dienst an den Nächsten bedeutet.

Auf die Frage, warum es ethisch-moralische Handlungen und Urteile gibt, kennen Religions- und Philosophiegeschichte die verschie-
densten Antworten. Die Überzeugung, daß der Mensch das erntet,
was er sät, ist uralt. Dahinter steckt, daß der Mensch wohl die Menschen und andere weltliche Instanzen zu täuschen vermag, nicht aber
den himmlischen Richter. Bei den alten Ägyptern werden im Jenseits
Tiere danach befragt, wie sie auf Erden behandelt wurden.

Eine andere Antwort findet ihre Begründung darin, daß der
Mensch meint, es bestehe eine Art Vergeltungskausalität, welche die
Handlungen ihrer moralischen Qualität entsprechend bestraft oder
belohnt. Das indische Denken nimmt eine solche Instanz an, die in
den Veden mit ṛta, d. h. Ordnung, Gesetz, Lauf der Natur, bezeichnet
wird. Fast alle Schulen der indischen Philosophie sind von einer sittlichen Weltordnung überzeugt.

Eine andere Antwort auf die oben gestellte Frage findet man in der
Angst des Menschen nicht nur vor jenseitigen, sondern auch vor dies-

---

[16] Vgl. Daya Krishna: Indian Philosophy. A Counter Perspective, Delhi
1991, S. 33 f. und 35–59.

seitigen Konsequenzen. Die verschiedenen gesellschaftlichen Institutionen sind die Kontrollinstrumente. Ebenso ist denkbar, daß der Mensch moralisch handelt, weil er es für gut und wünschenswert hält. Dies mag für die Gesellschaft geschehen oder auch nur für sich.

Ein anderes Motiv für das moralische Handeln ist die Selbstrealisation, die Befreiung, die Erlösung von dem ewigen Kommen und Gehen. In irgendeiner Form geht jede Kultur von einer höchsten Idee des Guten aus. Das Platonische Ideal von dem Guten und das indische Ideal von der Befreiung stellen zwei Lösungsansätze dar hinsichtlich der Frage nach dem absoluten Wert, wofür es sich zu leben ebenso lohnt wie zu sterben. Daß die konkrete Ausgestaltung und Durchführung der Lösungsansätze von Kultur zu Kultur unterschiedlich ausfallen, bedarf keiner besonderen Betonung. Das anthropologisch Verbindende ist die Frage nach dem summum bonum. Die indischen Materialisten lehnen jedoch den Gedanken einer jenseitigen Vergeltung ab. Ebenso die Existenz göttlicher Verbote. Wie beim Pragmatismus bzw. Utilitarismus vermag uns auch der Erfolgsgedanke zu moralischem Handeln zu motivieren. Daneben gibt es die Gesinnungsethik, die in der Intention die Motivation erblickt.

Die indische Ethik kennt sowohl weltliche als auch jenseitige Motivationen für das sittliche Verhalten. Im wesentlichen legt sie jedoch Wert auf die Selbstvervollkommnung, und das ethisch-moralische Handeln wird diesem Ziel untergeordnet. Sicherlich wird dieses Endziel selbst verschieden gedeutet.

Um ethisch handeln zu können, muß der Mensch die egoistischen Motive besiegen und sein Tun dem Wohle der Gesellschaft weihen.[17] Die indische Ethik geht von einer Wesensverwandtschaft alles Lebendigen aus und empfiehlt daher eine Haltung der Gewaltlosigkeit nicht nur den Menschen, sondern auch den Tieren und den Pflanzen gegenüber. Auf diese Weise erhält das Ideal des Vegetarismus eine wichtige ethisch-moralische Begründung. Der Vegetarismus wäre wohl die konsequenteste Weise, Tierliebe zu praktizieren.

5.2.1.3 Zur indischen Ethik und Moralphilosophie

Von den vier Zielen des Menschen: dharma, artha, kâma, mokṣa geht es in der Ethik um den ersten Wert dharma. Unter den vielen Bedeutungen des Wortes dharma ist auch die ethische und religiöse

---

[17] Vgl. Gitâ, III, 20, 25.

Pflichtenlehre zu verstehen, wie sie in der gesamten philosophischen, religiösen und kulturellen Tradition Indiens von den Veden und Upaniṣaden über die verschiedenen Epen bis zu den orthodoxen und heterodoxen Schulen dargestellt wird.

Dharma bedeutet etymologisch das, was alles zusammenhält (dhârayati iti dharmaḥ). M. a. W. ist dharma die Grundlage aller Ordnungen, seien sie sozialer oder moralischer Natur. Das Konzept des ṛta (Ordnung, Gesetz, Lauf der Natur) im Ṛg-Veda steht ebenfalls für dharma. Von den europäischen Philosophen hört man oft den Vorwurf, die indische Philosophie sei religiös, weltanschaulich und spirituell. Die Theologen werfen wiederum den indischen Religionen vor, sie seien intellektuell, philosophisch und mystisch. Dieser Vorwurf bedarf heute expressis verbis keiner Zurückweisung; denn es ist offensichtlich, daß es sich um ein Mißverständnis handelt.

Zutreffend ist jedoch, daß ein gewisses praktisches Interesse (neben dem theoretischen) als Urmotivation für das indische Denken maßgebend gewesen ist. Alle Systeme zielen auf die Befreiung. Es wäre jedoch ein Mißverständnis, wollte man dieses Interesse mit den vielfältigen mundanen Interessen, wie z. B. das Leben vor Krankheit zu schützen, gleichsetzen.

Es geht um ein unendliches spirituelles Interesse, das sich nach Freiheit von dem ewigen Auf und Ab der Welt und des Lebens sehnt. Das Ziel ist eine Befreiung (mokṣa) von dem, was in Indien als Kette von Geburt und Tod (sansâra) bezeichnet wird. Diese Befindlichkeit legt nahe, daß der ethische Diskurs eine zentrale Rolle im indischen philosophischen Denken spielt.

Die am häufigsten in Europa vertretene Ansicht, das indische philosophische Denken sei dieser Welt und dem Leben in ihr abgekehrt, es handele sich um einen Eskapismus hinsichtlich moralischer Probleme, beruht auf Mißverständnissen. Dies ist nicht nur eine irrige Ansicht hinsichtlich der eigentlichen Natur der indischen Philosophie, sondern sie geht von einem oberflächlichen Verständnis des sogenannten buddhistischen Pessimismus aus, von dem Illusionismus der Lehre Śaṁkaras und der Lehre von der Leerheit (śunyavâda) der Mâdhyamika-Schule des Buddhismus.

Es mag zutreffen, daß die indische Ethik sich weniger mit den metaethischen Problemen beschäftigt. Nicht daß sie das linguistische Problem außer acht läßt, sie erhofft sich eigentlich keine Lösung von einer bloß sprachlichen Behandlung ethischer Probleme. Die Frage nach dem Ideal des Ethischen und Moralischen zielt in der Hauptsache auf eine innere Kultur, die eine Veränderung der Persönlichkeit mit sich bringt.

Die Geburtsstätte der Ethik in der europäischen Philosophie ist Griechenland. Das Ethos der griechischen Ethik war ein Teil des Politischen. Eine solche enge Beziehung zwischen Ethik und Politik ist jedoch in der indischen Ethik kaum zu finden, auch wenn von den ethisch-moralischen Pflichten der Könige oft die Rede ist.

Die Wissenschaft der Ethik ist selten ganz frei gewesen von Metaphysik und Psychologie. Dies gilt für die indische Ethik noch mehr als für die westliche. Denn alle ethisch-moralischen Handlungen dienen letzten Endes einem summum bonum, einem Ziel, das selbst nicht hinterfragt werden kann. In diesem Sinne ist und bleibt der große Unterschied zwischen der indischen und westlichen Ethik, daß die erstere dem ethisch-spirituellen Ideal der großen Befreiung (genannt mokśa, mukti, kaivalya, nirvâna) mehr verpflichtet ist. Der indische Philosoph I. C. Sharma bezeichnet diese Grundmotivation des indischen ethischen Denkens als „spiritual utilitarism".[18]

Auf dem Wege der Befreiung beginnt die indische Ethik mit den sogenannten moralischen Werten und Systemen, die in der Tradition gelten und fast als objektive Maßstäbe angesehen werden. Auf einer höheren Stufe der philosophischen Reflexion und in einer subjektiven Einsicht werden diese Maßstäbe thematisiert. Auf einer noch höheren Ebene wird von einem Bewußtsein des ethisch-spirituellen Ideals (mokṣa, nirvâna) gesprochen. Diesem Ideal sind alle ethischen Werte, Kriterien, Methoden und Wege untergeordnet. Die Konzeption einer Ethik der Gewaltlosigkeit (ahiṁsâ) ist dann ein Pfad, dessen Begehen uns dem Ideal des nirvâna näherbringt.

Es ist richtig, daß die Moral in der Hauptsache diejenigen Handlungen betrifft, die nach außen weisen und sich auf die Gesellschaft, die Mitmenschen und sogar auf die Natur beziehen. Die indische Ethik jedoch betont das innere Phänomen der Motivation, der Gesinnung mehr als die äußeren Resultate. Neben der Gesinnung des Handelnden werden auch die Freiheit des Willens und der Sinn oder das Empfinden für Verantwortung und Verpflichtung betont.

In den Kodizes (Prinzipien, Regeln, Gesetzen) der äußeren Handlungen besteht die objektive Seite der Moral, und diese Kodizes belehren über die verschiedenen dharmas (Pflichten), die dem sozialen

---

[18] Sharma, I. C.: Indian Ethics, in: Indian Thought, ed. by D. H. Bishop, New Delhi 1975, S. 233.

Stand und dem Lebensstadium des Handelnden entsprechen.[19] Daneben gibt es einen Kodex der allgemein verbindlichen Pflichten (sâdhârana-dharmas).

Die vier Klassen, die auch manchmal als Kasten bezeichnet werden: Priester, Krieger, Händler und Arbeiter haben ihre jeweiligen Pflichten zu erfüllen, wenn die Gesellschaft im ganzen dharma besitzen soll. Denn nur so kann die Ordnung in dem Organismus „Gesellschaft" gewährleistet werden.

Es ist offensichtlich, daß die Einteilung in vier Gruppen eine funktionale ist. Ähnlich wie Platon müssen die alten ethisch orientierten indischen Soziologen gedacht haben, daß eine Klasseneinteilung der Gesellschaft dieser dienlich ist. Um das soziale Leben zu organisieren, werden ferner die vier Lebensstadien eingeführt.

Die beiden hier erwähnten Klassifikationen sind als regulative Prinzipien zu verstehen, deren Befolgen nicht immer ohne Reibung vonstatten ging. Sie wurden manchmal zu strikt gehandhabt und manchmal nur teilweise beachtet. Alle diese Pflichten sind eher vergleichbar mit dem, was Kant den „hypothetischen Imperativ" nennt, obwohl sie nicht bloß subjektive Einstellungen bedeuten. Sie sind eigentlich Verpflichtungen, die die Gesellschaft den jeweiligen Mitgliedern der jeweiligen Klassen und Lebensstadien auferlegt. So kann die Aufgabe des Priesters nicht die des Kriegers sein. Es ist letzten Endes das Individuum, das seinen sozialen Pflichten nachkommt. Die indische Ethik kennt daher sowohl den individuellen als auch den sozialen Aspekt.

Der Kodex der allgemeinen Pflichten, der unabhängig von der Zugehörigkeit der Gruppe für alle Menschen generell gilt, dient dem Zweck der Menschheit im ganzen. Hier geht die indische Ethik von der Überzeugung aus, daß jeder Mensch von Geburt an einige Verpflichtungen sowohl der Gesellschaft als auch der Menschheit gegenüber zu erfüllen hat.

Nach Manu zählen die folgenden Pflichten zu den allemeinen Pflichten aller Menschen: 1. dhṛti (Standhaftigkeit, Unerschütterlichkeit), 2. kṣama (Vergebung), 3. dama (Selbstbeherrschung), 4. cauryâbhâva (Nichtstehlen), 5. śauca (Sauberkeit), 6. indṛya-nigraha (Sinneskontrolle), 7. dhi (Weisheit), 8. vidhyâ (Wissen), 9. satya (Wahrheit), 10. akródha (ohne Zorn).[20]

Die Konzeption des Ethischen, die dem Denken Manus zugrunde

---

[19] Vgl. Varṇâśrama-dharmas.
[20] Vgl. Manusmṛti.

lag, betonte im Namen der allgemeinen Pflichten zu sehr das Individuelle auf Kosten des Gemeinwohls. Dies mag auch der Grund dafür sein, daß die soziale, karitative Seite der indischen Ethik nicht in dem Maße ausgebildet wurde, wie dies im Christentum der Fall ist.

Freilich ist das Ethos, das wir in dem Manusaṁhita und in den Epen Mahâbhârata und Râmâyana finden, nicht bloß egoistisch; denn sie alle verpflichten die Menschen zur Nichtgewalt. Praśastapâda, ein Naiyâyika, sieht die Schwäche der Lehre von der Nichtgewalt in der negativen Formulierung. Er möchte die positive Seite dieser Lehre erarbeiten und spricht von der Tugend des Wohlwollens allen Kreaturen gegenüber (bhutahitatra). Diese Verbesserung deutet auf einen komprehensiven Humanismus hin, in dem das Individuum seine Rolle zu übernehmen hat.

Die Schule der Mimâṁsakas gibt eine andere Teilung der Pflichten an: Sie unterscheidet die säkularen Pflichten (laukika) und die heiligen (pâramârthika). Die säkularen Pflichten betreffen die Interessen der Menschen im täglichen Leben, sie werden als empirisch begriffen und je nach ihren schädlichen oder unschädlichen Konsequenzen vollzogen. Die utilitaristische These wird hier mitvertreten. Da die Autorität der Erfahrung nicht die absolute ist, kann die säkulare Form der Ethik nur relativ sein und wird problematisch bleiben.

Da eine relativistische Ethik nicht die eigentliche Ethik ist, führen die Mimâṁsakas die Kategorie der transzendentalen Pflichten ein. Diese Pflichten werden durch die unbedingte Autorität der heiligen vedischen Schriften verordnet. Dies hat zu einem Ritualismus geführt.

Diese Pflichten enthalten jedoch wünschenswerte Handlungen (kâmyakarmas), die von den individuellen Wünschen der handelnden Personen abhängig sind. Die von den Vedas vorgeschriebenen Handlungen sind dagegen absolut und gelten kategorisch nach dieser Schule.

Auch hier gibt es die Pflichten, die unbedingt und für alle Zeiten gelten (nityakarmas) und diejenigen, die von den besonderen Situationen (naimittiakakarmas) abhängig sind. All dies bildet eine universale Ethik für die gesamte Menschheit auf der Basis der heiligen Schriften.

Râmânuja deduziert alle Pflichten der Menschheit von dem Ideal der Vollkommenheit, das er Gott nennt. Gott stellt auch die moralische Vollkommenheit dar. Diese kennt verschiedene Grade der Perfektion. Den verschiedenen Perfektionsgraden im Göttlichen entsprechend gibt es verschiedene Pflichten für die Menschen.

Dieser Gott (Bhagvâna) ist allmächtig. Da seine Allmacht ein Aspekt seiner moralischen Vollkommenheit ist, ist Gott zugleich barmherzig und hilft den Schwachen.

Die moralischen Fehltritte, die der Mensch als ein unvollkommenes Wesen doch nicht immer vermeiden kann, werden durch die Gnade Gottes verziehen.

Râmânuja vertritt eigentlich ein ethico-theologisches System. Der Mensch ist nicht mit Gott identisch, aber auch nicht ganz von ihm verschieden; denn er ist ein unvollkommenes Abbild Gottes. Das höchste Ziel des Menschen ist daher, sein Leben so zu gestalten, daß er dem Göttlichen immer näher kommt.

Nach Śaṁkara gibt es eine Unzweiheit (a-dvaita) zwischen Âtman und Brahman. Alle die Pflichten, die der Mensch seiner Stellung entsprechend zu erfüllen hat, sind für ihn äußere und vorbereitende Stufen auf dem Weg der Realisation dieser Einheit. Auf dem Weg dorthin soll der Mensch von allen egoistischen Wünschen und Interessen absehen, selbst von den himmlischen Gütern. Er soll die Tugenden der inneren Ruhe (śama), der Kontrolle (dama), der Nachsicht (titikṣâ), der Entsagung (uparati), der Konzentration (samâdhi) und der inneren Unerschütterlichkeit (śradhâ) entwickeln. Daneben muß er ein brennendes Verlangen nach Befreiung spüren.

Ist der Aspirant (mumukṣu) im Besitze der oben erwähnten Tugenden, so folgt dieser inneren Disziplin die Realisation (anubhava) der Identität mit dem Brahman. Hat man dieses Stadium erreicht, so befindet man sich in einer Sphäre jenseits von Gut und Böse. Die Pflichten haben fast ihre Bedeutung verloren; denn alle Handlungen sind nun spontan.

Die Realisation dieser Identität liegt daher jenseits der Moral. Die Moral spielt hier eine untergeordnete Rolle. Selbst die Stufe des Göttlichen ist hier überschritten. Es geht hier nicht um eine Gottesreligion, sondern lediglich um eine Religion der Befreiung, der Erlösung.

Im Gegensatz zu den orthodoxen Schulen, die direkt oder indirekt immer einen Unterschied machen zwischen zwei Arten von Pflichten, lehnen die heterodoxen Schulen eine solche Unterscheidung ab. Der Grund ist, daß sie die Aufteilung in verschiedene Klassen und Stadien nicht annehmen. Für sie sind die Pflichten allgemein und gelten für alle Menschen.

Die Schule der Lokâyatas (der Materialisten) sieht in dem Erreichen der größten Freude das summum bonum des Lebens. Es ist die Pflicht eines jeden Menschen, das Glück zu vermehren und das Unglück zu vermeiden. Dies ist eine egoistische, hedonistische Moral-lehre.[21]

Das summum bonum des Lebens ist die weltliche Freude. Von den vier Lebenszielen: dharma, artha, kâma, mokṣa legen die Cârvâkas den größten Wert auf kâma und artha. Die orthodoxen Schriften, die dieser Lehre nicht gut gesonnen sind, schreiben ihr zu, daß sie pre-dige: Iß, trinke und sei immer fröhlich; denn ist der Körper einmal in Asche verwandelt, gibt es keine Rückkehr. Es gibt weder Himmel noch Hölle, ebenso keine unsterbliche Seele.

Die Ethik des Jainismus legt den größten Wert auf die innere Reini-gung der Seele, die begleitet wird von dem Gelübde (vṛta), Zucht (gupti), Meditation (anuprekṣâ), gutes Verhalten (câritra) usw. zu üben. Diese Disziplin soll zur Befreiung (kaivalya) führen. Die Ethik ist äußerst individualistisch und legt großen Wert auf das Entwickeln der inneren Eigenkultur, um das Ziel der Befreiung zu erlangen. Die Lehre von der Gewaltlosigkeit wird dabei fast bis hin zur Lächerlich-keit übertrieben.

Die Jaina-Gemeinde kennt Mönche, Nonnen und Laien. Alle drei sind nicht durch qualitative Unterschiede gekennzeichnet, sondern durch die Strenge der Regeln. Die folgenden fünf Gelübde werden für die Mönche als die großen und für die Laien als die kleinen Gelübde (mahâ-vrata und aṇu-vrata) bezeichnet: Gewaltlosigkeit (ahiṁsâ), Wahrheit (satya), Nichtstehlen (asteya), Enthaltung (brahmacarya) und Entsagung (aprigraha). Hierbei ist bemerkenswert, daß die drei-fache Form der Einhaltung der Gelübde gilt: im Denken, im Reden und im Handeln.

Die buddhistische Ethik der Hinayâna-Schule sieht im Befolgen des achtfachen Pfades den richtigen Weg zum nirvâna. Das zu erreichende Ideal ist die Gestalt eines Arhats, und ein Arhat ist jemand, der für sich die Befreiung erlangt hat; er kann nicht mehr von falschen An-sichten heimgesucht werden. Er ist jenseits von Geburt und Tod und hat die Unwissenheit überwunden. Er ist im Besitze der vier edlen Wahrheiten.

Die Mahâyâna-Schule erweitert das Ideal über das Individuelle hinaus und predigt das Erarbeiten eines Bewußtseins für die gesamte Menschheit. Hier gilt das Ideal des Bodhisattva. Denn nur ein solches Bewußtsein kann einsichtig werden lassen, daß das eigene Wohl mit dem Wohl der anderen wesentlich verbunden ist.

Hier wird von den vier höchsten Pflichten gesprochen: Wohlwollen

---

[21] Vgl. Epikur und Hobbes.

allen Wesen gegenüber (maitri), Mitleid allen Unglücklichen gegenüber (karuṇâ), Freude in den Freuden der anderen (mudita) und Indifferenz hinsichtlich der Schwächen der anderen (upekṣâ).

Auf diese Weise wird die Arhatschaft als Hinayâna-Ideal in das Mahâyâna-Ideal des Bodhisattva verwandelt. Nicht die Selbsterlösung, sondern die Erlösung der Menschheit ist hier das hohe Ziel.

Die verschiedenen Klassifikationen der Werte und Pflichten, die den Eindruck erwecken, eine objektive Moraltafel darzustellen, sind in ihrem Vollzug von einer inneren Kultur abhängig, die im wesentlichen die Aufgabe einer Psychologie der Moral ist. Die Psychologie wird hier als eine praktische Disziplin verstanden, die dafür sorgt, daß eine geistige und seelische Reinigung (cittaśuddhi) stattfindet. Das moralische Leben bleibt ein Muster ohne Wert, solange ein echter Gesinnungswandel nicht stattfindet. Ebenso bleiben die Pflichten bloß formal und äußerlich, solange die Tugenden in den Handlungen nicht verinnerlicht worden sind. Daher ist für das indische Denken Wissen allein nicht ohne weiteres Tugend.

5.2.1.4 Die psychologischen Grundlagen der Ethik

Wenn es um die Frage nach der Psychologie der Ethik geht, sind zwei Ansätze wesentlich: die Analyse des Willens und die des Pflichtbewußtseins. Erstere führt zu einer Zweiteilung der Handlungen, nämlich Handlungen, die willentlich, und Handlungen, die unwillentlich vollzogen werden.

Eine Analyse der Willensfreiheit führt zur Analyse unseres Bewußtseins von der Freiheit. Denn ein solches Bewußtsein ist wesentlich für die Behandlung der Frage nach Verantwortung und Verpflichtung.

Die Nyâyâ-Schule (hauptsächlich Prasaśtapâda) vertritt die Ansicht, daß die Ursachen der unwillentlichen Handlungen im Organismus (jivana) und die Ursachen der willentlichen Handlungen in den Wünschen (icchâ), Abneigungen (dveṣa) liegen. Alle unsere Reflexhandlungen gehören der ersten Gruppe an; und unsere auf Wahl und Voraussicht beruhenden Handlungen gehören zur zweiten Gruppe. Beide Arten von Handlungen sind jedoch teleologischer Natur und dienen entweder den Zwecken des organischen Lebens oder sind Mittel auf dem Wege der von uns bewußt gewählten Ziele.

Nach Prabhâkara, der der Mimaṁsâ-Schule angehört, enthält ein Willensakt die folgenden fünf Faktoren:

1. Die Zielvorstellung, die Idee dessen, was es zu tun gilt (kâryatâj-ñâna),
2. Den Wunsch, es zu tun (cikirṣâ). Dies bedeutet freilich auch ein Bewußtsein von der Fähigkeit, es tun zu können (kṛtisâdhyatâjñâna),
3. Den Willensakt selbst (kṛti, pravṛtti),
4. Den Handlungsimpuls im Organismus (ceṣtâ),
5. Die explizite Handlung (kṛiyâ).

Gewiß enthält dieses noch formal gehaltene Schema die Möglichkeit verschiedener Auslegungen, angefangen von der vedisch-theologischen Motivation bis hin zur utilitaristischen, ja sogar hedonistischen.

Im Gegensatz zu Kant, der die Willensfreiheit in dem Pflichtbewußtsein verankert und die Kategorie der Freiheit ein rein ethisches Phänomen des Bewußtseins vom Moralgesetz sein läßt, sieht Prabhâkara das Freiheitsbewußtsein als etwas Psychologisches an, das in jedem Willensakt enthalten ist. Wir erleben, daß wir frei sind. Dies bedeutet jedoch nicht unbedingt, daß das Freiheitsbewußtsein auch immer wirken muß.

Die Frage, worin die Wünschbarkeit des gewünschten Gegenstandes besteht, wird von den Naiyâyikas so beantwortet, daß sie in der Vermehrung der Freude bzw. Verminderung des Leides zu suchen ist. Die Naiyâyikas lehnen den groben, bloß sensualistischen Hedonismus der Cârvâkas ab, indem sie einen qualitativen Unterschied zwischen den Sinnesfreuden und den geistigen Freuden sehen.[22]

So erkennen die Naiyâyikas zwei Arten der gewünschten Gegenstände: Diejenigen, die dem Ziel der Freude dienen (sukhaprâpti) oder diejenigen, die Leid vermindern (duḥkha-parihâra), oder beides und diejenigen, die der Realisation der Befreiung, der absoluten Freiheit (mokṣa) dienen. Hierbei wird der nicht-empirische, d.h. der reine Charkater des Wünschens nach Erlösung betont, der weder pathologisch noch bloß willkürlich, noch bloß psychisch ist. Dabei geht man von zwei Arten der Ethik aus: von der einen, die einen besseren Hedonismus und Utilitarismus darstellt, und der anderen, die das hohe Ziel der Erlösung hat.

Die heterodoxen Schulen haben ihre eigenen Ansichten hinsichtlich der Natur der gewünschten Objekte und der Willensfreiheit. Die Cârvâkas unterscheiden die Freuden nicht und vertreten die Ansicht, daß ein Wunsch entweder etwas Empirisches oder bloß Pathologisches darstellt. Damit kann es gar nicht mehr um Willensfreiheit gehen. Das

---

[22] Vgl. Utilitarismus von J. Bentham und J.S. Mill.

Vermehren der Freude, gemeint sind weltliche Güter und Sinnes-freuden, bzw. das Verringern des Leides stellen das summum bonum dar. Der Sinnesgenuß ist das einzige Ziel des Lebens (kâma ekaiva pu-rusharthaḥ). Die Cârvâkas gestehen ein, daß es keine reine Freude gibt, weder in der Hütte des Bettlers noch im Palast des Königs. Diese Welt ist auch nicht bloß eine Stätte des Leidens. Denn wäre es so, dann sollte man bei dem Gedanken an den Tod nicht traurig sein, was in der Regel der Fall ist.

Daß man die Ethik der Cârvâkas als einen groben Hedonismus abge-stempelt hat, hat seinen Grund in der idealistisch-spiritualistischen Tra-dition Indiens. Bei den Cârvâkas unterscheidet man wiederum zwei Richtungen: diejenigen, die bloß egoistisch und hedonistisch sind (Dhûta-Cârvâkas) und diejenigen, die kultiviert sind (Suśikṣita).[23]

Unter den Cârvâkas muß es auch eine Gruppe gegeben haben, die um der höheren Freude willen auf kurzfristige Freuden verzichtete. Auch J. S. Mill trifft eine solche Unterscheidung. Er meinte, es sei besser, ein unzufriedener Mensch zu sein als ein zufriedenes Schwein; besser ein unzufriedener Sokrates als ein zufriedener Dummkopf.[24]

Die Jainas meinen, daß eine jede empirische Sicht der Ethik noch von den vielfältigen Verblendungen beeinflußt wird. Das moralische Gesetz im Sinne eines Imperativs (niyoga) stellt die höchste Verpflich-tung dar. Es ist nicht der Imperativ eines Gottes; denn die Jainas glauben nicht an einen Gott, sondern an eine allwissende Person (Arhat), die die höchste Perfektion realisiert hat. Die Jaina-Ethik ist die Religion der Jainas. Das Prinzip der Nichtgewalt (a-hiṁsâ) spielt die zentrale Rolle.

Das Ethos des Buddhismus zielt auf die innere Vervollkommnung. Sie stellt den höchsten moralischen Imperativ auf dem Wege der Rea-lisation des nirvâna dar. Diese innere Reinigung besteht in dem Sich-frei-Machen von Unwissenheit (avidyâ), Begierde (kleśa) und unkon-trollierten Leidenschaften (tṛiṣṇâ).

Eine Analyse des Plichtbewußtseins geht über die Analyse des ver-pflichtenden Charakters der moralischen Handlungen hinaus und im-pliziert die Anerkennung der moralischen Richtigkeit (dharma) einer Disposition, die der Handlung zugrundeliegt. Denn ohne das entspre-chende Ethos ist die Handlung eine bloße Nachahmung. Gute Gesin-nung macht erst die Handlung gut.

---

[23] Vgl. Jayanta: Nyâyamañjari, Benares Sanskrit Series, i, 5a.
[24] Vgl. J. S. Mill: Utilitarism, ed. a. introduced by Mary Warnock, London 1973, S. 260.

Der Terminus dharma ist in den verschiedenen Systemen unterschiedlich besetzt. Für die Sâmkhya-Schule ist dharma eine Funktion des Geistes. Der Geist ist selbst ein Produkt der Evolution, der Urmaterie. So ist puruṣa jenseits von dharma und adharma; denn er ist von prakṛti verschieden. Die atheistisch orientierte Sâmkhya-Philosophie vertritt eine Soteriologie im Sinne der Befreiung von saṁsâra.

Die objektive (auch deontologische) Dimension dieser Ethik besteht darin, daß sie auf dem Wege einer teleologisch orientierten Ethik der Selbstvervollkommnung Pflichten und Tugenden betont, die allen Menschen als Menschen zukommen (sâdhâraṇadharma).

Die Nyâya-Vaiśeṣika-Schule unterscheidet zwischen dem empirischen und transzendentalen Aspekt des Selbst. Dharma und adharma gehören eigentlich nur dem empirischen Selbst an und stellen seine Eigenschaften dar. Da es so ist, können seine Handlungen selbst weder tugendhaft noch böse sein; denn diese Eigenschaften gehören den Intentionen an (abhisandhi). So vertritt diese Schule eine Gesinnungsethik und bestimmt die tugendhaften Handlungen als Ergebnisse der reinen Absichten (viśudhâbhisandhijâtaḥ) und die nicht tugendhaften als solche der unreinen Absicht (duṣṭâbhisandhijâtaḥ).

Auch die Buddhisten vertreten eine subjektive Ansicht des dharmas und adharmas und sagen, diese seien eigentlich Dispositionen des mentalen Flusses und können auch überwunden werden. Tugenhaftigkeit und Untugendhaftigkeit sind subjektive Konzepte.

Die Mimâmsâ-Schule dagegen vertritt die Ansicht, daß Tugend und Untugend Objekte darstellen (artha) und daß sie auch als solche intendiert werden. Sie stellen sogar die Gebote der heiligen Schriften dar (codanâ).

Sind die dharmas die tugendhaften Intentionen oder auch wünschenswerte und von den heiligen Schriften vorgeschriebene Objekte, so stellt sich die interessante Frage nach dem eigentlichen Verhältnis von dharma und karma, d. h. die Frage nach der Beziehung zwischen Tugend und Handlung. Die Buddhisten sind der Ansicht, daß die äußeren Pflichthandlungen (karmas) keinen inneren moralischen Wert haben. Sie mögen höchstens einen instrumentalen Wert besitzen und dem Zweck der Selbstreinigung dienen.

Ähnlich meinen die Sâmkhya-Philosophen, daß die meisten der heiligen Schriften karmas, die voll von Gewalt (hiṁsâ) sind, sanktionieren; denn sie befürworten Opferriten, die die Tiere das Leben kosten. Im Gegensatz zu den Buddhisten, die ja mit der Sâmkhya-Schule die vedischen Opferhandlungen ablehnen, sprechen die Sâmkhya-Anhänger von einer bestimmten Kraft (apûrva), die den zeremoniellen Akten innewohnt und Freude in einem Leben nach dem Tod zur Folge hat.

Nach Śaṁkara gibt es zwei Ebenen der Moral: die niedere Stufe der Moralität der Wünsche und Hoffnungen (pravṛtti) und die höhere Stufe der Moralität ohne Wünsche und Leidenschaften (nivṛtti). Auf der Ebene des Empirischen befinden wir uns auf der ersten Stufe. Die guten Handlungen der empirischen Ebene sind insofern wichtig, als sie dem Zweck des dharma dienen. Das höchste Ziel ist eine spirituelle Disziplin mit den Eigenschaften der inneren Ruhe, der Selbstbeherrschung und der Freiheit von Handlungserfolgen bzw. -mißerfolgen. Dies führt schließlich zu einer intuitiven Erkenntnis von der Einheit zwischen dem Individuum und Brahman. Śaṁkara glaubt auch an die Möglichkeit der Erlösung hier auf Erden und in diesem Leben.

Râmânuja vertritt in Übereinstimmung mit der Lehre Manus und der Gitâs die These von den karmas, die vollzogen werden, ohne an die Ergebnisse zu denken. Die Tugendhaftigkeit ist nach ihm nur wichtig als ein Mittel auf dem Weg der Gottesrealisation. Aus Liebe zu Gott soll der fromme Mensch immer tugendhafte Handlungen vollbringen.

Bezüglich der Frage nach dem Bewußtsein von der Verbindlichkeit der Pflichten, die nicht die der heiligen Schriften ist, gehen die Meinungen auseinander. Für die indischen Materialisten und Hedonisten ist uns dieses Bewußtsein nicht unmittelbar präsent, sondern es entsteht, bedingt durch die Überlegung hinsichtlich des Übergewichts der Freude, verglichen mit dem Leid. So ist der sogenannte imperative Charakter der moralischen Pflichten nichts anderes als die kausale Wirkung der intendierten Freuden auf den Handelnden. Meint man durch eine Handlung die Freude vermehren und das Leid verringern zu können, so vollzieht man eine Handlung, und das Pflichtbewußtsein ist nur ein anderer Name für die erwartete Freude.

Demgegenüber betonen die Schulen der Jainas und der Buddhisten die Reinheit der Gesinnung. Die äußeren Handlungen sind in dem ethischen Rahmen von zweitrangiger Bedeutung. Mit anderen Worten ist das Bewußtsein von der Autorität der Pflichten spontan und ohne jede Bedingung. Die Jainas und die Buddhisten vertreten jedoch eine Religion ohne Gott, eine Religion der Befreiung. Religion und Ethik gehen hier ineinander über, oder die Ethik steht höher als die Religion. Denn selbst die Götter sind erlösungsbedürftig und erlösungsfähig.

Die Schule der Nyâya-Vaiśeṣikas unterscheidet zwischen einer weltlichen Ethik und einer Befreiungsethik. Diese ist letzten Endes keine

Ethik, sondern eine Religion. Die einseitige Betonung der Befreiungsethik in den Schriften der Inder und auch in den Schriften der Europäer über indische Philosophie hat zu dem Mißverständnis geführt, die indische Philosophie kenne keine Ethik.[25]

Im eigentlichen Sinne ist die Ethik immer eine Disziplin, die sich mit den Gütern (işta) in dieser Welt beschäftigt, deren der Mensch bedarf, um ein ethisch-moralisches Leben gestalten zu können. Daher ist das Bewußtsein von der Autorität der Pflichten bedingt durch die Möglichkeit der Realisation der Ziele und Zwecke in dieser Welt (iştasâdhanatâjñâna).

Die Vedânta-Schulen gehen von der zentralen Stellung der Religion der Befreiung aus – ob mit oder ohne Gott – und betonen die geistige Reinheit (cittaśuddhi) als sine qua non für die Realisation der absoluten Wahrheit des „Das bist du." oder „Ich bin Brahman." Tugendhaftigkeit besteht weniger im Tun unserer Pflichten als vielmehr im Kultivieren der Tugenden und Werte.

Die Lehre von der Wesensverwandtschaft zwischen der menschlichen und göttlichen Seele untermauert metaphysisch und mystisch die reale Möglichkeit einer Ethik der Nächstenliebe und darüber hinaus eine Ethik des Mitleids allen Kreaturen gegenüber. Mit Recht weist in diesem Zusammenhang der deutsche Indologe und Philosoph Deussen darauf hin, daß einem Menschen, der diese Wesensverwandtschaft aller Wesen in dem höchsten Wesen realisiert hat, die Lehre: Liebe die anderen wie dich selbst! nicht nur deutlich wird, sondern sich sogar spontan ergibt. So erfährt die Lehre vom Mitleid und Wohlwollen in der indischen Ethik eine andere Begründung als in der christlichen oder auch der Platonischen.

Aus dem Gesagten folgt, daß man dem indischen Denken das Ethische nicht absprechen kann, es sei denn aus Unkenntnis der indischen Philosophie oder wegen einer zu einseitigen Sichtweise, oder wegen der Tendenz zu grober Verallgemeinerung. Der deutsche Gelehrte und Theologe Albert Schweitzer, der Indien gegenüber positiv eingestellt war, verfällt gerade in ein solches Mißverständnis. Durch den Einfluß Schopenhauers gelangte er zum indischen Denken, aber im Gegensatz zu Schopenhauer[26] ist Schweitzer der Überzeugung, daß

---

[25] Vgl. W. F. Goodwin: Ethics and Value in Indian Philosophy, in: Philosophy East and West 4, 1955. J. A. B. van Buitenen: Dharma and Moksa, in: Philosophy East and West 7, 1957. D. H. H. Ingalls: Dharma and Moksa, ebd.

[26] Vgl. A. Schopenhauer: Werke in 5 Bdn., Parerga und Paralipomena, Bd. 2., Zürich 1988, S. 198f.

dem indischen Denken das Ethische grundsätzlich fehle. Schweitzer meint, das indische Denken vertrete die Idee der „Welt- und Lebensverneinung".[27]

Schon 1937 wies Radhakrishnan diese Lesart des indischen Denkens in einer Vorlesung vor der Royal Society of Art zurück. So wie Max Weber unterliegt auch Schweitzer dem modischen Vorurteil: Das indische Denken sei bloß spirituell und asketisch, interessiere sich nur für das Jenseits und vernachlässige die Welt und die Gesellschaft. Das Argumentationsmuster von Schweitzer mag syllogistisch sauber und fehlerfrei sein, es entbehrt jedoch der sachlichen Begründung. Ein Denken – so die Argumentation Schweitzers –, das welt- und lebensverneinend sei, kann nicht ethisch sein. Das indische Denken sei welt- und lebensverneinend. Folglich könne es nicht ethisch sein.

Ist Ethik als Ehrfurcht vor dem Leben zu begreifen, dann ist das indische Denken durch und durch ethisch motiviert. In seiner Kritik an Schweitzer hatte Radhakrishnan geschrieben: „Alle maßlosen Vereinfachungen der komplizierten Wirklichkeit sind irreführend. Es ist kaum angängig, die Völker in solche, die die Welt überhaupt nicht anerkennen wollen, und solche, die sich zu nichts anderem bekennen, einzuteilen. Die vielen Vorbehalte, die Schweitzer zwangsläufig bei der Anwendung seines Schemas von Weltbejahung und Weltverneinung in ihren gegensätzlichen Haltungen macht, von denen die eine oder die andere abgelehnt werden muß, zeigen, daß der Einklang mit den Tatsachen fehlt."[28]

Der große protestantische Theologe Paul Tillich betont zu Recht die wichtige Rolle der Zeit in einer philosophischen und religiösen Interpretation der Geschichte und der menschlichen Existenz. Leider geht er von einem Schema aus, das die Zeitauffassung in zwei sich ausschließende Arten einteilt, und zwar das historische und nicht-historische Muster. Freilich wird die indische Auffassung, einem langlebigen Klischee folgend, dem zweiten Muster zugerechnet. Nach diesem Muster wird die menschliche Existenz zu einem sinnlosen, ewigen Spiel.[29] Selbst Arnold Toynbee, ein sympathischer Interpret der indischen Geistesgeschichte, meint, daß die indische Zeitauffassung eine

---

[27] Vgl. A. Schweitzer: Die Weltanschauung der indischen Denker. Ausgewählte Werke in fünf Bänden, Bd. 1 b, Berlin 1971, S. 431.

[28] S. Radhakrishnan: Die Gemeinschaft des Geistes, Darmstadt 1953, S. 89. Vgl. M. Waligora: Das Tal der Sachlichkeit. Albert Schweitzer über Indien, in: Conceptus, Jg. XXV, Nr. 65, 1991, S. 47–55.

[29] Vgl. P. Tillich: The Protestant Era, Chicago 1948.

bloße Wiederkehr darstellt. Dadurch wird die menschliche Existenz zum Opfer eines ewigen, kosmischen Spiels; denn im Kosmos herrscht ein automatisches, unvermeidliches Gesetz.[30] Toynbee bezieht sich hier auf die Idee des kalpa, d. h. eines Weltenzyklus, ohne die karma-Theorie in Betracht zu ziehen. Es geht bei dem indischen Denken nicht um eine mechanische Wiederholung der individuellen Existenzen, sondern höchstens um ein allgemeines Muster in der Natur und in der Kultur. Der kosmologische zyklische Charakter darf nicht mit dem zyklischen Charakter der individuellen Schicksale gleichgesetzt werden. Das indische Denken entwirft fantastische Bilder einer kosmologischen Zyklentheorie, zeigt aber auch Wege, diesem Kreis von Entstehen und Vergehen zu entrinnen.

Man muß bis zu Augustinus zurückgehen, der in seiner polemischen Auseinandersetzung mit der griechischen Anschauung der letzteren eine zirkuläre Zeitauffassung zuschreibt und von demselben Platon, derselben Stadt, derselben Akademie und denselben Schülern spricht, die existieren, existierten und existieren werden. Im Laufe der Zeit hat man diese Sicht auch dem indischen Geist zugeschrieben. Der panindische karma-Gedanke ist vielschichtig und kann philosophisch, metaphysisch, religiös-theologisch oder sogar erkenntnistheoretisch-hypothetisch gedeutet werden. Es gibt karmas, die uns fesseln; ebenso aber gibt es karmas, die uns befreien.

Der indische Dichter-Philosoph Tagore warnt vor einem solchen Vorurteil. Er schreibt: „Ich warne meine Zuhörer noch einmal vor der falschen Vorstellung, als hätten die Lehrer Indiens eine Welt- und Lebensentsagung gepredigt, die nur zur öden Lehre der Verneinung führt. Ihr Ziel war, ihre Seele zu verwirklichen, oder mit anderen Worten, sich in Wahrheit die Welt zu eigen zu machen."[31]

5.2.1.5 Zur Ethik der Nichtgewalt (ahiṁsâ)

Dem Begriff der Gewaltlosigkeit begegnet man oft in der reichen Literatur Indiens. Zu den Tugenden der ersten Stufe (yama) des râja-yoga von Patâñjalis yoga-sutra gehört die Nichtgewalt in dreifacher Hinsicht: im Denken, Sprechen und Handeln.

Der Begriff des ṛta in den Vedas – dort ist es eine Erklärungskategorie für die natürliche Ordnung – fand Eingang in der Ethik und

---

[30] Vgl. Toynbee, A.: A Study of History, Oxford 1947.
[31] Tagore, R.: Sadhana. Der Weg zur Vollendung, München 1921, S. 47.

Moral. Die beiden Konzepte r̥ta und satya (Ordnung und Wahrheit) weisen auf die indo-iranische Tradition hin; denn im Avesta ist auch von arta=r̥ta die Rede, von einer Ordnung, welche die Seele von Ahura-Mazda darstellt.

Manu verwendet diesen Begriff in bezug auf das Verhalten zwischen Lehrer und Schüler. Unterrichtet man einen Schüler und hat man dessen Wohl im Sinn, so muß man dabei die Regeln der Nichtgewalt beachten. Diese bestehen darin, daß Bestrafung nicht Leid verursacht, daß man mit dem Schüler liebevoll umgeht, harte Worte vermeidet und immer versucht, sogar die Wahrheit nur liebevoll zu sagen.

Mit der Zeit wurde diese an ahiṁsâ orientierte Verhaltensweise zum Paradigma für das Verhältnis zwischen den Menschen und allen anderen Lebewesen. Die Rolle, die der Begriff der Gerechtigkeit in der traditionellen griechischen Ethik Platons spielt, übernimmt in ähnlicher Weise ahiṁsâ in dem ethisch-moralischen Rahmen des indischen Denkens. Das Ideal des Vegetarismus ist ein Korrelat. Freilich brachte Jesus in der Bergpredigt zum ersten Mal im Westen die Idee der Nichtgewalt als hohes moralisches Ideal zum Ausdruck. In der griechisch-römischen Tradition jedoch spielte die Nichtgewalt keine so zentrale Rolle.

Daß die indische Ethik die Lehre von der Nichtgewalt allgemein akzeptierte, soll nicht bedeuten, daß die indische Haltung immer und völlig gewaltlos gewesen ist. Was jedoch feststeht, ist die Tatsache, daß König Aśoka der Große erstmals einen breit angelegten Versuch unternahm, auf dem Prinzip ahiṁsâ eine sozial-politische Organisation aufzubauen. Bei ihm finden wir eine ausdrückliche Ablehnung des Krieges.

Die Anhänger der Jaina-Schule behaupten, daß R̥sabha, der erste Tîrthânkara, der eigentliche Entdecker dieses Prinzips gewesen sei. Sie meinen, dies sei vor der Ankunft der Arier in Indien gewesen. M. a. W. heißt dies, daß Gewaltlosigkeit urindisch, d. h. vorarisch, ist. Dies läßt sich geschichtlich jedoch nicht aufweisen. Mahâvira, der Stifter des Jainismus, ist ein Zeitgenosse Buddhas gewesen, und der Name R̥sabha mag auf eine mythische Gestalt hinweisen. Soviel ist unbestritten, daß der Jainismus sich besonders dieser Lehre annahm und sie fast bis zum Exzeß praktizierte. Der ganze Kosmos ist für die Jainas wie ein lebendiger Organismus. Daher soll jeder Mensch allen Wesen gegenüber die Haltung der Nichtgewalt üben.

Die vedische Literatur enthält auch die Lehre von den Opferriten, die Tieropfer mit sich brachten. Dies führt zu zwei sich gegenseitig ausschließenden Ideen von Gewalt und Nichtgewalt, wobei das Be-

folgen der Lehre von der Nichtgewalt als die größere Tugend angesehen wird. Die Idee der Nichtgewalt wurde auch dann propagiert,
wenn die Gewaltanwendung einem höheren Ziel diente. Manu lehrt,
daß der Wunsch nach Wohlergehen ein Merkmal aller Wesen ist.
Dieser Wunsch hilft uns, die größte Freude auf Erden herzustellen. Je
mehr man die Nichtgewalt übt, desto weniger sündigt man, lautet die
Formel. Manu meint, daß das Veranlassen, ein Wesen zu töten, oder
gar das Kaufen von Fleisch, dessen Verkaufen oder Kochen bereits
Sünden sind. Auch die Buddhisten meinen, daß der Beruf des Metz-
gers nicht mit dem buddhistischen Glauben vereinbar ist. Auch wenn
das Kochen von Fleisch für Manu bereits eine Sünde ist, vertritt er die
Ansicht, daß es keine Sünde sei, nach vedischen Vorschriften Tiere zu
opfern. Dies ist für ihn kein Fall von Gewalt.

Gewalt ist zulässig, wenn man töten muß, um am Leben zu bleiben.
Auch das Kriegführen kann zur heiligen Pflicht werden. Bei den Tier-
opfern wird das Töten der Tiere ausgeglichen durch das Verdienst
(puṇya), das man durch den Vollzug der Opferriten erwirbt
(Sāṁkhya).

Die beiden heterodoxen Schulen des Buddhismus und Jainismus,
die nicht nur die vedische Autorität, sondern auch die Tieropfer ab-
lehnten, plädierten für die Gewaltlosigkeit auf allen Gebieten. Die
Lehre von ahiṁsâ wurde zum Wesen der jainistischen Religion. Freilich wurde diese Lehre oft übertrieben und führte zur Selbstkasteiung.
Selbst das Essen von Gemüse wurde zur unglücklichen Notwendigkeit, die das Leben mit sich bringt. Der Buddhismus dagegen wählte
den Mittelpfad und versuchte, Gewaltlosigkeit auf allen Gebieten zu
üben.

Der Ausdruck ahiṁsâ ist negativ, seine Bedeutung ist jedoch positiv.
Liebe und Wohlwollen allen Wesen gegenüber stellen die positive
Seite der ahiṁsâ-Lehre dar, wie sie vom Jainismus vertreten wird.
Wohlwollen, Mitfreude, Mitleid usw. sind die positiven Konstituenten
der ahiṁsâ-Lehre im Buddhismus. Obwohl es uns nicht schwerfällt,
der Lehre von der Gewaltlosigkeit und der Liebe zuzustimmen, gibt es
in uns offenbar etwas, was der Praxis dieser Lehre im Wege steht. Es
ist nicht genug, in dieser Lehre unterrichtet zu werden. Viel wichtiger
scheint eine Analyse (Diagnose, Therapie) der Faktoren und Neigungen zu sein, die uns hindern, trotz aller Einsicht, die Lehre zu verwirklichen.

Nichtgewalt kann manchmal das Leiden vermehren oder verlän-
gern. In solchen Fällen rät Mahâtma Gandhi, Gewalt anzuwenden,
um ein Leiden zu beseitigen. Gandhi ließ in seinem Âshram Sabar-

mati einmal ein todkrankes Kalb durch einen Arzt töten. Nichtgewalt bedeutet für Gandhi, daß man die inneren Feinde wie Gier, Haß, Angst u. dgl. besiegt. Denn alle Handlungen, die auf diese Motive zurückgehen, sind nicht frei von Gewalt.

Hier muß die Frage erlaubt sein, ob das Wissen um die Tugend ausreicht, um das Tugendhafte zu tun. Zunächst ist zu klären, um was für ein Wissen es sich hierbei handelt. Muß es nicht doch eine Vermittlung geben zwischen Wissen und Tugend? In einem milden Gegensatz zur westlichen Ethik betont die indische weniger die bloß intellektualistische und bloß meta-ethische Seite und mehr das Ziel der Befreiung, dem alles untergeordnet wird.

Wir haben gesehen, daß die indische Philosophie ethische Modelle vertritt, die im höchsten Grade ethisch-moralisch sind, ohne immer theologisch zu sein. Auch nicht im Sinne eines Postulatensystems, nach dem Gott zumindest als Postulat eine zentrale Rolle spielt. Die beiden bekannten heterodoxen Schulen gehören hier her.

Eine ethische Auslegung der vier Lebensziele entwirft das Bild einer integralen Ethik der Selbstrealisation. Die empirischen Güter und Werte, welche die weltlichen Güter und die Sinnesfreuden betreffen, werden nicht so sehr vernachlässigt, sondern dem endgültigen Ziel der Erlösung untergeordnet. Da jedoch die weltlichen Werte für das Funktionieren einer Gesellschaft nicht minder wichtig sind, verglichen mit den spirituellen Werten, und da sie in gewisser Hinsicht sogar wichtiger sind als letztere, kommt es zu einem Zerrbild der indischen Gesellschaft. Sie verkommt im Elend vor lauter Gerede von der Befreiung von der Welt, von dem Lebensrad und von dem Sterbenmüssen.

Mit Recht monierte Mahâtma Gandhi, daß die Armut die schlimmste Form der Gewalt sei. Und die indische Gesellschaft ist voll von dieser Art der Gewalt. Freilich lehrt die Ethik in der Gitâ nicht den Verzicht auf die Handlung, sondern den Verzicht in der Handlung. Daher setzt eine ethische Handlung das Vorhandensein einer Haltung voraus, welche darin besteht, daß man Gier, Haß, Angst u. dgl. besiegt hat. Selbstbeherrschung ist daher auch das Hauptmerkmal einer integrierten Persönlichkeit.

Den drei Fähigkeiten des menschlichen Geistes, nämlich Denken, Fühlen und Wollen, entsprechen in der Gitâ die drei yoga-Wege. Man soll wissen, was gut ist. Das so Gewußte gilt es zu verinnerlichen, sich zu eigen zu machen. Hat man sich auf das Gute hin ausgerichtet, dann muß der Wille da sein, es in die Tat umzusetzen.

Über das viele Reden von der Gottesrealisation hat man in der indischen Ethik – heute mehr denn je – leider die Menschen in der Gesellschaft vergessen. Ich kann nicht umhin, hier die passenden Worte Max Schelers zu zitieren. Er sagt sie jedoch in einem anderen Zusammenhang. „Was wir hier scharf ablehnen, ist die Geste aller derer, die mit dem Finger zum Himmel deuten, wenn das Wort Friede fällt – und damit den Menschen trösten oder entschädigen wollen für den mangelnden Weltfrieden. Es ist nach unserer festen metaphysischen Überzeugung nicht ein bißchen mehr Friede in Gott als in der Welt ...“[32]

Die buddhistische Philosophie als ein Denk- und Lebensweg stellt das Ethische und Moralische in den Mittelpunkt. Im Namen der Ethik stellt die buddhistische Lehre eine angewandte Psychologie der Handlungen dar. Die fünf ethischen Gebote des Buddhismus lauten: 1. Du sollst nicht töten. 2. Du sollst nicht stehlen. 3. Du sollst nicht lügen. 4. Du sollst nicht unerlaubten Geschlechtsverkehr ausüben. 5. Du sollst keine berauschenden Getränke zu dir nehmen. Diese fünf Gebote verhelfen zu rechtem Denken, Sprechen und Handeln, vor allem jedoch haben sie die Gewaltlosigkeit zum Ziel.[33]

Der Begriff dharma (Daseinsfaktor) hat im Buddhismus eine religiös-metaphysische und eine ethische Dimension. Dharma bezeichnet ein Ding, eine Eigenschaft, ein Objekt, ein Subjekt u. a. Auf die Frage, was das ethisch Gute sei, verweist der Buddhismus darauf, daß es dabei um eine Einstellung geht, die so beschrieben werden kann: Liebe (metâ), Barmherzigkeit (karuṇâ), Sympathie (mudîtâ) und Unparteilichkeit (upekkhâ). Der Buddha sah in den Wünschen den eigentlichen Entstehungsort aller Verblendungen; denn das Böse wird zuerst im Geist geboren. Daher ist die Kontrolle der Gedanken der erste Schritt auf dem ethischen Weg der Liebe zu allen Wesen. Unsere Affekte sollen uns gehören, und wir nicht ihnen.

Wenn mehrere Wünsche zugleich befriedigt werden wollen, wird von dem Prinzip der Selektion gesprochen. Das Glücklichsein über das Glück der anderen ist zu bejahen; Schadenfreude jedoch ist nicht erlaubt. Essen, um gesund zu bleiben, ist zu bejahen; aber leben, um essen zu können, wird auf die Dauer zur Last.[34]

---

[32] Scheler, M.: Die Idee des Friedens und der Pazifismus, München ²1974, S. 22, Anm.

[33] Vgl. Mall, R. A.: Buddhismus – Religion der Postmoderne?, Hildesheim 1990, S. 59 f.

[34] Hierbei geht es um eine Art kultivierten Hedonismus. Vgl. Aristoteles: Die Güte des moralischen Charakters.

Der Bodhisattva des Mahâyâna-Buddhismus verschiebt sein Eingehen ins nirvâna, um den Mitmenschen zu helfen. Auf die Frage, warum das Gute getan werden soll, verweist der Buddhismus darauf, daß Freundschaft das Wohl der anderen bedeutet. Ohne Eigennutz darf der Mensch das Wohl der anderen wünschen; er darf jedoch nicht darauf aus sein, daß sein gutes Handeln erwidert wird. Das Ziel ist, sich so weit zu reinigen, daß das Gute spontan hervorströmt. Eine solche spontane Ethik siedelt sich jenseits von Gut und Böse an und will weder den Sieg noch den Verlust.

Die Frage nach den Gründen des Guten weist der Buddhismus als Spekulation zurück. Man soll sich keinem Gotteskult hingeben. Auf die Frage, wie der Mensch dem Bösen begegnen solle, antwortet der Buddhismus: Das Gute soll die Antwort auf das Böse sein. Hierin wird die universalistische Lehre der buddhistischen Ethik deutlich. Hier zeigen sich Parallelen zu Lao Tzu und Christus. Im Mahâyâna-Buddhismus findet man die Konzeption der leidenden Liebe; denn in dem Prinzip der Liebe ist enthalten, daß man das Leiden der anderen auf sich nimmt.

Die buddhistische Ethik ist durch und durch humanistisch; denn es geht nicht um Gebote Gottes. Buddhas Ethik verlangt reine Handlungen und Gesinnungen. Eine solche Ethik der inneren Geisteshaltung überwindet jeden ethischen Relativismus; denn als positive Haltung des Wohlwollens kennt sie keine Trennungen nach Familie, Rasse u. dgl. Nur der Charakter zählt und nicht die Kastenzughörigkeit, weder das Beten im Tempel noch irgendwelche Opferriten. Die Disziplin der Psychologie ist wesentlich für die buddhistische Ethik. Empfindungen, Willensregungen, das Haftenbleiben werden bis ins Detail analysiert, um so dem Adepten zu helfen, die falsche Sichtweise (mithyâdṛṣṭi) abzulegen.

5.3   Zur europäischen Philosophie

Die beiden Wörter philein (Gefallen finden) und sophia (Weisheit), aus denen das Kompositum „philosophia" besteht, wurden seit Homer in vielfältigen Substantiv- und Adjektivbindungen verwandt: Gefallen am Trinken, an gutem Essen, am Lernen, an Reichtum. Philosophie ist das Gefallenfinden am Streben nach Wahrheit, Weisheit. Wenn man sich auf Ammonius Sakkas beruft, der selbst unter dem Einfluß Platons und Pythagoras' stand, kann man folgende Definitionen der Philosophie geben: Philosophie ist erstens die Erkenntnis des Seienden als Seienden. Die aristotelische Konzeption der prima philosophia entspricht dieser Bedeutung. Philosophie ist zweitens die Kenntnis nicht nur der menschlichen, sondern auch der göttlichen Dinge. Philosophie ist drittens auch Angleichung an Gott, soweit es dem Menschen möglich ist. Platon hat in seinem Theaitet diese Beschreibung gegeben. Philosophie ist viertens das Sterbenlernen, d. h. das Einüben in den Tod. Sokrates beschreibt Philosophie im Phaidon so. Fünftens ist Philosophie die Kunst der Künste, die Wissenschaft aller Wissenschaften. Später hat man Philosophie als Königin aller Wissenschaften bezeichnet. Philosophie ist sechstens die Liebe zum Wissen. Bei Aristoteles kann Philosophie als eine Haltung oder eine Tätigkeit, oder eine wissenschaftliche Disziplin, oder eine schulmäßige Lehre angesehen werden.

Es ist zwar richtig, daß die Philosophen wie z. B. Pythagoras, Sokrates, sogar Platon Philosophie als einen Lebensweg begriffen. Die postaristotelische Philosophie jedoch begreift Philosophie nicht nur als einen Lebensweg, sondern macht sie zu einer Doktrin der Erlösung nach dem Zusammenbruch der alten griechischen Polis-Struktur verbunden mit dem Aufkommen der größeren hellenistischen Gesellschaften und des römischen Imperiums.

Die epikureische Definition der Philosophie besagt ein gemeinschaftliches Leben der Schüler mit dem Meister mit dem Ziel eines glücklichen Lebens. Philosophie ist hier mehr als eine bloße Denkleistung; sie ist auch ein Lebensweg. Die stoische Definition der Philosophie legt Wert auf die innere Bildung; Philosophie ist eine geistige Übung zur Verbesserung der Vernunft, gekennzeichnet durch die Haltung einer inneren Freiheit, die Gleichmut bedeutet und Seelenfrieden schenkt. Philosophie hilft uns, dem Geist der Weltvernunft näherzukommen. Der Weise ist daher einer, der der Weltvernunft entsprechend handelt. Vergleiche mit den Konzeptionen der ṛta in den Vedas und mit dem Tao bieten sich an.

Für die Skeptiker in der Tradition von Pyrrhon bis Sextus Empiricus ist Philosophie eine kritische und ethische Betätigung. Sie ist ein Lebensweg. Die mystische Definition der Philosophie, die wir bei Plotin entdecken können, ist die Einigung mit dem Einen, das den Geist und das Denken transzendiert. Man hat diese Art, Philosophie zu definieren, oft mit der Vedânta-Philosophie verglichen.

Im Mittelalter war Philosophie eine Hilfswissenschaft für die Theologie. Die theologische Wahrheit wurde höher eingestuft als die philosophische. Die Aufgabe der Philosophie bestand darin, diese theologische Wahrheit auf dem philosophischen Wege des Verstandes und der

Vernunft einsichtig zu machen. Die Gottesbeweise sind ein Beleg dafür.

Für Descartes ist Philosophie wie ein Baum, der aus vielen Teilen besteht. Die drei wichtigsten Teile sind: Prinzipien der Erkenntnis, die Existenz Gottes und die Unsterblichkeit der Seele. Die Themen der Philosophie und der Theologie überlappen sich.

Für Hegel ist die Philosophie die Wissenschaft von der obersten Idee, von dem absoluten Geist, mit dessen Gang sie sich beschäftigt. Sie mißt allen anderen Wissenschaften ihre Stelle im großen System des Wissens zu. Während für Hegel Philosophie griechisch und europäisch ist, weht für Schopenhauer der philosophische Geist, wo er will. Philosophie ist ein metaphysisches Bedürfnis, und dieses Bedürfnis ist dem Menschen als Menschen eigen. In dem weltphilosophischen Kontext heute ist Schopenhauer Hegel vorzuziehen.

Als strenge Wissenschaft sucht Edmund Husserl die Philosophie durch die Wende zu den Sachen selbst zu bestimmen. Er findet sie in einer Phänomenologie des Bewußtseins. Demgegenüber findet Heidegger sie in einer Phänomenologie des Daseins. Max Scheler spricht von einer philosophischen Weltanschauung, welche nicht die natürliche Weltanschauung Husserls ist, sondern sich auf ein absolutes Sein richtet.

Die Lebensphilosophie Diltheys möchte die unverstümmelte Erfahrung dem Philosophieren zugrunde legen. Die Wirklichkeit selbst kann letzten Endes nicht logisch aufgeklärt, sondern nur verstanden werden. Philosophie ist daher mit der Hermeneutik untrennbar verbunden.

Wittgenstein weist der Philosophie eine therapeutische Funktion zu. Auch wenn für ihn das Sprachliche für das Philosophieren sehr wichtig ist, endet das Philosophische nicht mit der Sprache. Die Grenze der Sprache ist nicht eo ipso die Grenze der Philosophie. Der Satz: „Worüber man nicht reden kann, darüber soll man schweigen" ist sehr schillernd und beschäftigt heute noch die Liebhaber und die Gegner Wittgensteins. Für den späten Wittgenstein ist Philosophie eine höchst ethische, den Lebenszusammenhang betreffende Angelegenheit. Die Veränderung der Lebensweise ist das Ziel der Philosophie. Die Fragen überflüssig werden zu lassen, ist das, was Philosophie intendiert, jedoch nie erreicht.

Für Karl Jaspers, der die eine philosophia perennis niemandes Besitz alleine sein läßt, ist Philosophie nicht nur ein Denkweg, sondern auch ein Lebensweg. Philosophie verändert den Menschen. Das Philosophische nach Russell ist ein Ergebnis zweier Faktoren, nämlich des religiösen und ethischen. Ähnlich wie für Jaspers ist Philosophie auch für Russell angesiedelt zwischen Theologie und Wissenschaft. Zwischen der Theologie und Wissenschaft – so Russell – gibt es ein Niemandsland, und dieses Niemandsland ist Philosophie, die den Attacken und Verdächtigungen sowohl seitens der Theologie als auch der Wissenschaft ausgesetzt bleibt. Eine angemessene und dem Geist der Geschichte der Philosophie entsprechende Standortbestimmung der Philosophie läßt sich eher in den immer wiederkehrenden philosophischen Fragestellungen als in den Antworten finden.[35]

Schon in der Antike wurde die Frage, ob Indien oder Griechenland die Urheimat der Philosophie sei, gestellt und unterschiedlich beantwortet. Lukian von Samosata (ca. 120–180 n. Chr.) läßt die Göttin der Philosophie zuerst den Indern erscheinen, dann den Äthiopiern, Ägyptern, Skythen und endlich den Griechen. Im Gegensatz hierzu steht die Ansicht von Diogenes Laertius (2.–3. Jh. n. Chr.), der den Anfang der Philosophie nicht zuerst bei den Barbaren, sondern bei den Griechen sieht. Aus vielen, eigentlich nicht philosophischen Gründen hat sich die Ansicht von Diogenes Laertius durchgesetzt und sich so gefestigt, daß in Lehre und Forschung heute noch die Ansicht vertreten wird, die Philosophie sei nur griechisch-europäischen Ursprungs.[36]

Die abendländische philosophische Tradition bleibt unvollständig, wenn man die antike griechische Philosophie zur einzigen Wiege der westlichen Philosophie macht. Freilich ist sie das wichtigste Element in der europäischen Philosophie, aber daneben dürfen die anderen beiden Zentren – Palästina und Rom – nicht unerwähnt bleiben. Die griechische Philosophie stellt selbst ein Erbe des ägyptischen Denkens dar.

Die Philosophie entwickelte sich bei den Griechen aus der religiösen Ehrfurcht im Erstaunen vor dem Kosmos. Das menschliche Denken unternahm bei ihnen den Versuch, die letzten Prinzipien und Gründe allen Seins mit Hilfe des Logos (Denken, Vernunft, Sprache) zu begreifen. Der Mythos sollte durch den Logos ersetzt werden. So beschäftigte sich das griechische philosophische Denken mit den kosmischen Spekulationen. Mit dem Zentrieren der Bevölkerung in den

---

[35] Vgl. Russell, B.: History of Western Philosophy, London 1967, S. 13 f.

[36] Vgl. Lukian von Samosata: Sämtliche Werke, dt. Übersetzung von Th. M. Wieland, Leipzig 1788–89, Nachdruck Darmstadt 1971; Diogenes Laertius: Leben und Meinungen berühmter Philosophen. Dt. von O. Apelt, Hamburg 1921.

Städten (Polis) trat das ethisch-moralische, sozial-politische, ja sogar anthropologische Denken in das griechische Philosophieren ein. Aristoteles verankert Philosophie in der Natur des Menschen; nach ihm strebt der Mensch von Natur aus nach Erkenntnis. Nicht der Besitz der Wahrheit, sondern die Suche nach der Wahrheit ist das wesentliche Merkmal der Philosophie. Auf dem Wege einer gemeinsamen Suche nach der Wahrheit ist das philosophische Gespräch das beste Mittel. Die Person des Sokrates ist ein leuchtendes Beispiel dafür. Die platonische These von der Wiedererinnerung, der Anamnesis, betrachtet die widersprüchlichen Meinungen als dunkle Erinnerungen, welche undeutliche Bilder der Urbilder, der Ideen sind. Diese Ideen hat die Seele einmal in der wirklichen Welt gekannt. Daher praktiziert Sokrates die philosophische Hebammenkunst, um das Vorhandene ans Licht zu bringen. Als die Griechen der römischen Herrschaft unterworfen waren, begriffen die Römer Philosophie als eine Lebenskunst (ars vitae). Die Stoiker betrachteten ein tugendhaftes Leben nicht so sehr in bezug auf die platonischen Ideen oder als eine Relation des Bürgers zum Staat, sondern als eine Beziehung der Seele zu Gott.

Mit dem Beginn des Christentums wurden die Probleme der Weltschöpfung, Welterlösung und des menschlichen Schicksals in den Mittelpunkt gerückt. Augustinus, Bischof von Hippo, entfaltete unter Ausnutzen der griechischen philosophischen Tradition eine vielseitige, praktische und dogmatische Ausbildung des christlichen Glaubens. Die Ausschließlichkeit des christlichen Glaubens wurde theologisch-philosophisch untermauert. Die großen theologischen Konstruktionen vom 13. Jh. ab durch Bonaventura, Albertus Magnus, Thomas von Aquin, Roger Bacon und Duns Scotus nutzen die Neuentdeckung der aristotelischen Philosophie im 12. Jh. Ein originäres Verhältnis zur Philosophie im griechischen Sinne fehlte dem christlichen Denken mehr als dem römischen. Die Philosophie wurde in den Dienst der Theologie gestellt. Im Gegensatz zu der kosmozentrischen und auch anthropozentrischen Orientierung der Griechen wurde das Mittelalter von einem Theozentrismus beherrscht.

Das Zeitalter der Renaissance beginnt mit dem Zurückdrängen des Mittelalters, und Philosophie wird wieder säkularisiert. Die Welt der Natur wird zum größten Mysterium. Die Philosophen des 17. Jh. sind mit dem Verstehen und Erklären der Naturgeheimnisse beschäftigt.

Im Zeitalter der Aufklärung gibt es dann großartige epistemologische und wissenschaftliche Untersuchungen des menschlichen Geistes und der Natur. Mit dem deutschen Idealismus erreicht das systembildende Denken seinen Höhepunkt.

Das 19. Jh. zeigt wieder eine große Vielfalt der philosophischen Aktivität und entdeckt das Leben als die letzte unfundierte, aber alles fundierende Kategorie, entdeckt das sogenannte Irrationale, den Relativismus und Historismus. Dieses Jahrhundert macht auch die Entwicklung solcher Schulen möglich: die analytische, phänomenologische, positivistische und die existentialistische.

Die Geschichte der abendländischen Philosophie kann aber auch neben dem eben dargelegten chronologischen Muster auch von einer systematischen Orientierung her erzählt werden, indem wir die ständige Wiederkehr des Platonismus und Aristotelismus im Mittelalter, die Wiedergeburt der antiken griechischen Philosophie in der Renaissance, das Wiedererstehen des Materialismus, Skeptizismus u. a. im 18. Jh. und schließlich die Theorien des Rationalismus und Empirismus thematisieren und beschreiben. Selbst wissenschaftstheoretische Orientierung läßt sich im ganzen der Naturphilosophie zurechnen. Die hermeneutische Akzentuierung in der europäischen Philosophie heute ist nicht zuletzt ein Ergebnis der Kulturkontakte in unserem Jahrhundert. Die de facto hermeneutische Situation ist heute ganz anders geartet als am Anfang dieses Jahrhunderts.

Oft wird von der europäischen Philosophie gesprochen, als sei sie eine einheitliche. Es gibt jedoch eine einheitliche europäische Philosophie ebensowenig, wie es eine einheitliche indische oder chinesische gibt. In jeder philosophischen Tradition gibt es mehrere Stränge, Ströme, die sich mehr oder minder lebendig erhalten. Wir können folgende Stränge in der europäischen Philosophie herausfinden: Erstens ist da die rationalistische, idealistische Tradition von Platon bis Hegel. Zweitens gibt es die empiristische Tradition von Aristoteles bis Locke. Drittens findet sich die skeptische Tradition von Pyrrhon bis David Hume. Daneben gibt es viertens die gnostische Tradition und die stoische Tradition, die auch heute noch nicht ganz verschwunden sind. Die Philosophie des Mittelalters in ihrer theologischen Deutung und Zurechtlegung des philosophischen Denkens stellt eine mächtige religionsmetaphysische Variante der abendländischen Metaphysik dar. So ist die Rede von der einen europäischen Philosophie nicht so eindeutig, wie viele uns glauben machen wollen.

Die heutige Horizonterweiterung, zustandegekommen durch den Abenteuergeist des Endeckungszeitalters, durch den Kolonialismus, durch die Missionierung und nicht zuletzt durch die technologische Formation, zwingt den europäischen Geist, die alte Form des einseitigen Dialogs aufzugeben und diesen durch einen gleichberechtigten, befreienden Dia-Logos zu ersetzen. In dem heutigen welthistorischen

und weltphilosophischen Kontext nützt es wenig, das alte philologische Vorurteil zu wiederholen: Philosophie sei ein griechisches Wort
und lasse sich nicht in andere Sprachen übersetzen. Es geht aber nicht
um den Namen, sondern um die Sache Philosophie. Und die Sache
Philosophie ist u. a. auch, aber nicht nur griechisch und europäisch.
Keine Philosophie existiert in einem Vakuum. Die außerphilosophi-
schen Faktoren, die ökonomischer, politischer, religiöser, sozialer,
weltanschaulicher, ideologischer und wissenschaftlicher Natur sein
können, haben immer einen direkten oder indirekten Einfluß auf die
Philosophien gehabt.[37] Dies darf jedoch nicht dahin mißverstanden
werden, daß Philosophie dadurch ihren universal-regulativen Charakter verliert. Das Philosophische an diesen Reaktionen bleibt die radikale Art der philosophischen Fragestellungen und Lösungsansätze,
die, von den oben genannten Faktoren unabhängig, einen eigenständigen, systematisch-argumentativen Weg einschlagen. Diesen neuen
Weg nennen wir Philosophie.

5.4 Auf den Spuren einer afrikanischen Philosophie

Philosophie zählt zu den höchsten Kulturleistungen eines Volkes.
Seit den Tagen Hegels hat man sich daran gewöhnt zu sagen, in
Schwarzafrika gebe es keine Philosophie. Trotz ihrer regulativen Uni-
versalität ist und bleibt Philosophie kulturrelativ. Hegel meinte, die
griechisch-europäische Kulturrelativität der Philosophie globalisieren
zu können.
   Die Rede von der Ethnophilosophie macht immer noch die Runde.
Man versteht darunter die mündlich überlieferten, schriftlich nicht fixierten Ansichten aus der Volksweisheit in Afrika über philosophische
Themen wie Gott, Seele, Religion, Natur usw. Der flämische Missionar Placide Tempels meint in seiner Schrift ›Philosophie Bantoue‹
(Paris 1949), im Denken der Bantu finde sich eine Ontologie. Da seine
ganze Orientierung christlich und missionarisch ist, läuft seine Auslegung auf einen Monotheismus der Religionen hinaus. Es geht ihm um
eine heidnische Philosophie, die evangelisiert werden soll und muß;
denn es heißt bei dem belgischen Missionar: „Es wäre die schönste
Leistung unserer überlegenen Intelligenz, in dem gegenwärtigen Heidentum der Bantu zeigen zu können, wie gewisse Bräuche und
Lehren, die für uns nun falsch sind, dies ausgehend von einer anderen

---

[37] Vgl. Copleston, F.C.: Philosophies and Cultures, Oxford 1980, S. 7 f.

Tradition oder Lehre auch sind, welche ganz eingeboren, originell und antik ist. Man muß das argumentum ad hominem finden, den Schwarzen dahin führen, die Falschheit gewisser Praktiken ausgehend von seinen eigenen exakten Prinzipien anzuerkennen."[38]

Das Buch ›Philosophie der Bantu‹ führt die These von Lévy Bruhl weiter, daß es eine primitive Mentalität der primitiven Völker gibt. Mehr als Lebensweisheit habe der afrikanische Geist nicht zu bieten. Selbst einige afrikanische Philosophen hängen dieser Ansicht an. Liest man jedoch vorurteilsfrei einige der Vorsokratiker, so gewinnt man ebenso den Eindruck, daß ihre Sprüche und Aphorismen auch Lebensweisheit enthalten. Freilich fehlt der afrikanischen Philosophie die reiche Beute hermeneutischer Textliteratur, die Europa kunstvoll über zweitausend Jahre schriftlich erarbeitet hat.

In dem Hervorheben, daß der afrikanischen Philosophie die hermeneutische Textliteratur fehlt, sieht der afrikanische Philosoph M. Towa eine Strategie der unberechtigten Kritik. „Alles in allem", schreibt M. Towa, „wird die christliche Lehre in die Bantu-Tradition zurückverlegt, um sich eine Negermaske überzustülpen."[39] Dies ist ein Beispiel für die Praxis der Inkulturation. Es ist nicht eine List der Vernunft, sondern „eine des Glaubens", meint Towa weiter.

Es geht hier um die eine philosophia perennis, die sich in Gestalt der christlichen Metaphysik einmalig und vollkommen realisisert habe. P. Tempels kommt zu der Schlußfolgerung, „daß das Heidentum der Bantu, die uralte Bantu-Weisheit vom Grund seiner Seele aus auf die chistliche Spiritualität hinstrebt. Nur im Christentum werden die Bantu die Befriedigung ihrer jahrhundertealten Sehnsucht und die vollkommene Erfüllung ihres tiefsten Strebens finden."[40]

Man sieht deutlich, daß dieses Diktum eine neue Auflage der Hegelschen Konzeption in theologischer Maske ist. Für Hegel geht die Philosophie von Osten nach Westen. So wie Europa das Ende der Geschichte der Philosophie ist, ist das Christentum die vollkommene revelatio specialis.

Man kann von mehreren Phasen der afrikanischen Philosophie sprechen. Es gibt afrikanische Denker, die die erste Phase mit der antiken ägyptischen Philosophie beginnen lassen und diese als die klassische Phase der afrikanischen Philosophie bezeichnen. Die vor-kolo-

---

[38] Zit. in: F. M. Wimmer (Hrsg.): Vier Fragen zur Philosophie in Afrika, Asien und Lateinamerika, Wien 1988, S. 57.

[39] Ebd.

[40] Ebd. S. 58.

niale Phase als zweite Phase ist ein langer Zeitraum mit einer lebendigen mündlichen Tradition, deren Bestandsaufnahme gerade erst begonnen hat. Drittens ist die koloniale Phase zu nennen, die Afrika seiner Identität beraubt und den Afrikanern eine importierte Identität aufgestülpt hat. Die Suche nach einer eigenständigen Philosophie und Identität ist Kennzeichen und Anliegen der vierten Phase[41], ausgehend von der genuinen afrikanischen Wirklichkeitserfahrung und Tradition in Anknüpfung an die philosophischen Fragestellungen und Lösungsansätze. Nicht die Philosophie des ganzen afrikanischen Kontinents stellt jedoch eine bloße mündliche Tradition dar. Die afrikaniche Philosophie oberhalb der Sahara, namentlich die arabische und die äthiopische, ist reich an schriftlicher Tradition und auch älter.[42]

Die Ansicht, Philosophie gebe es nur dort, wo eine schriftliche Tradition vorhanden sei, engt unnötig die Philosophie ein. Dabei wird außer acht gelassen, daß die mündliche Tradition durch ihre Lebendigkeit ebenso philosophisch sein kann. Das Haften an schriftlicher Überlieferung ist ein abendländisches Vorurteil. Übrigens hatte Platon auch mit Sokrates Gespräche geführt und das Gehörte schriftlich niedergelegt. So geschah es ja auch mit Christus und Buddha. Diesem Vorurteil begegnet der Kenyanische Philosoph H.O. Oruka, indem er sagt: „Schriftlosigkeit ist keine notwendige Bedingung für Weisheit (sagacity). Es gibt die Möglichkeit der Weisheit sowohl in den vorschriftlichen als auch in den schriftlichen Gesellschaften."[43]

Oruka unterscheidet vier Richtungen in der afrikanischen Philosophie: Erstens gibt es die akademische Philosophie aufgrund formal philosophischer Bildung an europäischen Universitäten, zweitens die jeweiligen nationalistischen Ideologien und Theorien, drittens die ethnographischen Studien über traditionelle afrikanische Glaubensgrundsätze (als Ethnophilosophie) und viertens die Weisheitsphilosophie (sage-philosophy). „Sage-philosophy", schreibt Oruka, „wie ich es verstehe, besteht in dem Ausdruck der Gedanken von weisen Männern und Frauen in irgendeiner Gesellschaft."[44] Diese Ausdrücke können Gedanken, Argumente und Reflexionen enthalten, schrift-

[41] Vgl. Wimmer, F. (Hrsg.): Postkoloniale Philosophie: Afrika, Wien 1992; Diemer, A.: Philosophy in the Present Situation of Africa, Wiesbaden 1981.

[42] Vgl. Sumner, Cl.: African Philosophy, Adis Abeba 1980.

[43] Oruka, H. O.: Grundlegende Fragen der afrikanischen „Sage-Philosophy", in: Vier Fragen zur Philosophie in Afrika, Asien und Lateinamerika, S. 42.

[44] Ebd., S. 36.

lich oder ungeschrieben sein. Im Sinne der Volksweisheit gibt es sage-philosophy seit jeher (Maximen, Aphorismen, Verhaltensregeln usw.). Oruka unterscheidet deutlich zwischen der Volksweisheit, die eher konformistisch, vorreflexiv, unkritisch ist, und der didaktischen (philosophischen) Weisheit, die kritisch, argumentativ, der Tradition gegenüber auch ablehnend sein kann. In Afrika überwiegt die Volksweisheit, aber es gibt Männer und Frauen, die über die Volksweisheit hinaus einen unabhängigen kritischen Beitrag leisten, indem sie diese rational, d. h. mit Hilfe der Reflexion, zu begründen suchen. Diese nennt Oruka „Philosophie der zweiten Stufe", weil sie die „Philosophie der ersten Stufe" kritisch reflektiert.

Die heutige Anthropologie weist nach, daß es universalgültige Muster der Argumentationen gibt, die zwar formal und nicht inhaltlich allen Völkern gemeinsam sind. So sind die Empiristen der Ansicht, daß der Mensch, ob er nun explizit nach allen Regeln der logischen Kunst die induktiven Schritte von dem Bekannten auf das Unbekannte darlegen kann oder nicht, immer so denkt, daß die Sonne auch weiter im Osten aufgehen wird, weil es immer so gewesen ist.[45] Afrikanische Philosophie, im Unterschied zu den traditionellen afrikanischen Weltanschauungen und Volksweisheiten, ist im Werden begriffen durch das Aufarbeiten der reichen Vielfalt mündlicher Überlieferungen.

Die philosophische Fakultät in Nairobi führte eine Untersuchung im Sinne der Befragung einiger Weisen durch, die in der Mehrzahl Analphabeten waren, um nicht-geschriebene, aber lebendige mündliche Tradition mit Hilfe von modernen Geräten wie Tonbandaufnahmen sicherzustellen. Einige Beispiele dieser Forschungsergebnisse über Gott, Religion und Natur sind:

Paul Mbuya Akoko: Gott als höchstes Wesen. Dies mag eine These, eine Glaubensaussage sein. Was folgt, enthält in seiner urtümlichen Weise Erläuterungen, Begründungen und Argumentationen.

„Gott wird in meiner Sprache Nyasaye genannt. Aber Gott ist einer für alle Gemeinschaften und Rassen. Die Luos dachten anders. Sie dachten, ihr Gott sei nicht Gott über alle Völker. Sie hatten Unrecht.

Gott ist Ein Höchstes Wesen für alle Völker. Das kann ich zeigen,

---

[45] Clyde Kluckhohn vertritt eine ähnliche These, wenn er schreibt: „The logic (i. e. the fundamental processes of reasoning) of all peoples is the same, but the premises and basic categories are somewhat different." Kluckhohn, C.: Common Humanity and Diverse Cultures, The Human Meaning of the Social Sciences, ed. by D. Lerner, New York 1959, S. 274.

indem ich auf die Tatsache der Einheitlichkeit der Natur hinweise (ein dem teleologischen/kosmologischen Argument verwandtes Denken – Vf.). Gäbe es viele Götter mit ähnlichen Kräften, so würde die Natur ein Chaos sein; denn es gäbe dann Konflikte und Kriege zwischen den Göttern (ein Argument gegen den Polytheismus – Vf.). Die Natur aber ist einheitlich, nicht chaotisch: ein Hund z. B. bringt einen Hund hervor und nicht eine Katze. Und eine Katze zeugt eine Katze, nicht einen Hund oder eine Henne. All dies ist ein Beweis für Einen Höchsten Geist, der die Natur regiert. Aber was ist Gott genau? Das weiß niemand und kann niemand wissen."[46] Mag der letzte Satz nicht die reiche, akribische Argumentationsweise der negativen Theologie besitzen oder mit dem neti, neti ... (nicht dies, nicht dies ...) der advaita-vedânta-Philosophie oder dem namenlosen Tao explizit vergleichbar sein, aber dennoch enthält er etwas Analoges zu den oben erwähnten negativen Bestimmungen des einen Wahren.[47]

Mzee Oruka Ranginya: Gott ist eine Idee

„Die Religion (Dini) ist eine organisierte Ansammlung von Leuten zum Zwecke des Gottesdienstes. Sie können sich entscheiden, einer solchen Ansammlung einen Namen zu geben wie z. B. katholische Kirche, protestantische Kirche oder Legio Ya Maria (sic!) ... Gott hat jedoch keine Ähnlichkeit mit einem Menschen. Gott ist wie die Luft oder der Wind – Yamo makudho. Und darum kann Er (He) überall sein. Aber Gott ist auch dasselbe wie das moralisch Gute. (Chuny kata ttim maber, maler). Gott ist nicht ein konkreter Gegenstand, es (it) hat keine Substanz.

Gott ist die Idee des Guten oder die Kraft, die der Mensch wünscht oder zu erlangen sucht.

Frage: Was bedeutet das, daß Gott nicht eine Realität ist? Ist es eine bloße Wunschvorstellung?

Antwort: Es ist falsch, Gott zu personifizieren. Gott ist Inbegriff von Offenheit (open-heartedness, chuny maber). Gott ist die Idee, die das Gute selbst repräsentiert. Und darum ist Gott eine sehr nützliche Idee, ohne diese Idee würde das Übel erlaubt sein und überall praktiziert werden. Aber Gott ist kein Leib."[48]

Njeru Wa Kanyenje: Religion ist Zauberei

„Ich kümmere mich nicht viel um Gott oder die Religion. Von allem

---

[46] Oruka, H. O., in: Vier Fragen zur Philosophie in Afrika, Asien und Lateinamerika, S. 43.
[47] Vgl. Wiredu, K.: Philosophy and an African Culture, London 1980, S. 7.
[48] Wie Anm. 46.

Anfang an (d. h. als die Muzungu [die Weißen] die organisierte Religion zuerst brachten) sah ich die Religion als einen Bluff an. Sie ist die
Zauberei des weißen Mannes.

Aber diese Zauberei hat heute über die traditionelle afrikanische
Zauberei triumphiert. Heute anerkenne ich ihren Sieg, aber nicht ihre
Wahrheit. Sie ist immer noch ein Bluff …"[49]

Die anderen Interviews ergeben Ansichten wie „Ein Wissen von
Gott ist unmöglich", „Gott ist der erste Anfang", „Gott als moralische
gut-böse Macht".

Natürlich ist die kritische Frage hier immer wieder gestellt worden,
was all das mit Philosophie zu tun habe; denn Philosophie ist ein ab-
straktes logisches Denken über die Beziehungen zwischen Ideen und
Prinzipien des Wissens. Sollte diese reduktive Definition der Philosophie gelten, so dürfte ein beträchtlicher Teil nicht nur der asiatischen,
sondern auch der europäischen Philosophie nicht mit diesem Namen
belegt werden. Die alte griechische Szene ist hier auch nicht ein-
hellig.[50]

Dem weiteren Einwand, daß die hier befragten Weisen ja weder Sokrates noch Platon seien, begegnet Oruka mit dem Hinweis, daß es
selbst in Griechenland nur einmal einen Sokrates, einen Platon, einen
Aristoteles gegeben habe. Darüber hinaus gab es wenig gute Denker,
die den Namen „Philosoph" verdienten.

Hinsichtlich der Methode, nämlich durch Interviews und mit
Tonbändern die philosophischen Ansichten festzuhalten, ist Oruka
heute sogar in einer besseren Lage; denn, wie er sagt, „Platon hatte
kein Tonband, wie wir in unseren sage-Studien hatten, um die Gedanken Sokrates' zu beschreiben … Es gibt also keinen guten Grund,
warum wir bei unseren afrikanischen Weisen, wie etwa Mbuya Akoko
und Njeru Wa Kanyenje viel mehr an ausgeführter Philosophie for-
dern sollten, als wir dies von den frühen griechischen Weisen erwarten."[51]

Viele der namhaften afrikanischen Philosophen sind heute mit
ihren hervorragenden Kenntnissen der europäischen Philosophie
dabei, das Afrikanische an der Philosophie und das Philosophische im
afrikanischen Denken zu erarbeiten. Einige wenige Namen seien hier
erwähnt: K. Wiredu, P. J. Hountondji, K. Nkrumah, B. E. Oguah,

---

[49] Ebd., S. 44.

[50] Vgl. Hadot, P.: Philosophie als Lebensform. Geistige Übungen in der
Antike, Berlin 1991.

[51] Wie Anm. 49, S. 49.

Th. Okere, H. O. Oruka, L. S. Senghor, M. Towa. Die Zahl der europäischen Philosophen, die der afrikanischen Philosophie gegenüber eine sympathisch kritische Haltung einnehmen, nimmt erfreulicherweise zu.

Es ist interessant, zu beobachten, wie die Mutter der europäischen Philosophie, nämlich die griechische, selbst als Erbin der afrikanischen Philosophie angesehen wird, allerdings der nordafrikanischen, ägyptischen.[52] Diese hauptsächlich traditionelle und genealogische Sichtweise, so berechtigt sie auch sein mag, braucht man nicht zu übertreiben; denn worauf es ankommt, ist der philosophische Umgang mit ihr im Kontext von Tradition und Innovation.

Die afrikanische Philosophie ist nicht bloß das andere Denken, das der europäischen Philosophie fehlt. Auf der Suche nach der afrikanischen Philosophie haben wir gesehen, daß es eine afrikanische Philosophie gibt, die reich an mündlicher Tradition ist und analoge philosophische Fragen stellt.[53]

5.5 Zum philosophischen Denken in Lateinamerika

Die lateinamerikanische (argentinische) Philosophin Christina Boidi stellt in ihrer Suche nach einem eigenständigen lateinamerikanischen philosophischen Denken folgende Frage: „Ist ein freies, unabhängiges, eigenständiges Denken in Lateinamerika möglich?" und beantwortet diese Frage völlig zu Recht in einem bejahenden Sinne, indem sie die eine philosophia perennis niemandes Besitz alleine sein

---

[52] Vgl. Harding und Reinwald (Hrsg.): Cheikh Anta Diop. Afrika – Mutter und Modell der europäischen Philosophie, Berlin 1990; Keita, L.: The African Philosophical Tradition, and Olela, H.: The African Foundations of Greek Philosophy, in: African Philosophy. An Introduction, ed. by R. A. Wright, University Press of America 1977.

[53] Sieben in erster Linie beschreibende, nicht erklärende Diskursformen unterscheidet Ch. Neugebauer in der zeitgenössischen afrikanischen Philosophie: 1. Akademische Philosophie, 2. nicht-akademische Philosophen, 3. akademische Literaten und Soziologen, 4. nicht-akademische Literaten und Soziologen, 5. politischer Diskurs im Rahmen von Parteien, 6. religionsscholastische Diskurse und 7. Sages, elders und weise Frauen und Männer. Wir haben hier die erste, die sechste und die siebte Diskursform kurz angeschnitten, um der afrikanischen Philosophie auf die Spur zu kommen. Vgl. Neugebauer, Ch.: Einführung in die afrikanische Philosophie, München/Kinshasa 1989, S. 12.

läßt und ihre je eigene Ausdrucksweise aus dem je eigenen kulturellen und historischen Hintergrund entdeckt und beschreibt.[54]

Alle Adjektive wie z. B. indisch, chinesisch, europäisch, afrikanisch oder lateinamerikanisch haben ihre je eigene Berechtigung. Was mit Boidi zuückgewiesen werden muß, ist der unberechtigte Anspruch eines bestimmten Adjektivs, sich zu verabsolutieren.[55] Sehr zu Recht heißt es bei Boidi, daß der Universalitätsanspruch der Philosophie des Abendlandes zu Unrecht erhoben wird, „da die kulturellen Erfahrungen, die Kategorien und Theorien eines Teils der Welt aufgenommen, generalisiert und als universale Wahrheiten verwendet werden ... Es geht nicht darum, den guten alten Hegel zu vergessen oder Platon aus unseren Büchern zu streichen, es geht darum(,) die universelle Philosophie, oder sagen wir: die europäische Philosophie als das zu verstehen, was sie ist – nämlich die Philosophie einer Kultur, die sich selbst als einzige, universelle, allumfassende darstellte. Und aus diesem Grunde hat die lateinamerikanische Philosophie auch eine negative Aufgabe, indem sie nämlich die verschleiernden Kategorien der europäischen Philosophie, in deren Namen die Beherrschung (anderer Kulturen) vorangetrieben wurde, zurückweist."[56]

Oft und zu Recht wird die lateinamerikanische Philosophie in zwei Etappen vorgestellt: Die erste Etappe umfaßt die präkolumbische Zeit, in der eine reiche kulturelle Tradition mit ihren mythologischen Vorstellungen und anderen kulturellen Leistungen der Völker der Azteken, Mayas und Inkas zu beobachten ist. Mit der sogenannten Entdeckung Lateinamerikas im Jahre 1492 durch Kolumbus beginnt die zweite Etappe, welche gekennzeichnet ist durch Eroberung, Zurückdrängen, Zerstörung der eigentlichen lateinamerikanischen Kulturen und Werte und durch den Import der scholastischen Philosophie und des Christentums, so wie diese sich in dem damaligen Spanien zeigten.[57] Die zweite Etappe läßt sich nochmals unterteilen: In der ersten Phase der zweiten Etappe geht es um die Einführung der scholastischen spanischen Philosophie, Kultur und der christlichen Religion.

---

[54] Vgl. Boidi, C.: Ist ein freies, unabhängiges, eigenständiges Denken in Lateinamerika möglich? in: Conceptus, Jg. XXII, Nr. 56, 1988, S. 109–117.

[55] Vgl. Mall, R. A.: Meditationen zum Adjektiv „europäisch" aus interkultureller Sicht, in: Der technologische Imperativ, Heinz Hülsmann zum 75. Geburtstag, hrsg. von W. Blumberg u. a., München/Wien 1992, S. 139–150.

[56] Boidi, C.: Ist ein freies, unabhängiges, eigenständiges Denken in Lateinamerika möglich?, S. 111 f. und 116.

[57] Vgl. Krumpel, H.: Philosophie in Lateinamerika. Grundzüge ihrer Entwicklung, Berlin 1992, S. 1 ff.

Das exklusive Überlegenheitsgefühl der Spanier spielt hierbei eine wichtige Rolle. In dieser Phase hat Lateinamerika keine eigenständige, von den Conquistadoren anerkannte Identität. Die Identität, die die Völker Lateinamerikas zu dieser Zeit besitzen, ist die der Herrscher. Es geht um eine „Identitätszuweisung"[58], bei der die Conquistadoren allein bestimmend gewesen sind. Die zweite Phase der zweiten Etappe beginnt mit den revolutionären Bewegungen für politische Unabhängigkeit um 1810. Zu dieser Zeit haben die lateinamerikanischen Völker auch die europäischen Bewegungen wie die der Renaissance, des Humanismus, der Aufklärung und der franzöischen Revolution kennengelernt. Auch die Gedanken des britischen Utilitarismus sind ihnen jetzt vertraut.

In der weiteren Entwicklung der Begegnungsgeschichte mit der europäischen Kultur und Philosophie entdecken die lateinamerikanischen Intellektuellen und Literaten ihre geschichtlichen Wurzeln. Sie machen dabei authentische kulturelle, existentielle, politische und soziale Erfahrungen. Der philosophische Logos wird hier nicht mehr bloß als griechisch-europäisch begriffen, sondern erscheint in einem anderen Gewand. Hierin liegt das Authentische des philosophischen Denkens, wie noch zu zeigen sein wird. Von der Mitte des 20. Jh. an suchen die lateinamerikansichen Philosophen einen Dialog im Sinne eines gleichberechtigten, befreienden Diskurses. Es geht nicht mehr darum, den alten Hegel stets im Gepäck mitzuschleppen, der in der Euphorie der europäischen Erfolge durch Eroberungen, Kolonisation und Missionierung meinte sagen zu können, daß die Zukunft Lateinamerikas die Zukunft der europäischen Geschichte sei. Denn die europäische sei die eigentliche Geschichte. Die lateinamerikanische Kultur sei „bloß die, daß dieselbe eine ganz natürliche war, die untergehen mußte, sowie der Geist sich ihr näherte".[59] Zu dieser Ansicht

[58] Vgl. Ebd. S. 18.

[59] Hegel, G. W. F.: Vorlesungen über die Philosophie der Geschichte, in: Werke in zwanzig Bänden, Frankfurt a. M. 1970, Bd. 12, S. 114. Der bekannte japanische Philosoph Nishida weist auf das Eingebildetsein der europäischen Optik hinsichtlich ihrer Kultur hin: „Die Europäer neigen dazu, ihre eigene bisherige Kultur für die einzig hochentwickelte und die beste zu halten. Sie tendieren dazu, zu meinen, andere Völker müßten, wenn sie einen Entwicklungsfortschritt machen, genauso wie sie selber werden. Ich halte dies für eine kleinliche Eingebildetheit. Die ursprüngliche Gestalt der geschichtlichen Kultur ist meines Erachtens reicher." Nishida, K.: Gesamtausgabe, Bd. 12, S. 390, Übersetzung von E. Weinmayr, zit. in: Weinmayr, E.: Denken im Übergang – Kitaró Nishida und Martin Heidegger, in: Japan und Martin Heidegger,

trug auch die Hegelsche Überzeugung bei, daß außerhalb Europas die Philosophie nicht zu finden sei. Daß eine solche eurozentrische Optik von den lateinamerikanischen Philosophen zurückgewiesen wird, braucht nicht betont zu werden. Mit einer Philosophie und Kultur, die solche Verabsolutierungstendenzen besitzen, kann man keine Gespräche führen, schon gar nicht ein philosophisches.

So wie die europäische Kultur und Philosophie mehr als ein Zentrum kennen, wird die lateinamerikanische Tradition der Philosophie und Kultur von mindestens drei Quellen gespeist. Erstens sind da die spanisch-okzidental-europäische Kultur und Philosophie. Zweitens gibt es die einheimische indianische Kultur- und Weltanschauung, die von asiatischer Herkunft sein soll. Drittens ist das nicht zu leugnende afrikanische Element da, das zwar späteren Datums, jedoch überall lebendig ist. Daneben gibt es vielfältige Mischungen. Die sehr vielfältige und multikulturell geprägte, aber dennoch bodenständige lateinamerikanische Literatur ist ein guter Beleg hierfür.

Die Frage nach der lateinamerikanischen Identität hat diese Quellen in Betracht zu ziehen, sonst würde man reduktiv verfahren und Lateinamerika zu einem bloßen Echo Europas machen, was es in der Tat nicht ist, vor allem nicht in dem philosophischen und kulturellen Bewußtsein der Philosophen und Literaten. Die vielfältigen ethnischen, linguistischen, weltanschaulichen und kulturellen Aspekte bleiben für eine sachgerechte Standortbestimmung des lateinamerikanischen philosophischen Denkens bestimmend.

Will man die Adjektive indisch, europäisch, chinesisch, afrikanisch oder lateinamerikanisch ernst nehmen und ihnen legitimerweise Unabhängigkeit, Eigenständigkeit zukommen lassen, so muß man das Universale des gattungsmäßigen Begriffs der Philosophie mit ihrer Individualität der gesellschaftlichen, kulturellen und geschichtlichen Ausprägungen verbinden. In der Frage nach dem besonderen Charakter des philosophischen Denkens in Lateinamerika gehen die Ansichten, sogar in Lateinamerika, auseinander. Während der bekannte mexikanische Philosoph Leopoldo Zea im Namen des eigenständigen philosophischen Denkens in Lateinamerika die besondere historische Situation hervorhebt, in der sich das originär Philosophische zeigt, das jedoch als solches keiner Tradition allein gehört, vertritt der peruanische Philosoph Salazar Bondy die Ansicht, daß die lateinamerikani-

hrsg. von H. Buchner, Sigmaringen 1989, S. 39. Bei dieser Bemerkung muß Nishida eine Reihe von Philosophen von Hegel bis Heidegger im Visier gehabt haben.

sche Philosophie sich kaum über das inauthentische und imitative Stadium hinaus entwickelt habe. Die Lateinamerikaner lebten (leben zum Teil immer noch) in einer entfremdeten Welt mit einer ihnen von außen zugewiesenen Identität. Dies produziert in der Folge ein noch weiter entfremdetes Dasein. Diese Inauthentizität und Echofunktion können nur überwunden werden, wenn das philosophische Denken in Lateinamerika sich ganz loslöst von der Unterdrückung, Beherrschung und von den äußeren importierten Zwängen. In diesem Zusammenhang plädiert Bondy für die Entwicklung einer Konzeption der Philosophie, die in Kontrast steht zu den mächtigen Konzeptionen der Philosophie in der abendländischen Tradition.[60]

Die Gefahr eines solchen Philosophieverständnisses liegt jedoch darin, daß das Verbindende, das Gattungsmäßige, das Analogische, das Überlappende des Philosophiebegriffs verloren geht und wir demzufolge nicht berechtigt sind, überhaupt den Ausdruck Philosophie in den verschiedenen Traditionen zu verwenden. Jenseits der totalen Identität eines bestimmten Philosophieverständnisses und auch jenseits der totalen Differenz der Begriffe der Philosophie gilt es, das Überlappende zu suchen und zu finden.

Der argentinische Philosoph Enrique Dussel stellt zwar die konkrete menschliche Individualität und die geschichtliche Situation ins Zentrum der philosophischen Reflexion, spricht jedoch der abendländischen Philosophie die strukturelle Fähigkeit ab, sich von ihrer bevormundenden Tendenz und anderen Unterdrückungsmechanismen zu befreien. Mit Recht weist Dussel den Anspruch der europäischen Philosophie zurück, das eigentliche, trans-ethnisch geltende Subjekt der Philosophie entdeckt zu haben. Was nach Dussel nicht hintergehbar ist, ist die Alltäglichkeit, ist das alltägliche Bewußtsein mit seinen konkreten ethisch-politischen Standpunkten in der jeweiligen kulturellen und geschichtlichen Welt. So erübrigt sich die Frage nach dem Universalismus des philosophischen Denkens, und der philosophische Diskurs bleibt etwas Menschliches, d. h. etwas Fehlbares. Dussel nimmt eine Exteriorität an, die eigentlich die Totalität des Kosmos darstellt. Alles ist in ihm verankert. Das Verstehen des anderen geschieht daher nicht im Sinne einer Echofunktion meiner selbst, sondern im Sinne der Überwindung der Enge unseres jeweiligen Welthorizontes. Alles ist nicht verstehbar, wenn man das Selbstverstehen zum Paradigma erhebt. Alles braucht auch nicht verstehbar zu sein, dennoch kann der Mensch mit dem anderen in Beziehung treten, das nicht das andere

---

[60] Vgl. Bondy, S.: Existe una filosofía de nuestra América?, México 1969.

meiner selbst ist.[61] In der befreiungsphilosophischen Konzeption, die Dussel so entwickelt, spielt die Kategorie der Exteriorität eine zentrale Rolle.

Im Gegensatz zu Dussel, der eine Philosophie der Dritten Welt im Sinne einer Philosophie der weltweiten Befreiung der Menschheit in naher Zukunft verkündet, und im Gegensatz zu Bondy, der meint, die lateinamerikanische Philosophie besitze immer noch keine eigene philosophische Schule, entwickelt der argentinische Philosoph Leopoldo Zea eine Theorie, eine Ansicht über und eine Einsicht in den philosophischen Logos, die ich hier die Theorie eines ‚orthaft ortlosen Logos' nennen möchte. In seiner Konzeption eines befreienden Diskurses geht Zea von einer Deutung des Logos aus, die zwar die Universalität des Logos unangetastet sein läßt, den Logos jedoch konkret, exklusiv in keiner bestimmten philosophischen Konvention restlos aufgehen läßt. Um zu einer solchen Hermeneutik des Logos zu gelangen, thematisiert er die mit Vorliebe und für eine sehr lange, ja zu lange Zeit mit Erfolg betriebene Selbstbezogenheit Europas.

Der griechisch-europäische Logos ist das, was er ist, nämlich der europäisch gedachte und ausgebildete Logos. Andere Ausbildungen des Logos sind als Alternativen denkbar.[62] Zu seinem eigenen Philosophieverständnis schreibt Zea: „Das Kennzeichen *lateinamerikanisch* ergibt sich von selbst – im Nachhinein, wie in der Philosophie im allgemeinen, wenn von griechischer, französischer, englischer oder deutscher Philosophie gesprochen wird. Das Wichtigste ist das Nachdenken im Ausgang von sich selbst – angesichts einer Problematik, die uns unsere Wirklichkeit aufgibt, eine Wirklichkeit, die nicht nur das unmittelbar Konkrete meint, sondern die weitere den Menschen im allgemeinen betreffende Aspekte umfaßt."[63]

Zea möchte den Begriff des Logos zu seiner ursprünglichen Bedeutung zurückführen und ihn von dem Ballast befreien, Logos sei eine spezifisch griechisch-europäische Angelegenheit. Ursprünglich verstand man unter Logos erstens Vernunft und Verstand und zweitens das Wort, die Sprache. Es ist die Sprache, durch die die Vernunft artikuliert wird. Es ist diese Fähigkeit, die den Menschen als Menschen (und nicht nur den Griechen) eigen ist und Mitteilungen ermöglicht.

[61] Vgl. Hörisch, J.: Die Wut des Verstehens, Frankfurt a. M. 1988.

[62] Vgl. Steger, H.-A.: Vorwort zur deutschen Ausgabe, in: Leopoldo Zea: Signale aus dem Abseits, München 1989.

[63] Zea, L.: Signale aus dem Abseits – Eine lateinamerikanische Philosophie der Geschichte, München 1989, S. 23.

Sehr deutlich heißt es bei Zea: „Logos ist Vernunft und Wort, aber nicht Dialog. Die anderen, die jenen Logos in seiner zweifachen Bedeutung nicht besitzen, dürfen und können nicht das zum Ausdruck Gebrachte diskutieren; denn das zum Ausdruck Gebrachte ist Wahrheit *par excellence*, die der Nichtgrieche nur stotternd und beschränkt – durch seine Sprache und seine Sicht – zu wiederholen vermag. Schon Heraklit sagte: ‚Schlechte Zeugen, die Augen und die Ohren bei den Menschen, die Barbarenseele haben‘. Barbar hier also ist derjenige, der nicht eine Seele besitzt, die fähig ist, zu sehen und zu hören und somit über die Wahrheit *par excellence* zu sprechen. Mit dem anderen, dem Ungleichen, ist daher der Dialog unmöglich. Darüber hinaus kann der Barbar sich nicht selbst ausdrücken ... Sein Ausdruck wird barbarisch sein, stammelnd, stotternd. So existiert nur e i n authentischer Diskurs, und dieser Diskurs wird der des Griechen sein – gestern, wie es heute der seiner Nachfahren ist."[64]

Daß die Barbaren diese Fähigkeit nicht besitzen, daß sie nur stammeln, ist ein griechisches Vorurteil. Daß sich jedoch diese Ansicht der Griechen durchgesetzt hat, verdanken wir nicht ihrer Richtigkeit, sondern den historischen und politischen Realfaktoren der gewesenen Geschichte, in der der Westen im großen und ganzen Geschichte machte, bestimmte, deutete, ja sogar verfälschte. Zeas Verständnis des Logos möchte – und dies mit Recht – den Logos niemandes Besitz allein sein lassen. Wer diesen Anspruch erhebt, kann nicht vermeiden, den Logos als Herrschaftsinstrument zu mißbrauchen, sobald er Gelegenheit erhält.

Zeas Konzeption eines befreienden Diskurses stellt die beiden Seiten der hermeneutischen Münze, das Verstehenwollen und Verstandenwerdenwollen, ins Zentrum und fordert einen Dia-Logos. er schreibt: „Die lateinamerikanische Philosophie, so möchten wir es formulieren, ist die andere Seite der Münze der europäischen Philosophie. Die europäische Philosophie – und dessen werden sich europäische Philosophen bewußt – ist eine magistrale Philosophie gewesen, wie die Franzosen sagen. Das Instrument der Philosophie ist der Logos ... In Lateinamerika versucht die Philosophie, den alten Sinn des Logos als Vernunft und Wort wiederzugewinnen ..."[65] Die Deutung des Logos von Zea, der wir hier im Geiste der interkulturellen Philosophie zustimmen, hat den Vorteil, daß sie die in der Geschichte wirkenden Gegensätze und unterschiedlichen Ausdrucksformen des

[64] Ebd. S. 57f.
[65] Ebd. S. 19.

Logos nicht vernachlässigt, jedoch von dem Gedanken der Versöhnung beseelt ist, eine Versöhnung, die weder Sieger noch Verlierer
kennt; denn der eine Logos, die eine philosophia perennis zeigt keine
Vorliebe für eine bestimmte Tradition, Kultur, Religion und Philosophie. Die Echtheit, die Unabhängigkeit, die Eigenständigkeit eines
philosophischen Denkens kann eine solche Deutung des Logos beför-
dern. Der orthaft ortlose Logos hilft, eine Globalphilosophie in ihrer
exklusiven oder auch einverleibenden Machart zu verhindern.[66]
Gewiß gehört das Wort Philosophie den Griechen und Europäern,
aber keineswegs der Begriff.

---

[66] Vgl. Herra, R. A.: Kritik der Globalphilosophie, in: Vier Fragen zur Philosophie in Afrika, Asien und Lateinamerika, hrsg. von F. Wimmer, Wien
1989, S. 13–33.

NACHWORT: ZUR PHILOSOPHIA PERENNIS AUS INTERKULTURELLER SICHT

Der im Jahr 1540 von A. Steuchus eingeführte Ausdruck „de perenni philosophia"[1] bezieht sich auf Grundwahrheiten, die jenseits aller Begrenzungen durch Raum und Zeit bei allen Völkern vorhanden sein sollen. Diese Wahrheiten sind jedoch so geartet, daß sie die eine Wissenschaft aus dem einen Prinzip (Gott) darstellen. Lange Zeit hat die philosophia perennis diese theologische Verankerung aufrechterhalten. Dies wird am deutlichsten in dem theologischen Rationalismus von Thomas von Aquin und in der Auffassung der christlichen Metaphysik als der Gestalt der philosophia perennis.

Aus der Sicht der interkulturellen Philosophie heute erscheint diese einseitige Standortbestimmung der philosophia perennis als ein Philosophem, das nur insofern zu Recht besteht, als es das Vorhandensein der einen immerwährenden Philosophie bei sich erkennt, ohne jedoch ihr Vorhandensein in anderen Traditionen und Kulturen zu negieren.

Unter „perennial philosophy" versteht Huxley jedoch mehr die kulturgeschichtliche Integrationsthese, die besagt, daß die eine philosophia perennis sich in mehreren Kulturprägungen zeigt, hauptsächlich jedoch in den konvergierenden Elementen aller Religionen.[2]

Betont Nicolai Hartmann in der Hauptsache das Problemdenken als differentia specifica der philosophia perennis, so ist bei Karl Jaspers die philosophia perennis das zeitlose Gespräch der Philosophen und Philosophien. Dieses Gespräch wird von dem Wissen begleitet, daß die eine philosophia perennis niemandes Besitz allein ist.[3] Daß die Gestalt der philosophia perennis sich wandelt, darf nicht verwechselt werden mit einer totalen Veränderung ihrer selbst. Das Metonymische der philosophia perennis besteht gerade darin, daß sie sich der

---

[1] Vgl. Steuchus, A.: De perenni philosophia. With a new Introd. by Ch. B. Schmitt, London 1972.

[2] Vgl. Huxley, A.: The Perennial Philosophy, London 1944.

[3] Vgl. Jaspers, K.: Philosophie I, Philosophische Weltorientierung, Berlin 1973, S. 284.

Sprache bedient und zugleich ihrer bedarf, aber ihr nicht ganz verfügbar ist. Die philosophia perennis, so verstanden, weist den Anspruch ihrer leibhaftigen, exklusiven Erscheinung zurück. Karl Jaspers hatte daher zu Recht in seiner Schrift ›Vom Ursprung und Ziel der Geschichte‹ die dem Geist der philosophia perennis entsprechende These von der „dreifachen Achsenzeit" in China, Indien und Griechenland um ca. 600 v. Chr. vertreten.[4]

Die heutige interkulturelle philosophische Optik läßt es geboten erscheinen, daß keine Kultur, keine Religion, keine philosophische Konvention den Anspruch erheben darf, die philosophia perennis allein zu besitzen. Dies wäre, von uns Philosophierenden her gesehen, anmaßend. Darüber hinaus täte dies der Unparteilichkeit der philosophia perennis unrecht. Gerade in einer solchen erkenntnistheoretischen und metaphysischen Bescheidenheit zeigt sich die Kultur der interkulturellen philosophischen Haltung, die die philosophia perennis zwar ortlos sein läßt, indem sie diese an keinen Ort wegen zeitlicher, räumlicher, ja sogar ideolgischer Kurzatmigkeit bindet, sie jedoch in ihren Erscheinungsformen als orthaft begreift, indem sie uns Menschen geschichtlich sein läßt und uns nicht spekulativ-idealistisch, transzendental-philosophisch oder gar offenbarungstheologisch in eine vollendete Geschichte hineinpostiert, wo dann die Rede von der philosophia perennis und ihren geschichtlichen Erscheinungen einen jeden Sinn verliert. Wer die philosophia perennis so in Anspruch nimmt, sei es in Asien oder in Europa oder sonst irgendwo, kann nicht philosophieren; denn er besitzt gerade das, worum wir alle in unserem philosophischen Bemühen zu ringen haben.

Die Kritik, daß der hier vertretenen Ansicht über die philosophia perennis eine Unbestimmtheit anhafte, verrät die Tendenz einer Hypostasierung der Idee der philosophia perennis. Darüber hinaus macht sich eine solche Kritik einer erkenntnistheoretischen Voraussetzungslosigkeit schuldig. Mit einem dem heutigen in der de facto existierenden hermeneutischen Situation des mittelbaren und unmittelbaren Angesprochenseins der verschiedenen philosophischen Traditionen adäquaten Verständnis der philosophia perennis als einem orthaft ortlosen Gespräch der Philosophen und Philosophien ergibt sich auch ein neues Verständnis der interkulturellen Philosophie.

So wie alle anderen Entwürfe des menschlichen Geistes verraten auch die hermeneutischen Modelle hinsichtlich der philosophia pe-

---

[4] Vgl. Jaspers, K.: Vom Ursprung und Ziel der Geschichte, München 1983, S. 19 f.

rennis ihre lokale Bodenständigkeit und ihren Sedimentationscharakter. Diese Modelle jedoch, ob europäischer oder außereuropäischer Herkunft, hinken heute dem weltphilosophischen Gespräch hinterher, das sie zu verstehen und zu erklären vorgeben. Eine philosophia perennis und eine philosophische Tradition, die sich koinzident wissen, leben von einem selbst verschuldeten Vorurteil. Daher ist die Rede von der Krise der philosophia perennis eigentlich eine Krise, entstanden aus der Selbstermächtigung.[5] Diese Krisenstimmung trat immer dann auf, wenn Europa den Verlust seiner sogenannten geistig kulturellen Identität, Universalität und Einmaligkeit witterte. Sehr deutlich heißt es bei Derrida, der Husserl und Heidegger u. a. im Blick hat: „Die Krise Europas als Krise des Geistes sagen sie alle in dem Moment, da sich die Grenzen, die Umrisse, das *eidos*, die Endzwecke und Enden und die Unendlichkeit Europas abzeichnen, das heißt, da die Reserve des Idioms, das Kapital an Unendlichkeit und Universalität sich in Gefahr befindet."[6]

Bei unserem zeitgemäßen Verständnis der philosophia perennis geht es um eine Hermeneutik, die radikal und offen genug ist, um die Traditionsgebundenheit der philosophia perennis einzusehen, jedoch diese zugleich in den anderen philosophischen Traditionen zuzulassen, wenn auch mit ein wenig anderer Fragestellung und anderen Lösungsansätzen.[7] Eine auf das interkulturelle Verstehen der Philosophien und Philosophen zielende Hermeneutik der philosophia perennis muß die Forderung nach einer Theorie erfüllen, nach der weder die Begriffe noch Methoden, Auffassungen und Systeme der verschiedenen philosophischen Konventionen unhistorische, unveränderliche, apriorische Größen darstellen. Wer aber die philosophia perennis leichtfertig per definitionem dingfest machen will, verwässert die Diskussion um sie und verfällt in einen kruden Nominalismus. Selbst der Versuch, die Wahrheit der philosophia perennis durch eine bestimmte Tradition und die Wahrheit dieser Tradition durch die philosophia perennis definieren zu wollen, begeht den Fehler der petitio principii.[8]

[5] Vgl. Ströker, E.: Edmund Husserls Phänomenologie. Philosophia perennis in der Krisis der europäischen Kultur, in: Phänomenologische Forschungen 22, München 1989, S. 11–38.

[6] Derrida, J.: Kurs auf das andere Kap – Europas Identität, in: Liber, Nr. 3, Oktober 1990, S. 11.

[7] Vgl. Eliade, M.: Die Sehnsucht nach dem Ursprung, Wien 1973, S. 83 f. u. 208.

[8] Vgl. Mall, R. A.: Die orthafte Ortlosigkeit der Hermeneutik. Zur Kritik einer reduktiven Hermeneutik, in: Widerspruch 15, 1988, S. 45 f.

Echte philosophische Gespräche werden mit der Haltung geführt, in der philosophia perennis gemeinsam beheimatet zu sein. „Es ist die philosophia perennis", heißt es bei Jaspers, „welche die Gemeinsamkeit schafft, in der die Fernsten miteinander verbunden sind, die Chinesen mit den Abendländern, die Denker vor 2500 Jahren mit der Gegenwart ..."[9]

Die eine philosophia perennis als eine immerwährende Philosophie kann nie die Leistung bloß des Einzelnen sein. Eine offene Auseinandersetzung mit den philosophischen Überlieferungen der Menschheit gebietet geradezu eine philosophia perennis in ihrem positiven Verständnis. Die eine philosophia perennis transzendiert und steht hinter den mannigfachen Gestalten des Philosophierens, sei es in China, Indien, Europa, Afrika oder Lateinamerika. Die große Illusion mancher Metaphysiken und Theologien ist gewesen, die philosophia perennis konkret zu besitzen. Sie haben eine Erscheinung der philosophia perennis mit ihr gleichgesetzt. Im Geiste der phänomenologischen Analyse kann die philosophia perennis als eine intentionale Sinneinheit, als das Noematische der noetischen Akte verstanden werden. Ein solches Verständnis der philosophia perennis erlaubt uns, sowohl ihre theologisch-metaphysische als auch ihre idealistisch-universalistische Vorwegnahme zu durchschauen.[10]

[9] Jaspers, K.: Weltgeschichte der Philosophie. Einleitung. Aus dem Nachlaß, hrsg. von H. Saner, München 1982, S. 56. In seiner kritischen Deutung des griechischen Logos schreibt der lateinamerikanische Philosoph Leopoldo Zea: „Die europäische Philosophie – und dessen werden sich europäische Philosophen bewußt – ist eine magistrale Philosophie gewesen, wie die Franzosen sagen. Das Instrument der Philosophie ist der Logos ... In Lateinamerika versucht die Philosophie, den alten Sinn des Logos als Vernunft und Wort wiederzugewinnen, d. h. als die Fähigkeit, zu verstehen und sich verständlich zu machen, d. h. als Dia-Logos. Philosophie der Befreiung hat aus ihrer Sorge (um den Dialog) hier ihre Problemstellung festgemacht: Bruch mit dem Logos als Herrschaft mit dem Ziel, einen Logos zu erarbeiten, in und mit dem die Menschen in ihren unterschiedlichsten Ausdrucksformen sich verstehen und veständlich machen." Signale aus dem Abseits – Eine lateinamerikanische Philosophie der Geschichte, München 1989, S. 19. Die griechische und in der Folge die europäische Philosophie hat den Logos zu einer exklusiven griechisch-europäischen Angelegenheit gemacht. Der Logos wurde zu einem universellen Paradigma erhoben und gebar ein Rationalitätsverständnis, das außerhalb der europäischen Philosophie und Kultur nur stammelnde Völker sah, des Logos unfähig.

[10] Mall, Hülsmann: Die drei Geburtsorte der Philosophie. China, Indien, Europa, Bonn 1989, S. 12 ff.

Die europäische Rezeption der nicht-europäischen Philosophie ist immer eine exklusiv eurozentrische gewesen. Nicht zu Unrecht heißt es bei Lévinas: „Die abendländische Philosophie fällt mit der Enthüllung des Anderen zusammen; dabei verliert das Andere, das sich als Sein manifestiert, seine Andersheit. Von ihrem Beginn an ist die Philosophie vom Entsetzen vor dem Anderen, das Anderes bleibt, ergriffen, von einer unüberwindbaren Allergie."[11] Daß sich an dieser Denkweise, die, begünstigt durch verschiedene außerphilosophische Faktoren, sich hat weltweit durchsetzen können, nichts auf der Ebene der philosophischen Gesinnung geändert hat, kann man heute noch wahrnehmen.

In einem Gespräch mit den Philosophen für den Norddeutschen Rundfunk stellte Schickel in den siebziger Jahren die Frage nach der Bedeutung nichteuropäischer Philosophien für ihr Denken. Joachim Schickel fragte nicht, ob es nichteuropäische Philosophien gibt. Seine Fragestellung ging davon aus, daß es sie gibt. Er wollte vielmehr wissen, ob das nichteuropäische philosophische Denken für das Denken dieser europäischen Philosophen von Bedeutung gewesen ist. Die Antworten einiger Philosophen waren überraschend. So antwortete Günter Patzig sehr pointiert und recht eindeutig, indem er sagte: „Philosophie sei nur denkbar als abendländische Philosophie."[12] Diese Antwort Patzigs ließ die eigentliche Frage Schickels redundant werden, so als ob jemand auf die Frage Kants: wie sind synthetische Urteile a priori möglich, antworten würde, es gibt sie nicht. Carl Friedrich von Weizsäcker, der dem asiatischen Denken gegenüber eine sehr sympathisch-kritische Haltung zeigt und dies in seinen Schriften auch zum Ausdruck gebracht hat, meinte, Philosophie sei höchstens in Indien, und das auch nur rudimentär, zu treffen. In Ostasien dagegen gibt es keine Philosophie.[13] Andere Teilnehmer dieser Diskussionsgruppe meinten, kein sachgerechtes Urteil abgeben zu können, weil ihnen die notwendigen Kenntnisse fehlten. Es ist das uralte Klischee, das schon Diogenes Laertius vertrat, indem er die Ansicht von Lukian von Samosata vom Vorhandensein der Philosophie auch bei nichtgriechischen Völkern zurückwies. Dieses Klischee lebt in Ausdrücken und Büchertiteln wie: asiatische Weisheit und europäi-

---

[11] Lévinas, E.: Die Spur des Anderen. Untersuchungen zur Phänomenologie und Sozialphilosophie, Freiburg/München 1983, S. 211.

[12] Zit. in: Schickel, J. (Hrsg.): Grenzenbeschreibung. Gespräche mit Philosophen, Hamburg 1980, S. 194.

[13] Ebd., S. 214f.

sche Philosophie weiter. Leider hat die Denklinie von Lukian von Samosata über Deussen, Schopenhauer, Scheler, Jaspers u.a. sich nicht durchsetzen können. Die Linie, die sich durchgesetzt hat und die die europäische Rezeption nichteuropäischer Philosophien bestimmt hat, läuft von Diogenes Laertius über Hegel, Heidegger, Husserl, Gadamer u. a.

Es ist keine gute Methode, mit exklusiv stipulativen Definitionen anzufangen und ihre Übernahme von den anderen zu verlangen. Die Geschichte der Philosophie ist ein Reservoir unterschiedlicher Definitionen der Philosophie. Wer dieses reiche Reservoir ernst nimmt, wird das Vorhandensein des philosophischen Denkens in außereuropäischen Ländern nicht in Frage stellen.[14] „Let us remember, however", schreibt Mohanty zu Recht, „that nothing depends upon what you decide. It is as though some Sanskrit pundits in Benares decided not to dignify the philosophies of a Kant or of a Husserl as a darśana because they lack some feature that they thought a darśana properly so-called should have."[15] Wer mehr als eine philosophische Tradition kennt und z. B. die indische und die europäische studiert hat, kann leicht feststellen, daß die oben erwähnten einseitigen Ansichten entweder bloß verbal und trivial sind oder aber auf Mangel an gründlichen Kenntnissen beruhen.

Im ersten theoretischen Teil haben wir unterschiedliche Gründe angeführt, um aufzuweisen, warum die interkulturelle Philosophie, sprich Universalität der Philosophie, der kulturellen Gestalten bedarf, ohne jedoch in irgend einer exklusiv aufzugehen. Hier möchte ich einige Kenner der beiden Traditionen zu Wort kommen lassen, die bezeugen, daß nicht der Name, wohl aber der Begriff, d. h. die Sache der Philosophie, auch nichteuropäische Gestalten kennt. So schreibt Mohanty: „Stereotypes and clichés have long prevailed over writings on Eastern thought ... I believe that there are enough similarities between Indian darśanas and Western philosophies to justify translating darśana as ‚philosophy, ...The universality of rational thinking transcends and yet comprehends local differences; it lives in and through such differences."[16] Der leider zu früh verstorbene indische Philosoph und Sanskritist B. K. Matilal, der lange Jahre die Spalding Professur an der Universität Oxford innehatte und ein hervorragender Kenner

---

[14] Vgl. Copleston, F. C.: Philosophy and Cultures, Oxford 1980, S.3f.

[15] Mohanty, J. N.: Reason and Tradition in Indian Thought, Oxford 1992, S. 298.

[16] Ebd., S. 290ff.

der indischen und europäischen philosophischen Tradition war, stellt
beinahe rhetorisch die Frage, die zugleich Titel seines Aufsatzes ist:
„Indian Philosophy: is there a problem today?"[17] Und er meint mit
Recht, daß die indischen darśanas nicht unvergleichbar unterschiedlich sind. Es gibt zwei Ansichten über die indische Philosophie, die
wegen ihrer extremen Einseitigkeit abzulehnen sind. „Over-enthu-
siasm for this other-worldliness need not detain us long. For this is generally found in un-informed dreamers who generally believe that
Oriental mysticism is the answer to all the ills of modern Western civilization. In almost the same way, we may dismiss the other extreme
view about Indian philosophy. For those who condemn Indian philosophy as not being philosophy at all but a bundle of dogmas and mysti-
fying and unproductive statements about man and the world, are
equally un-informed about the wealth of genuinely philosophical ma-
terial contained in the classical texts of India."[18] Mohanty äußert sich
so: „It is indeed sickening to find philosophers argue a thesis about a
field about which they know almost next to nothing- and so inevitably
using arguments that follow apriori from their methodological pre-
misses ..."[19]

Im Geiste der Theorie und Praxis der interkulturellen Philosophie
erscheint die philosophia perennis in unterschiedlichen, aber nicht radikal unterschiedlichen Gewändern, spricht unterschiedliche Sprachen, stellt Fragen und sucht Lösungen, die über die Kultur- und
Sprachräume hindurch verblüffende Ähnlichkeiten und erhellende
Differenzen zeigen. Mit dem französischen Historiker und Orientalisten René Grousset plädieren wir für einen interkulturell orientierten
geistigen Austausch und für eine reziproke Rezeption der europäischen
und außereuropäischen Traditionen. Grousset schreibt: „Besteht im
geistigen Bereich zwischen diesen beiden Welten tatsächlich eine un-
überbrückbare Kluft? Die Griechen, die als die ersten gleichsam das
Gewissen Europas gewesen sind, scheinen das geglaubt zu haben ...
Wenn wir in indischen Texten blättern, begegnen wir um 150 v. Chr.
dem griechischen König Menander – Milinda in der Palisprache –, der
mit einem buddhistischen Mönch über philosophische Fragen diskutiert und sich ziemlich leicht überzeugen läßt ... Umgekehrt könnte
uns in der buddhistischen Philosophie der Inder die Kritik eines Nâ-

[17] Vgl. Pappu, S. S. R. R. and Puligandla, R. (eds.): Indian Philosophy:
Past and Future, Delhi 1982, S. 253–259.
[18] Ebd., S. 254.
[19] Mohanty, J. N.: Reason and Tradition in Indian Thought, S. 288.

gârjuna, in der Philosophie der Brahmanen der Atomismus der Vaiśeshika, in der chinesichen Philosophie der Positivismus eines Konfuzius oder der Evolutionismus eines Tschu Hi sehr wohl geistige Positionen erkennen lassen, die denen der rein griechischen Philosophie sehr nahestehen."[20]

Interkulturelle Philosophie ist eine grundsätzlich neue Orientierung und entspringt der Einsicht in die Polymorphie der einen orthaft ortlosen philosophia perennis. Der polyphone und polyloge Charakter der philosophia perennis trägt metonymische Züge. Die hier entworfene Theorie der interkulturellen Philosophie plädiert für eine überlappend-universale, aber dennoch orthaft ortlose philosophia perennis und weist auf einen Paradigmenwechsel hin. Dieser Pradigmenwechsel bringt mit sich, daß wir sowohl die theoretischen als auch die praktischen Disziplinen der Philosophie aus der interkulturellen Sicht sehen und betreiben lernen.

---

[20] Grousset, R.: L'homme et son histoire, Ed. Plon o. J. – Dt. Ausgabe: Orient und Okzident im geistigen Austausch, Stuttgart 1955, S. 159 ff.

LITERATURVERZEICHNIS

Abraham, W. E.: The Mind of Africa, Chicago 1970.

Acharya, R. S. (Hrsg.): 108 Upanisaden (Sanskrit und Hindi), Bareli 1974.

Adorno, Th. W.: Negative Dialektik, Frankfurt a. M. 1973.

Al Biruni: Albiruni's India, tr. by E. C. Schau, 2 Bde., London 1888.

Amery, J.: Hegel – Befreier oder Oppressor?, in: Der integrale Humanismus, Stuttgart 1985.

Apel, K.-O.: Diskurs und Verantwortung. Das Problem des Übergangs zur postkonventionellen Moral, Frankfurt a. M. 1988.

Aster, E. v.: Geschichte der Philosophie, Stuttgart [17]1980.

Atreya, B. L.: The Elements of Indian Logic, with the Text and Hindi and English Translations of Tarkasangraha, Benares [2]1934.

Aurobindo, Sri: The Life Divine, 2 vols., Culcutta 1947.

Bahm, A. J.: Comparative Philosophy: Western, Indian and Chinese Philosophies compared, Albuquerque 1977.

Baiculescu, M.: Freiheit mit Reiseleiter, in: Der Falter, Wien 8/1985.

Bakker, H., Schickel, J., Nagel, B.: Indische Philosophie und europäische Rezeption. Dialectica Minora 5, Köln.

Banerjee, N. V.: The Spirit of Indian Philosophy, New Delhi 1974.

Banerjee, S. C. (tr.): The Sankhya Philosophy: Sankhyakarika with Gaudapada's Scolia and Narayana's Gloss., Calcutta 1909.

Barua, B.: Prolegomena to a History of Buddhist Philosophy, Calcutta 1918.

Bary, W. T. de (ed.): Sources of Chinese Tradition, New York 1960.

Bary, W. T. de, and Embree, A. T.: A Guide to Oriental Classics, New York 1975.

Basham, A. L.: History and Doctrines of The Ajivikas. A Vanished Indian Religion, London 1951, Delhi 1981.

Bauer, W.: Einführung in das Studium der Geschichte, Tübingen 1928.

Beky, G.: Die Welt des Tao, München 1972.

Berdiajew, N.: Der Sinn der Geschichte, Darmstadt 1925.

Bernstein, R. J.: Beyond Objectivism and Relativism, Oxford 1983.

Bhattacharya, H. (ed.): The Cultural Heritage of India, vols. I–V (The Philosophies), Calcutta 1975.

Bhattacharya, K. C.: Studies in Philosophy, 2 vols., Calcutta 1955–1957.

Bhattacharya, K.: Philosophy, Logic and Language, Bombay 1965.

–: Alternative Standpoints in Philosophy, Calcutta 1953.

Bhattacharya, S.: Philosophy as Self-Realisation, in: Indian Philosophy Today, ed. by N. K. Devaraja, New Delhi 1975.

Berlin, I.: The Crooked Timber of Humanity, London 1990.

Bishop, D. H. (ed.): Indian Thought, An Introduction, New Delhi 1975.

Bocheński, J. M.: Formale Logik, München ³1970.

Bodde, D.: On Translating Chinese Philosophical Terms, in: Far Eastern Quarterly 14, 1955, pp. 235–237.

Boidi, C.: Ist ein freies, unabhängiges, eigenständiges Denken in Lateinamerika möglich?, in: Conceptus, Jg. XXII, Nr. 56, 1988.

Bondy, S.: Eiste una filosofia de nuestra América?, México 1969.

–: Introduccion a la filosofia, Lima 1961.

Brown, D. M.: The White Umbrella – Indian Political Thought from Manu to Gandhi, Berkeley 1953.

Buber, M.: Reden und Gleichnisse des Tschuang Tse, Zürich 1951.

Bubner, R. (Hrsg.): Hermeneutik und Dialektik, Festschrift für H.-G. Gadamer, 2 Bde., Tübingen 1970.

Bühler, G. (tr.): The Law of Manu with Extracts from Seven Commentaries, Oxford 1886.

Burckhardt, J.: Weltgeschichtliche Betrachtungen, Stuttgart 1978.

Burkert, W.: Platon oder Pythagoras? Zum Ursprung des Wortes Philosophie, in: Hermes 88, 1960, S. 159–177.

Burr, J. R.: Handbook of World Philosophy, London 1981.

Burt, E. A.: In Search of Philosophic Understanding, New York 1965.

Caraka-Saṁhitâ, ed. by Y. Sharma, Bombay 1933.

–: Diesseits der Utopie, Frankfurt a. M. 1974.

Chang, C.: The Development of New-Confucian Thought, New York 1957.

Chai, C., und Chai, W.: The Story of Chinese Philosophy, New York 1961.

Chan, W. T.: Chinese Philosophy, in: The New Encyclopaedia Britanica, vol. 4, London 1978.

–: The Way of Lao Tzu, a Translation and a Study of the Tao-te Ching, New York 1963.

Chan, Wing-Tsit: A Source Book in Chinese Philosophy, Princeton 1973.

Chatterjee, S. C.: The Nyaya Theory of Knowlegde, Calcutta²1950.

– and Datta, D. M.: An Introduction to Indian Philosophy, Calcutta ⁷1968.

Chattopaddhyaya, D.: Lokayata: A Study in Ancient Indian Materialism, New Delhi 1959.

Chaudhuri, A. K. R.: The Doctrine of Maya, Calcutta 1950.

Chi, R. Y. S.: Buddhist Formal Logic, London 1969.

Cho, Kah: Bewußtsein und Natursein. Phänomenologischer West-Ost-Diwan, München 1987.

Chraust, A.-H.: Philosophy: Its Essence and Meaning in the Ancient World, Philos. Review 27, 1947.

Conze, E.: Buddhism. Its Essence and Development, London 1951.

Copleston, S. C.: Philosophies and Cultures, Oxford 1980.

–: History of Philosophy, 8 vols., Oxford 1946–66.

Creel, H. G.: Chinese Thought, From Confuzius to Mao Tse-tung, Chicago 1953.

Dasgupta, S. N.: Philosophical Essays, Delhi 1982 (1941).

–: A History of Indian Philosophy, 5 vols., Cambridge 1922, Delhi 1975.

–: Indian Idealism, Cambridge 1962.

David, T. K.: Philosophy in Contemporary China, in: Far Eastern Economic Review 23, 1957.

Dawson, R.: Confucius, Oxford 1981.

Daya Krishna: Indian Philosophy. A Counter Perspective, Delhi 1991.

Dhar, S.: Canakya and the Arthasastra, Bangalore 1957.

Derrida, J.: Randgänge der Philosophie, Frankfurt a. M. 1976.

–: Mythologie blanche, in: Poetique 5, 1971, S. 1–52.

–: Kurs auf das andere Kap – Europas Identität, in: Liber, Nr. 3, Okt. 1990.

–: Vom Geist. Heidegger und die Frage, Frankfurt a. M. 1988.

Desai, M. D. (tr.): The Naya-Karnika, Arrha 1915.

Deussen, P.: Allgemeine Geschichte der Philosophie 7 Bde., Leipzig 1894–1917.

–: Sechzig Upanishads des Veda, Leipzig 1899.

Dilthey, W.: Der Aufbau der geschichtlichen Welt in den Geisteswissenschaften, hrsg. von M. Riedel, Frankfurt a. M. ²1981. Oder in: Gesammelte Schriften, Bd. 7, Göttingen 1973.

Dubs, H. H.: Comparison of Chinese and Greek Philosophy, in: Chinese Social and Political Science Review 17, 1933, pp. 307–327.

Duala-M'bedy, M.: Xenologie. Die Wissenschaft vom Fremden und die Verdrängung der Humanität in der Anthropologie, Freiburg i. Br. 1977.

Durant, W. A.: Kulturgeschichte der Menschheit, Bde. 3 und 4, Frankfurt a. M. 1981.

Dussel, E.: Philosophie der Befreiung, Hamburg 1989.

Dutt, M. N. (tr.): The Dharma Sutras, Calcutta 1908.

Edgerton, F.: The Beginnings of Indian Philosophy, Selections Rig Veda, Atharva Veda, Upanishads and Mahabharata, Cambridge 1965.

Edwards, P. (ed.): The Encyclopedia of Philosophy, vols. 3,4, London 1972.

Eliade, M.: Kosmos und Geschichte, Der Mythos der ewigen Wiederkehr, Frankfurt a. M. 1984.

–: Die Sehnsucht nach dem Ursprung, Wien 1973.

–: Le Yoga, immortalité et liberté, Paris 1954; Yoga, Immortality and Freedom, New York 1958.

Erdmann, J. E.: Grundriß der Geschichte der Philosophie, Berlin 1930.

Eucken, R.: Geschichte der philosophischen Terminologie im Umriß, Hildesheim 1964.

Fanon, F.: Schwarze Haut, weiße Maske, Frankfurt a. M. 1980.

–: Die Verdammten dieser Erde, Hamburg 1969.

Fatone, V.: El Budismo Nihilista, Buenos Aires 1962.

–: The Philosophy of Nagarjuna, tr. by K. D. Prithipaul, Delhi 1981.

Feyerabend, P. F.: Farewell to Reason, New York 1987.

Finkielkraut, A.: Die Niederlage des Denkens, Hamburg 1989.

Fischer, K.: Geschichte der neueren Philosophie, 9 Bde., Heidelberg [4]1897–1907.

Flint, R.: History of the Philosophy of History, London 1893.

Flintoff, E.: Pyrrho and India, in: Phronesis, vol XXV, No 1, 1980, pp. 88–108.

Fornet-Betancourt, R.: Kommentierte Bibliographie zur Philosophie in Lateinamerika, Frankfurt a. M. 1984.

–: Filosofía intercultural, México 1994.

– (Hrsg.): Diskursethik oder Befreiungsethik, Aachen 1992.

Forke, A.: Geschichte der neueren chinesischen Philosophie, Hamburg 1938.

Frank, M.: Die Grenzen der Verständigung, Frankfurt a. M. 1988.

Franke, W.: China und das Abendland, Göttingen 1962.

Frauwallner, E.: Geschichte der indischen Philosophie, 2 Bde., Salzburg 1953–1956.

Gadamer, H.-G.: Wahrheit und Methode, Tübingen [4]1975.

– (Hrsg.): Grundriß der allgemeinen Geschichte der Philosophie von W. Dilthey, Frankfurt a. M. 1949.

–: Begriffsgeschichte als Philosophie, in: Archiv für Begriffsgeschichte 14, 1970.

–: Hermeneutik, in: Historisches Wörterbuch der Philosophie, Bd. 3, S. 1062–1072.

–: Das Erbe Europas, Frankfurt a. M. 1989.

Gander, H.-H. (Hrsg.): Europa und die Philosophie, Frankfurt a. M. 1993.

Gandhi, M. K.: The Story of my Experiment with Truth, Washington 1960.

Geertz, C.: The Interpretation of Culture, New York 1973.

Geldner, K. F. (Übers.): Der Rig Veda (Kommentiert), Wiesbaden 1951.

Geldsetzer, L.: Was heißt Philosophiegeschichte?, Düsseldorf 1968.

Gestering, J. J.: German Pessimism and Indian Philosophy, A Hermeneutic Reading, New Delhi 1986.

Giles, A. (tr.): Chuang Tzu, Mystic, Moralist, and Social Reformer, London 1961.

Gilson, E.: Der Geist der mittelalterlichen Philosophie, Wien 1950.

–: Unity of Philosophical Experience, London 1955.

Glasenapp, H. v.: Die Philosophie der Inder, Stuttgart [3]1974.

–: Das Indienbild deutscher Denker, Stuttgart 1960.

Glockner, H.: Beiträge zum Verständnis und zur Kritik Hegels sowie zur Umgestaltung seiner Geisteswelt, Bonn 1965.

–: Die europäische Philosophie von den Anfängen bis zur Gegenwart, Stuttgart 1958.

Goethe, J. W. v.: West-östlicher Diwan, Goethes Werke, hrsg. von G. Stenzel, Bd. II, Salzburg 1951.

–: Zahme Xenien, 11, Hamburger Ausgabe, Bd. 1, München 1981.

Goodwin, W. F.: Ethics and Values in Indian Philosophy. In: Philosophy: East and West, 4 (1955).

Gopalan, S.: Hindu Social Philosophy, New Delhi 1979.

Goshal, U. N.: A History of Hindu Political Theories, London 1927.

Gould, S. J.: Human Equality is a Contingent Fact of History, in: The Flamingo's Smile, New York 1985.

Granet, M.: Das chinesische Denken, Frankfurt a. M. 1985.

Guthrie, W. K. C.: A History of Greek Philosophy, Cambridge 1962 ff.

Habermas, J.: Der philosophische Diskurs der Moderne, Frankfurt a. M. 1985.

– (Hrsg.): Hermeneutik und Ideologiekritik, Frankfurt a. M. 1971.

–: Die Moderne – Ein unvollendetes Projekt, Frankfurt a. M. 1988.

–: Die Einheit der Vernunft in der Vielheit ihrer Stimmen, in: Merkur, Heft 1, Jan. 1988.

–: Die neue Unübersichtlichkeit, Frankfurt a. M. 1985.

Hackmann, H.: Chinesische Philosophie, München 1927.

Hadot, P.: Philosophie als Lebensform. Geistige Übungen in der Antike, Berlin 1991.

Halbfass, W.: Indien und Europa, Stuttgart 1981.

–: Indien und die Geschichtsschreibung der Philosophie, in: Philosophische Rundschau, 23. Jg., 1976, S. 104–131.

–: Hegel on the Philosophy of the Hindus, in: German Scholars on India, New Delhi 1973, pp. 107–122.

Hamburger, M.: Aristotle and Confucius. A Study in Comparative Philosophy, in: Philosophie 31, 1956.

Harding u. Reinwald (Hrsg.): Afrika – Mutter und Modell der europäischen Zivilisation, Berlin 1990.

Harlez, C. de (Übers.): Textes Taoistes, Paris 1891.

Hatori, M.: Dignâga on Perception, Cambridge, Mass., 1968.

Heftrich, E.: Hegel und Jacob Burckhardt, Zur Krisis des geschichtlichen Bewußtseins, Frankfurt a. M. 1967.

Heer, F.: Europäische Geistesgeschichte, Stuttgart 1953.

Hegel, G. W. F.: Werke in 20 Bänden, Frankfurt a. M. 1971.

–: Vorlesungen über die Philosophie der Weltgeschichte, Philos. Bibliothek, Bd. 171 a, Hamburg [5]1955.

Heidegger, M.: Unterwegs zur Sprache, Pfullingen [2]1960.

–: Was ist das – die Philosophie?, Pfullingen 1956.

Heimann, B.: Indian and Western Philosophy, A Study in Contrasts, London 1937.

–: Studien zur Eigenart des indischen Denkens, Tübingen 1930.

Heimsoeth. H.: Die sechs großen Themen der abendländischen Metaphysik, Stuttgart [5]1965.

Heinemann, F. (Hrsg.): Die Philosophie im XX. Jahrhundert, Stuttgart [2]1963.

Held, K.: Husserls These von der Europäisierung der Menschheit, in: Phänomenologie im Widerstreit, hrsg. von C. Janne u. O. Pöggeler, Frankfurt a. M. 1989.

Henrich, D. (Hrsg.): All-Einheit, Stuttgart 1985.

Henningsen, M.: Vom Anspruch und Elend des europäischen Universalismus, in: Merkur, Heft 8, Jg. 37, 1983, S. 894–902.

Herder, J. G.: Ideen zur Philosophie der Geschichte der Menschheit, hrsg. von B. Suphan, Berlin 1877–1913.

–: Briefe zur Beförderung der Humanität, Bd. 1, Berlin 1971.

–: Auch eine Philosophie der Geschichte zur Bildung der Menschheit, Frankfurt a. M. 1967.

Herra, R. A.: Kritik der Globalphilosophie, in: Vier Fragen zur Philosophie in Afrika, Asien und Lateinamerika, hrsg. von F. Wimmer, Wien 1988.

Hinman, L. M.: Quid Facti or Quid Juris? The Fundamental Ambiguity of Gadamer's Understanding of Hermeneutics, in: Philosophy and Phenomenological Research, vol. XL, No 4, 1980, pp. 512–535.

Hiriyanna, H.: Outlines of Indian Philosophy, London 1958.

–: The Essentials of Indian Philosophy, London 1948.

Hoffmann, G.-R. u. a. (Hrsg.): Wie und Warum entstand Philosophie in verschiedenen Regionen der Erde?, Berlin 1988.

Hollis, M., and Lukes, S. (eds.): Rationality and Relativism, Oxford 1982.

Holenstein, E.: Menschliches Selbstverständnis, Frankfurt a. M. 1985.

Hocking, W. E.: Value of Comparative Study of Philosophy. In: Philosophy: East and West, New Jersey 1946.

Hopkins, E. W.: The Great Epic of India, New Haven 1928.

Hörisch, J.: Die Wut des Verstehens. Zur Kritik der Hermeneutik, Frankfurt a. M. 1988.

Horkheimer, M.: Gesellschaft im Übergang, Frankfurt a. M. 1981.

Horkheimer, M., und Adorno, Th. W.: Dialektik der Aufklärung, Frankfurt a. M. 1983.

Horner, I. B. (tr.): The Book of Discipline (Mahavagga), Sacred Book of the Buddhists, vol. IV, Oxford 1951.

Hountondji, P. J.: African Philosophy. Myth and Reality, London 1983.

–: Reason and Tradidition, in: Philosophy and Culture, ed. by H. Odera-Oruka/D. A. Masolo, Nairobi 1983 (a).

–: Aspects and Problems of Philosophy in Africa, in: Teaching and Research in Philosophy: Africa, Ed. UNESCO, Paris 1984.

Hsiao, K. C.: A History of Chinese Political Thought, vol. I, Princeton 1979.

Hu, Shih: Ch'an (Zen) Buddhism in China: Its History and Method, in: Philosophy East and West 3, 1953, pp. 3–24.

Hufnagel, E.: Einführung in die Hermeneutik, Stuttgart 1976.

Hughe, E. R.: Chinese Philosophy in Classical Times, London 1942.

Hülsmann, H.: Die technologische Formation, Berlin 1985.

–: Nietzsche und Odysseus. Eurozentrismus und anthropozentrische Differenz, München 1990.

Hume, R. E.: The Thirteen Principal Upanishads, Oxford 1931.

Husserl, E.: Die Krisis der europäischen Wissenschaften und die transzendentale Phänomenologie, Hua Bd. VI, Den Haag 1962.

–: Über die Reden Gotamo Buddhos, in: Zeitschrift für Kunst und Literatur, 2. Jg., 1. Heft, München 1923.

–: Zur Phänomenologie der Intersubjektivität III: 1929–1935, Hua XV, Den Haag 1973.

–: Cartesianische Meditationen und Pariser Vorträge, Hua Bd. I, Den Haag 1963.

Ingalls, D. H. H.: Materials for the Study of Navya-Nyaya Logic, Cambridge, Mass., 1951.

Izutzu, T.: Philosophie des Zenbuddhismus, Reinbek bei Hamburg 1983.

Jaeger, W.: Paideia, Berlin 1933.

–: Aristoteles, Zürich ³1967.

James, W.: The Will to Believe, New York 1956.

Jaspers, K.: Einführung in die Philosophie, München ¹⁴1972.

–: Der philosophische Glaube, München ⁷1981.

–: Die maßgebenden Menschen, Sokrates, Buddha, Konfuzius, Jesus, München ⁶1980.

–: Die großen Philosophen, Bd. I, München 1957.

–: Lao-tze, Nagarjuna, Zwei asiatische Metaphysiker, München 1978.

–: Weltgeschichte der Philosophie, München 1982.

–: Ursprung und Ziel der Geschichte, München ⁸1983.

Jayaswal, K. P.: Hindu Polity, 2 vols., Bangalore 1955.

Jha, G. (tr.): Manu smrti: The Laws of Manu with the Bhasya of Medhatithi, 5 vols., Calcutta 1920–1926.

–: Purva Mimamsa in its Sources, Benares 1942.

– (tr.): The Yoga-darsana, The Sutras Patanjali with Bhasya of Vyas, Bombay 1907.

Joad, C. E. M.: Counter Attack from the East, The Philosophy of Radhakrishnan, London 1933.

Johnston, C. (tr.): The Yoga Sutras of Patanjali, New York 1912.

Jolly, J., and Schmidt, R. (trs.): Arthasastra of Kautilya, Lahore 1923.

Jolly, J. (tr.): Naradiya Dharmasastra, or the Institutes of Narada, London 1876.

Kaltenbrunner, G.-K.: Hegel und die Folgen, Freiburg 1970.

Kane, P. V.: History of Dharmasastra (Ancient and Medieval Religions and Civil Law in India), 4 vols., Bombay 1930- 1953.

Kapp, E.: Der Ursprung der Logik bei den Griechen, Göttingen 1965.

Kekes, J.: The Morality of Pluralism, Princeton 1993.

Kiesewetter, H.: Von Hegel zu Hitler, Hamburg 1974.

Kimmerle, H.: Philosophie in Afrika. Annäherungen an einen interkulturellen Philosophiebegriff, Frankfurt a. M. 1991.

Klaus, G./Buhr, M.: Philosophisches Wörterbuch, Leipzig 1969.

Kluckhohn, C.: Common Humanity and Diverse Cultures, The Human Meaning of the Social Sciences, ed. by D. Lerner, New York 1959.

Koslowski, P.: Die postmoderne Kultur, München 1987.

Kramer, F.: Verkehrte Welten – Zur imaginären Ethnologie des 19. Jahrhunderts, Frankfurt a. M. 1977.

Kranz, W.: Die griechische Philosophie, Basel 1980.

Kroeber, A., and Kluckhohn, C.: Culture: A Critical Review of Concepts and Definitions, New York 1952.

Kroeber, A.: The Nature of Culture, Chicago 1960.

Kropp, G.: Von Lao-Tse zu Sartre, Ein Gang durch die Geschichte der Philosophie, Berlin 1952.

Krumpel, H.: Philosophie in Lateinamerika. Grundzüge ihrer Entwicklung, Berlin 1992.

Laertius, D.: Leben und Meinungen berühmter Philosophen, dt. von O. Apelt, Hamburg 1921.

Lahiri, K.: Comparative Studies in Philosophy, Calcutta 1963.

Legge, J. (tr.): The Chinese Classics, Hong Kong 1961.

–: The Sacred Books of the East, vol. XXXIX, The Texts of Taoism, Oxford 1891.

Larson, G. J., and Deutsch, E. (eds.): Interpreting across Boundaries: New Essays in Comparative Philosophy. In: Philosophy East and West 39, 1989.

Lévinas, E.: Die Spur des Anderen, Freiburg i. Br. 1987.

Liu, Wu-chi: A Short History of Confucian Philosophy, Baltimore 1955.

Long, A. A.: Hellenistic Philosoph, London 1974.

Löwith, K.: Geschichtliche Abhandlungen, Zur Kritik der geschichtlichen Existenz, Stuttgart 1960.

–: Geschichte und historisches Bewußtsein, in: Löwith: Vorträge und Abhandlungen, Zur Kritik der christlichen Überlieferung, Stuttgart 1966.

–: Weltgeschichte und Heilsgeschehen, Berlin ³1953.

–: Von Hegel zu Nietzsche, Stuttgart ⁴1958.

Lukian von Samosata: Sämtliche Werke, dt. Übersetzung von Th. M. Wieland, Leipzig 1788–1789, Nachdruck Darmstadt 1971.

Lyotard, J.-F.: Postmoderne für die Kinder, Wien 1987.

–: Das postmoderne Wissen. Ein Bericht, Bremen 1982.

Madhavacarya: Sarva-Darsana Samgraha, tr. by U. S. Sharma, Text and Hindi Commentary, Varanasi 1964.

Mahadevan, T. M. P.: Gaudapada, A Study in Early Vedanta, Madras 1952.

Maitra, S. K.: An Introduction to the Philosophy of Sri Aurobindo, Benares 1945.

Malek, A. A.: Orientalism in Crisis, Diogenes 44, 1963.

Malkani, G. R.: Vedantic Epistemology, Amalner 1951.

Mall, R. A.: Studie zur indischen Philosophie und Soziologie, Zur vergleichenden Philosophie und Soziologie, Meisenheim am Glan 1974.

–: Schelers Konzept der kosmopolitischen Philosophie, Grenzen der Vergleichbarkeit verschiedener Weltanschauungen, in: Trierer Beiträge, Aus Forschung und Lehre, XI, 1982.

–: Marxism and Gandhism, Die Dritte Welt, Jg. 4, Nr. 2, 1975.

–: Hermeneutik und Weltphilosophie, Zur Kritik einer reduktiven Hermeneutik, in: Tradition und Innovation, XIII. Deutscher Kongreß für Philosophie, Bonn 1984.

–: Unity without Uniformity, Prolegomena to any Theory of Hermeneutics, in: Focus on Quality, Selected Proceedings of a Conference on Qualitative Research Methodology in the Social Sciences, ed. by R. Singh and W. M. Venk, No. 21, Durban 1985.

–: Die orthafte Ortlosigkeit der Hermeneutik. Zur Kritik der reduktiven Hermeneutik, in: Widerspruch, Nr. 15, Jg. 8, 1988.

–: Meditationen zum Adjektiv „europäisch“ aus interkultureller Sicht, in: Der technologische Imperativ, Heinz Hülsmann zum 75. Geburtstag, hrsg. von W. Blumberger u. a., München/Wien 1992.

–: Die Herausforderung. Essays zu Mahatma Gandhi, Hildesheim 1989.

–: Buddhismus – Religion der Postmoderne? Hildesheim 1990.

–: Philosophie als Denk- und Lebensweg, in: Probleme philosophischer Mystik, hrsg. von E. Jain und R. Margreiter, Sankt Augustin 1991.

–: The God of Phenomenology in Comparative Contrast to Theology and Philosophy, in: Husserl Studies 8, 1991.

–: Die orthaft ortlose philosophia perennis und die interkulturelle Philosophie, in: Das Begehren des Fremden, hrsg. von L. J. Bonny Duala-M'bedy, Essen 1992, S. 75–93.

–: Interkulturalität und Interreligiosität, in: Verantwortlich leben in der Weltgemeinschaft. Zur Auseinandersetzung um das „Projekt Weltethos“, hrsg. von J. Rehm, Gütersloh 1994.

–: Überlegungen zu einer interkulturellen Vernunft, in: Sein – Erkennen – Handeln, Festschrift für Heinrich Beck zum 65. Geburtstag, hrsg. von E. Schadel und U. Voigt, Frankfurt a. M. 1994, S. 53–59.

–: Zur interkulturellen Theorie der Vernunft. Ein Paradigmenwechsel, in: Vernunftbegriffe in der Moderne, hrsg. von H. F. Fulda und R.-P. Horstmann, Stuttgart 1994, S. 750–774.

–: Schelers Idee einer werdenden Anthropologie und Geschichtsteleologie, in: Phänomenologische Forschungen, hrsg. von E. W. Orth und G. Pfafferott, Freiburg/München 1994, S. 35–69.

Mall, R. A./Hülsmann, H.: Die drei Geburtsorte der Philosophie. China, Indien, Europa, Bonn 1989.

Mandelbaum, M.: A Critique of Philosophies of History, in: Journal of Philosophy, New York 1948.

Mann, G./Neuß, A.: Weltgeschichte, Bd. I, Berlin 1961.

Marquard, O.: Abschied vom Prinzipiellen, Stuttgart 1981.

–: Schwierigkeiten mit der Geschichtsphilosophie, Frankfurt a. M. 1982.

Martin, G. (Hrsg.): Sokrates in Selbstzeugnissen und Bilddokumenten, Hamburg 1967.

Masson/Oursel: La Philosophie comparée, Paris 1923, Comparative Philosophy, London 1926.

Matilal, B.: Epistemology, Logic and Grammar in Indian Philosophical Analysis, The Hague 1971.

–: Indian Philosophy: Is There a Problem Today?, in: Indian Philosophy – Past and Future, ed. by S. S. Ram Pappu and R. Puligandla, Delhi 1982.

Mckeon, R.: Philosophy as an Agent of Civilization, in: Philosophy and Phenomenological Research, vol. XLI, No 4, 1981, pp. 419–436.

Mehlig, J. (Hrsg.): Weisheit des alten Indiens, 2 Bde., Leipzig 1987.

Mehta, J. L.: Martin Heidegger. The Way and the Vision, Honolulu 1976.

–: Philosophy and Religion. Essays in Interpretation, New Delhi 1990.

Mensching, G.: Toleranz und Wahrheit in der Religion, München 1955.

Métraux, A., u. Waldenfels, B. (Hrsg.): Leibhaftige Vernunft, München 1986.

Michel, W.: Das Fremde und das Eigene, hrsg. von A. Wierlacher, München 1985.

Mill, J. S.: Utilitarianism, London 1993.

Misch, G.: Der Weg in die Philosophie, München 1950.

Mohanty, J. N.: Indian Philosophy, in: The New Encyclopaedia Britanica, vol. 9, London 1978.

–: Philosophy as Reflection on Experience, in: Indian Philosophy Today, ed. by N. K. Devaraja, Delhi 1975.

–: The Possibility of Transcendental Philosophy, Dordrecht 1985.

–: Reason and Tradition in Indian Thought. An Essay on the Nature of Indian Philosophical Thinking, Oxford 1992.

Mookerjee, S.: The Jain-Philosophy of Non-Absolutism, A Critical Study of Anekantavada, Calcutta 1944.

–: The Buddhist Philosophy of Universal Flux, Calcutta 1935.

Moore, C. A. (ed.): Essays in East-West Philosophy, An Attempt at World Philosophical Synthesis, Honolulu 1967.

Moore, C. A.: Philosophy and Culture – East and West, Honolulu 1962.

–: Philosophy East and West, Princeton 1944.

–: Indian Mind, Honolulu 1967.

Müller, F.: The Six Systems of Indian Philosophy, London 1928.

– (ed.): Sacred Books of the East, 51 vols., Oxford 1875 (Reprinted at Delhi 1964).

Munro, D.: The Concept of Man in Early China, Stanford University Press 1969.

Murti, K. S., and Rao, K. R.: Current Trends in Indian Philosophy, Waltair 1972.

Murti, T. R. V.: The Central Philosophy of Buddhism, London 1980.

Nagarjuna: Mulamadhyamakakarika, tr. with an Introductory Essay by K. K. Inanda, New York 1970.

–: Vigrahavyavartani: Dialectical Method of Nagarjuna, tr. by K. Bhattacharya, Delhi 1978.

Nakamura, H.: A Comparative History of Ideas, Tokio 1975.

–: Ways of Thinking of Eastern Peoples. India, China, Tibet, Japan, Honolulu 1964.

Naravane, V. S.: Modern Indian Thought, A Philosophical Survey, New York 1964.

Nassauer, K., und Huber, K.: Denker der Hellenischen Frühzeit, Frankfurt a. M. 1948.

Needham, J.: Science and Civilisation in China, London 1956.

Neugebauer, C.: Einführung in die afrikanische Philosophie, München 1989.

Nestle, W.: Vom Mythos zum Logos, Berlin 1941.

–: Griechische Geistesgeschichte, Stuttgart 1956.

Neumann, K.: Die Reden Gotamo Buddhos aus der längeren Sammlung Dighanikayo, 4 Bde., München 1927–1928.

–: Die Reden Gotamo Buddhos aus der Mittleren Sammlung Majjhimanikayo, 3 Bde., München 1922.

–: Der Wahrheitspfad (Dhammapadam), München ²1921.

Nitta, Y. (Hrsg.): Japanische Beiträge zur Phänomenologie, München 1984.

Northrop, F. S. C.: The Meeting of East and West, An Inquiry Concerning World Understanding, New York 1946–1947.

Ohashi, R. (Hrsg.): Die Philosophie der Kyoto-Schule, Freiburg i. Br. 1990.

Olela, H.: The African Foundation of Greek Philosophy, in: African Philosophy. An Introduction, ed. by R. A. Wright, Washington 1977.

Oruka, H. O.: Grundlegende Fragen der afrikanischen Sage- Philosophy, in: Vier Fragen zur Philosophie in Afrika, Asien und Lateinamerika, hrsg. von F. Wimmer, Wien 1988.

–: The Fundamental Principles in the Question of African Philosophy, in: Second Order, vol. IV, Nr. 1, 1975.

–: Four Trends in Current African Philosophy, in: Philosophy in the Present Situation of Africa, Wiesbaden 1981.

–: African Philosophy, Nairobi 1986.

Palmer, R.: Hermeneutics: Interpretation Theory in Schleiermacher, Dilthey, Heidegger, and Gadamer, Evanston, Northwestern University Press, 1969.

Pandurang, V. K.: History of Dharmaśāstra. Ancient and Medieval Religious and Civil Law in India, 4 vols., Bombay 1930–1953.

Plessner, H.: Die Stufen des Organischen und der Mensch, Berlin ³1975.

–: Die Frage nach der conditio humana, Frankfurt a. M. 1976.

–: Zwischen Philosophie und Gesellschaft, Frankfurt a. M. 1979.

–: Mit anderen Augen, Aspekte einer philosophischen Anthropologie, Stuttgart 1982.

Popper, K.: Die offene Gesellschaft und ihre Feinde, 2 Bde., Bern ³1957.

Potter, K. H.: Presuppositions of India's Philosophies, Connecticut 1963.

– (ed.): The Encyclopedia of Indian Philosophies, Delhi 1970.

Prabhu, P. H.: Hindu Social Organization, Bombay 1963.

Prasad, G.: Rg Veda, Sanskrit mit Hindi-Kommentar, 3 Bde., Mathura 1969.

Pusalker, A. D.: Studies in the Epics and Puranas, Bombay 1951.

Pye, M., and Morgan, R. (ed.): The Cardinal Meaning. Essays in Comparative Hermeneutics: Buddhism and Christianity, The Hague 1975.

Radhakrishnan, S., and Moore, C. A.: A Source Book in Indian Philosophy, Princeton ⁵1973.

–: Indian Philosophy, 2 vols., London (vol. I) 1923, (vol. II) 1927.

Radhakrishnan, S., and Muirhead, J. H.: Contemporary Indian Philosophy, London 1936, 1952.

–: The Philosophy of the Upanisads, London 1935.

Radhakrishnan, S., and Raju P. T. (eds.): The Concept of Man: A Study in Comparative Philosophy, London 1960.

Radhakrishnan, S. (tr.): The Brahma Sutra, The Philosophy of Spiritual Life, London 1960.

–: The Philosophy of Rabindranath Tagore, London 1918.

– (ed.): History of Philosophy Eastern and Western, 2 vols., London 1952–1953.

–: Die Bhagavadgîtâ, Baden-Baden 1958

–: Die Gemeinschaft des Geistes, Darmstadt 1953.

Raju, P. T.: The Philosophical Traditions of India, London 1971.

–: Spirit, Being and Self, Studies in Indian and Western Philosophy, New Delhi 1982.

–: Idealistic Thought of India, Cambridge 1953.

–: Introduction to Comparative Philosophy, Carbondale 1970.

–: Lectures on Comparative Philosophy, Poona 1969.

Raman, K. V.: Nagarjuna's Philosophy As Presented in the Maha- Prajnaparmita-Sastra, New Delhi 1978.

Randle, H. N.: Indian Logic in Early Schools, London 1930.

Rangacarya, M. R. B. (tr.): The Sarva-Siddhanta-Sangraha of Sankaracarya, Madras 1909.

Ranke-Graves, R. v.: Griechische Mythologie, 2 Bde., Reinbek bei Hamburg 1955.

Rawls, J.: The Idea of an Overlapping Consensus. In: Oxford Journal of Legal Studies 7, 1987, pp. 1–25.

Rescher, N.: Pluralism. Against the Demand of Consensus, Oxford 1993.

Richardson, J., und Lambert, J.: The Sociology of Race, Lancashire 1985.

Ricœur, P.: The Conflict of Interpretations, Essays in Hermeneutics, ed. by Don Ihde, tr. by Willis Domingo, Evanston, Northwestern University Press, 1974.

–: Philosophical Hermeneutics and Theological Hermeneutics, in: Philosophy of Religion and Theology, The American Academy of Religion 1975.

Riepe, D.: The Philosophy of India and Its Impact on American Thought, Springfield 1970.

–: The Naturalistic Tradition in Indian Thought, Washington 1961.

Ritter, J. (Hrsg.): Historisches Wörterbuch, Bd. 4 und 7, Basel/Stuttgart 1971.

Rorty, R.: Philosophy as the Mirror of Nature, Oxford 1980.

–: Beyond Objectivism and Relativism, Philadelphia 1883.

–: Habermas and Lyotard on Postmodernity, in: Praxis International, vol. 4, No. 1, 1984.

Rostovtzeff, M.: Geschichte der antiken Welt, 2 Bde., Wiesbaden 1941.

Rossmann, K. (Hrsg.): Deutsche Geschichtsphilosophie von Lessing bis Jaspers, Basel 1959.

Roy, K.: Hermeneutics. East and West, Calcutta 1993.

Ruben, W.: Indische und griechische Metaphysik, Leipzig 1931.

Rüb, M.: Konsens, Dissens und Individualität, in: Merkur, Juni 1989.

Russell, B.: A History of Western Philosophy, London 1946.

Saher, P. J.: Indische Weisheit und das Abendland, Meisenheim am Glan 1965.

Said, E. W.: Orientalism, London 1978.

–: Culture and Imperialism, London 1994.

Samkara: Sarvasiddhanta-samgraha, tr. by P. S. Bose, Calcutta 1929.

Sandvoss, R. E.: Geschichte der Philosophie, 2 Bde., München 1989.

Sarkar, B. K.: The Political Institutions and Theories of the Hindus, Calcutta 1939.

Seal, B. N.: The Positive Sciences of the Ancient Hindus, London 1915.

Seebohm, Th.: Zur Kritik der hermeneutischen Vernunft, Bonn 1972.

Shankara: Das Kleinod der Unterscheidung (Viveka-chudamani), Die Erkenntnis der Wahrheit (Tattva-Bodha), Übers. von K. Friedrichs, München 1981.

Sharma, D.: The Differentiation Theory of Meaning in Indian Logic, The Hague 1969.

–: The Negative Dialectics of India, East Lansing 1970.

Sharma, D. S.: Dialectic in Buddhism and Vedanta, Benares 1928.

Sharma, I. C.: Ethical Philosophy of India, New York 1970.

Shastra, P. D.: The Essentials of Eastern Philosophy, New York 1928.

Shastri, P. D.: The Doctrine of Maya in the Philosophy of the Vedanta, London 1911.

Shastri, P.: Introduction to Purva Mimamsa, Calcutta 1923.

Shastri, D.: A Short History of Indian Materialism, Sensationalism and Hedonism, Calcutta 1930.

Simmel, G.: Die Probleme der Geschichtsphilosophie, Leipzig 1893.

Sinari, R. A.: The Structure of Indian Thought, Springfield 1970.

Smart, N.: Doctrine and Argument in Indian Philosophy, London 1964.

Smith, A. G. (ed.): Communication and Culture, New York 1966.

Snell, B.: Die Entwicklung des Geistes, Hamburg 1946.

–: Leben und Meinungen der Sieben Weisen, München 1952.

Spinner, H. F.: Theoretical Pluralism. In: Kommunikation 4, 1968, pp. 181–201

Sprung, M. (ed.): The Question of Being: East-West Perspectives, London 1978.

Soyinka, W.: Diese Vergangenheit muß sich ihrer Gegenwart stellen, Zürich 1988.

Srinivas, M. N.: Caste in Modern India and other Essays, Bombay 1962.

Srinivasachari, P. N.: The Philosophy of Bhedabheda, Adyar ²1950.

Srivastava, R. S.: Contemporary Indian Philosophy, Delhi 1965.

Sumner, Cl.: African Philosophy, Adis Abeba 1980.

–: Sources of African Philosophy, Stuttgart 1986.

–: The Source of African Philosophy: The Ethiopian Philosophy of Man, Stuttgart 1986.

Scheler, M.: Schriften aus dem Nachlaß I: Zur Ethik und Erkenntnislehre, Bern ²1957, Ges. Werke Bd. X.

–: Späte Schriften, Bd. 9, Bern 1976.

–: Die Idee des Friedens und der Pazifismus, München /Bern ²1974.

–: Philosophische Weltanschauung, München ³1968.

–: Ges. Werke, Bd. 5, Bern 1954, Neuauflage 1968.

Schlegel, F. v.: Über die Sprache und Weisheit der Indier, Heidelberg 1808.

Schleiermacher, F. (Übers.): Platon, Des Sokrates Verteidigung, in: Platon, Xenophon, Memorabilien, München 1960.

Schilling, K.: Weltgeschichte der Philosophie, Berlin 1964.

Schilpp, P. A. (ed.): The Philosophy of Sarvepalli Radhakrishnan, New York 1952.

Schopenhauer, A.: Werke in 5 Bdn., Zürich 1988.

Schott, R.: Das Geschichtsbewußtsein schriftloser Völker, in: Archiv für Begriffsgeschichte 12, 1968, S. 166–201.

Schroeder, L. v.: Pythagoras und die Inder, Leipzig 1984.

Schwab, R.: La Renaissance orientale, Paris 1950.

Schweitzer, A.: Die Weltanschauung der indischen Denker, Berlin 1971.

Staal, J. F.: Advaita and Neo-Platonism. A Critical Study in Comparative Philosophy, Madras 1961.

Stcherbatsky, Th.: Buddhist Logic, 2 vols., New York 1962.

Steinbach, K.: Die informierte Gesellschaft, Stuttgart 1966.

Stocker, M.: Plural and Conflicting Values, Oxford 1990.

Störig, H. J.: Kleine Weltgeschichte der Philosophie, 2 Bde., Stuttgart 1961.

Strauß, V. v. (Übers.): Tao Te King, Zürich 1959.

Tagore, R.: Sadhana, München 1921.

–: Boundless Sky, Calcutta 1964.

Takakusu, J., Wing-tsit Chan, and Moore, C. A. (eds.): The Essentials of Buddhist Philosophy, Honolulu 1974.

Thompson, J. B.: Critical Hermeneutics, Cambridge 1983.

Thyssen, J.: Geschichte der Geschichtsphilosophie, Berlin 1936.

Tillich, P.: The Protestant Era, Chicago 1948.

Topitsch, E.: Die Sozialphilosophie Hegels als Heilslehre und Herrschaftsideologie, Neuwied/Berlin 1967.

Totok, W.: Handbuch der Geschichte der Philosophie, 4 Bde., Frankfurt a. M. 1964.

Toynbee, A.: Der Gang der Weltgeschichte, Stuttgart 1950.

–: A Study of History, 10 Bde., Oxford 1933–1954.

Troeltsch, E.: Der Historismus und seine Probleme, Tübingen 1922.

Tymieniecka, A.-T. (ed.): Phenomenology of Life in a Dialogue Between Chinese and Occidental Philosophy, Belmont, Mass., 1984.

Überweg, F.: Grundriß der Geschichte der Philosophie, 5 Bde., Berlin [12]1923–1928, Nachdruck Basel/Stuttgart 1951–1953.

Ulenbrook, J. (Übers.): Tao Te King, Frankfurt a. M. 1980.

Unger, U.: Die Namen des Tao-Lao Tsi XXV, in: Sinologische Rundbriefe, Nr. 18, Münster 1982.

Venkateswara, S. V.: Indian Culture through the Ages, London 1928.

Verges, F. G.: Rorty and the New Hermeneutics, in: Philosophy, vol. 62, No. 241, 1987, pp. 3o7–323.

Vidyabhusana, S. C.: A History of Indian Logic, Calcutta 1921.

Vireswarananda, S.: Brahmasutras, Text and Translation with Notes, Calcutta 1936.

Vorländer, K.: Geschichte der Philosophie, neu bearb. von E. Metzke u. a., Hamburg [9]1949.

Vyas, K. C.: Social Renaissance in India, Bombay 1957.

Waldenfels, B.: Der Stachel des Fremden, Frankfurt a. M. 1990.

Waley, A. (tr.): The Analects of Confucius, London 1938.

Waligora, M.: Albert Schweitzer über Indien, in: Conceptus, Jg. XXV, 65, 1991, S. 47–55.

Weber, A.: Die Griechen in Indien, in: Sitzungsberichte der Preußischen Akademie der Wissenschaften, Berlin 1890.

Weinmayr, E.: Denken im Übergang – Kitaro Nishida und Martin Heidegger, in: Japan und Martin Heidegger, hrsg. von H. Buchner, Sigmaringen 1989.

Welleser, M. (Übers.): Die mittlere Lehre des Nagarjuna nach der chinesischen Version übertragen, Heidelberg 1904.

Welsch, W.: Wege aus der Moderne. Schlüsseltexte der Postmoderne-Diskussion, Weinheim 1988.

West, M. L.: Early Greek Philosophy and the Orient, Oxford 1971.

Wierlacher, A. (Hrsg.): Das Fremde und das Eigene. Prolegomena zu einer interkulturellen Germanistik, München 1985.

Wilhelm, R. (Übers.): Kungfutse, Gespräche, Lun Yü, Köln 1967.

–: Lao-Tse und der Taoismus, Stuttgart 1948.

–: Dschung Dsi, Das wahre Buch vom südlichen Blütenland, übersetzt mit einem Kommentar, Düsseldorf 1969.

–: Laotse, Tao te King, Köln 1979.

Willson, A. L.: A Mythical Image: The Ideal of India in German Romanticism, Durham, N. C. 164.

Wimmer, F.: Interkulturelle Philosophie, Bd. 1, Wien 1990.

– (Hrsg.): Vier Fragen zur Philosophie in Afrika, Asien und Lateinamerika, Wien 1988.

– (Hrsg.): Postkoloniale Philosophie: Afrika, Wien 1992.

Winch, P.: The Idea of Social Science and It's Relation to Philosophy, London 1958.

Windelband, W.: Lehrbuch der Geschichte der Philosophie, hrsg. von H. Heimsoeth, Tübingen [15]1957.

Wiredu, K.: Philosophy and an African Culture, Cambridge/London 1980.

Wiredu, K.: Some Contemporary Issues in Philosophy in Africa, in: Teaching and Research in Philosophy: Africa, Ed. UNESCO, Paris 1984.

–: On an African Orientation in Philosophy, in: Second Order, vol. 1, Nr. 2, 1972.

Wittfogel, K. A.: Hegel über China, in: Unter dem Banner des Marxismus 5, 1931, S. 346–362.

Wright, E. (ed.): Studies in Chinese Thought, Chicago 1953.

Wright, R. A.: African Philosophy: An Introduction, Washington 1977, [3]1984.

Yu-Lan, Fung: A History of Chines Philosophy, 2 vols., tr. by D. Bodde, Princeton [7]1973.

–: A Short History of Chinese Philosophy, New York 1958.

Yu-Lan, F. (tr.): Chung-Tzu, A New Selected Translation with an Exposition of the Philosophy of Kuo Hsiang, Shanghai 1933.

Yutang, Lin (ed.): The Wisdom of Laotse, New York 1948, dt. Die Weisheit des Laotse, Frankfurt a. M. 1955, 1986.

–: The Wisdom of Confucius, New York 1938.

–: The Wisdom of China and India, New York 1942.

Zea, L.: Signale aus dem Abseits – Eine lateinamerikanische Philosophie der Geschichte, München 1989.

–: La Filosofia Latinoamericana, Mexico 1978.

Zeller, E.: Grundriß der Geschichte der griechischen Philosophie, Leipzig [12]1920.

Zimmer, H.: Philosophies of India, New York 1957, dt. Philosophie und Religion Indiens, Frankfurt a. M. [2]1976.

Zücher, E.: The Buddhist Conquest of China, Leiden 1959.

REGISTER

Namen

Abraham, W. E. 167
Acharya, R. S. 167
Adorno, Th. 30. 72. 113. 167
Ahura-Mazda 135
Akoko, P. M. 148. 150
Albertus Magnus 143
Albiruni 167
Alexander der Große 44
Apel, K.-O. 73f. 167
Apelt, O. 142
Aristoteles 10. 100. 138. 140. 143f.
  150
Aśoka 135
Aster, E. v. 167
Atreya, B. L. 167
Augustinus 134. 143
Aurobindo, Sri 167

Bacon, R. 143
Bahm, A. J. 167
Baiculescu, M. 6. 167
Bakker, H. 167
Banerjee, N. V. 167
Banerjee, S. C. 167
Barua, B. 167
Bary, W. T. de 167
Basham, A. L. 167
Bauer, W. 167
Beck, H. 175
Beky, G. 167
Bentham, J. 128
Berdiajew, N. 167
Bergson, H. 15
Berkeley, G. 15

Berlin, I. 53. 58. 168
Bernstein, R. J. 30. 56. 167
Bhattacharya, H. 167
Bhattacharya, K. 176
Bhattacharya, K. 167
Bhattacharya, K. C. 167
Bhattacharya, S. 168
Bishop, D. H. 168
Blumenberg, W. 175
Bocheński, J. M. 168
Bodde, D. 168
Boidi, C. 12. 151f. 154ff. 168
Bondy, S. 154f. 168
Bose, P. S. 179
Brown, D. M. 168
Bruhl, L. 146
Buber, M. 168
Bubner, R. 168
Buchner, H. 154. 173
Buddha 60. 65. 103. 106. 112. 147
Bühler, G. 168
Buhr, M. 173
Buitenen, J. A. B. van 132
Burckhardt, J. 168
Burkert, W. 168
Burr, J. R. 168
Burt, E. A. 168

Caraka 4
Cassirer, E. 97
Chai, C. 168
Chai, W. 168
Chan, W. T. 168. 180
Chang, C. 168

Sachen